# 何以法大

黄进 著

中国政法大学出版社

2019·北京

今天是农历己亥年正月十五、二十四节气的雨水，也是公元 2019 年 2 月 19 日。今天这个日子，不仅是中华民族的传统佳节——元宵节，是张灯结彩、共吃元宵、喜猜灯谜、出门赏月的欢乐日子，而且对我也有特别的意义。十年前的今天，我正式到中国政法大学履职，出长法大。

十年，在历史的长河中只不过是一朵微不足道的浪花，短暂一瞬、稍纵即逝，犹如白云苍狗、白驹过隙。但对我来说，十年就不是短日子了，尤其这十年正是我相对较为成熟的年华。而对于还只有六十多年历史的法大而言，这十年也不见得短，是她过往成长的一个重要阶段。

过去的十年，我们一同随法大前行。蓦然回首，我们看到，在法大人的共同努力下，法大的确发展了、进步了、成长了，达到了在其历史上前所未有的高度。当然，她只是登上了一个小小的山头，她面前不仅只有平坦大道，还有荆棘、沟壑、陡坡，还有一个又一个要攀登的高峰，我相信，她还会走得更远、站得更高，因为杰出大学的生命是没有终点的。这十年，我也成长了，但年华已暮、容貌先秋，满头青丝变白发，垂垂老矣。这十年，我在法大尽力而为、量力而行，自强不息、追求卓越，经历了许多的事情，要述说的太多太多，有酸甜苦辣、有悲欢离合、有阴晴圆缺……但这里不是述说的场合，现在也还不是述说的时候。其实，对待过去的事情，把相关历史资料保存下来，把它们留给时间和历史，可以说是最好的办法。

《何以法大》修订版是在其初版的基础上增删修订整理而成的，它是我这十年在法大开学典礼和毕业典礼，以及其他一些场合的演讲集。把这些演讲结集保存下来，并呈现给读者，是很有意义的，因为它们是法大这十年的一份历史记忆，是法大这十年的一段思想历程，是法大这十年的一个文化符号，也是法大这十年凝聚的共识，或者说集体智慧。

《何以法大》初版是由中国人民大学出版社出版的。当时之所以交人大出版社出版，主要是因为那时任职于人大出版社的班晓琼编辑提出了编辑出版这本书的创意，并做了前期的收集编辑工作，后来杜宇峰编辑参与其中，他们对出版这本书极为认真，锲而不舍地鼓励、策动和督促我，精心设计版式、装帧以及封面，细心编辑校对书稿，可谓精雕细琢、尽心竭力，当时不交人大出版社出版是无论如何说不过去的。初版问世后，社会反响不错，法大人尤其关注，就不断有不知内情的法大人追问我："这本书为什么不放在法大出版社出？"我只好如实相告。的确，这本讲法大的书理应由法大出版社出版，我本来也是这么想的，只是在等待合适的时机。在这次谋划出版《何以法大》修订版时，经过同人大出版社真诚协商，我得到其慷慨应允，终于如愿以偿地将其移交法大出版社付梓，也算是了结了自己作为法大人的一个心愿。借此机会，我向人大出版社及其班晓琼和杜宇峰两位编辑致敬并表示衷心的感谢。

法大出版社对出版《何以法大》修订版高度重视，不仅精心筹划、协调沟通，而且认真编辑、精益求精，对修订这本书提出了许多宝贵的意见和建议，让其能够更精致地呈现在读者面前。我也要借此机会，对法大出版社及其编辑们表示衷心的感谢。

　　修订版前言写到这里，感觉好像没有什么可说的了，那就以我的一首解读法大的打油诗《法大》作为结尾：

　　上有天大，下有地大；

　　天地之间，唯有法大。

　　法大何如？何以法大？

　　顶天立地，法治天下。

　　法大，让我怎么不爱她?!

　　法大，让我怎么不迷她?!

黄　进

公元 2019 年 2 月 19 日

农历己亥年正月十五元宵节

于蓟门晓月河畔

# 自序

　　法大，是中国政法大学的简称，也是中国政法大学师生和校友比较喜欢的简称。在中国政法大学学习和工作过的人大多都以"法大人"自称、自待、自任，也以"法大人"自省、自新、自觉，可以说，以"法大人"为荣溢于言表，以"法大人"为傲藏于内心。《中国政法大学章程》采用和肯定了这一简称。

　　何以法大？首先在于中国政法大学这所大学的法学教育特质。这所大学生于法学教育、兴于法学教育、强于法学教育。法大建校之初并在随后很长一段时间里一直是一所法科单科性大学，改革开放后才逐步走上多科性大学的发展之路，到如今已经发展成为一所以法科为特色和优势，包含政治学、经济学、管理学、社会学、哲学、文学、历史学、教育学、理学等学科的多科性大学。尽管如此，法大的法学教育和法律人才培养仍占法大的半壁江山，其特色和优势十分明显，被誉为"中国法学教育的最高学府"。法大的"厚德、明法、格物、致公"四词八字校训中，有特别的"明法"一目，这在一般大学的校训中并不多见。它不仅是对法科师生提出的要求，也是对所有法大人提出的要求。法大人"明法"，意味着所有法大人要有法治信仰、法治理念、法治意识和法治思维，其中，法律人还要有法律专业知识、法律职业技能和法律职业伦理。在法大，法学的氛围充盈校园，法治的精神弥漫其间。新生入学的誓词是"我自愿献身政法事业，热爱祖国，忠于人民……挥法律之利剑，持正义之天平，除人间之邪恶，守政法之圣洁，积人文之底蕴，昌法治之文明"。校园内不仅塑有"法鼎""法镜"，还有镌刻着江平先生题写的"法治天下"的石碑；不仅有"宪法大道""婚姻法小径"，还有镶嵌着《世界人权宣言》全文的"法治广场"；不仅有当代中国法治人物钱端升、谢觉哉、彭真、雷洁琼等人的塑像，还有来自海内外的法学法律专家学者不断上演的一场又一场的有关法治的精彩讲座。具有法治精神可以说是法大人的特质，法治已成为法大人的文化传统和生活方式。正是在"厚德、明法、格物、致公"校训精神的激励下，一代又一代法大人走出校门，走向社会，在各行各业恪守法治信仰、践行法治，为法治中国建设做出了突出的贡献。何以法大？法大就在法大自身。

何以法大？还体现在法大人乃至全体中国人追求"法治天下"的梦想。法律，是治国理政之重器。基于民主的法治，是人类经过艰苦探索找到的治国理政的最佳方式。改革开放以来，中国共产党和国家高度重视法治，早在1978年就提出了"有法可依，有法必依，执法必严，违法必究"的16字法制方针。后来先后提出依法治国、建设社会主义法治国家，强调依法治国是党领导人民治理国家的基本方略，是发展社会主义市场经济的客观需要，是社会文明进步的重要标志，是国家长治久安的重要保障。提出发展社会主义民主政治，最根本的是要把坚持党的领导、人民当家作主和依法治国有机统一起来。提出依法治国是社会主义民主政治的基本要求，强调要全面落实依法治国基本方略，加快建设社会主义法治国家。特别是中国共产党的十八大提出，"法治是治国理政的基本方式"，要加快建设社会主义法治国家，全面推进依法治国，"提高领导干部运用法治思维和法治方式深化改革、推动发展、化解矛盾、维护稳定能力"；到 2020 年，依法治国基本方略全面落实，法治政府基本建成，司法公信力不断提高，人权得到切实尊重和保障；还提出了"科学立法，严格执法，公正司法，全民守法"新的 16 字法治方针。中国共产党十八届三中全会进一步提出，建设法治中国，必须坚持依法治国、依法执政、依法行政共同推进，坚持法治国家、法治政府、法治社会一体建设。中国共产党十八届四中全会更是作出了《中共中央关于全面推进依法治国若干重大问题的决定》，提出全面推进依法治国的总目标是建设中国特色社会主义法治体系，建设社会主义法治国家。特别强调，依法治国，首先是依宪治国；依法执政，关键是依宪执政；中国共产党要履行好执政兴国的重大职责，必须依据党章从严治党、依据宪法治国理政；党领导人民制定宪法和法律，党领导人民执行宪法和法律，党自身必须在宪法和法律范围内活动，真正做到党领导立法、保证执法、支持司法、带头守法。可以这样说，依法治国，法治天下，建设法治中国，是时代的最强音，是全国人民的共同心声，是实现中华民族伟大复兴的必由之路。孙中山先生曾说："世界潮流，浩浩荡荡，顺之则昌，逆之者亡！"当今世界，民主法治就是浩浩荡荡的世界潮流，它应该成为我们牢不可破的信念，成为我们实实在在的生活方式。何以法大？法大就在这里。

　　我原本没有想在这个时候结集出版这本书，因为自己还在校长这个岗位上工作，也无暇系统搜集、精心整理收录其中的致辞、讲话文稿。但随着每年的开学典礼致辞和毕业典礼致辞在媒体上广泛传播，先后有法大校友和出版界朋友鼓动和鼓励我出版这本书，以飨读者。《何以法大》这个书名就是在与校友宋北平教授和荣丽亚教授谈这件事时，宋北平校友灵机一动建议的。特别要提到的是，中国人民大学出版社的编辑对出版这本书极为认真，锲而不舍地鼓励、策动和督促我，我最后

"痛下决心"做这件事与他们坚持不懈的努力、鼓励、策动和督促是分不开的。他们精心策划设计版式、装帧以及封面,细心编辑、校对书稿,可谓精雕细琢、尽心竭力。借此机会,我要衷心感谢这些校友和出版界的朋友,感谢他们的关心、鼓励、支持和帮助。

收录于这本书的致辞和讲话文稿是我以法大校长这个公共身份所作的发言,既有个人色彩,更有公共体质。致辞和讲话文稿中所反映的理念和思想,与其说是我的所思所想或者说我认同的理念和思想,不如说是法大人集体智慧的结晶。在准备这些致辞和讲话文稿的过程中,我不仅参考和借鉴了法大的许多历史资料和法大人的思想成果,而且得到了许多同事的帮助,他们默默地做了基础性工作,参与了讨论,提出了建议,贡献了他们的智慧和心血,特别是充满智慧的幽默。我对大多数文稿不敢说千锤百炼,但却数易其稿,经过了十几二十几次甚至三十多次的修改,力求精益求精。当然,这并不是说它们完美无缺。我相信,读者在翻读时一定会发现问题和毛病,我也希望听到读者真诚的批评声音。致辞和讲话文稿的公共性并不影响由我来对其中的不足、缺失和不当承担责任,我愿意接受读者的批评指正。最后,我也要借此机会衷心感谢我的同事们。

想说的还很多,然序不宜太长,就此打住。是为序。

黄　进

2016 年 2 月 19 日于蓟门

# 目录

扬帆起航

# 扬起你们理想的风帆，勇敢地起航吧！<sup>*</sup>

各位老师，各位同学：

大家上午好！

在中国政法大学，昨天和今天是两个都很重要的日子。昨天是我国第25个教师节，我们的同学向老师致以节日的祝福；今天是法大举行2009级本科生和研究生开学典礼的日子，我们的老师要给予学生最大而至诚的祝福。

各位同学，你们如约而至，齐聚在军都山下。这不仅是我国法学教育和法治建设之幸事，而且是法大之幸事。因而，我们有理由在这里举办一个隆重而简朴的仪式，欢迎大家加盟法大。作为校长，我首先想要表达的是：热烈欢迎你们！你们是新法大人！你们是法大的新主人！

说实话，面对你们这样一个年轻、有活力、渴望上进、血气方刚的群体，我很激动。你们是我担任法大校长一职后迎来的第一批新生，而且我们又相识在2009年这个特殊的年份。今年是中华人民共和国成立60周年，也是我们法大恢复招生30周年，我自然有许多话要对大家说。不过，近来媒体十分关注今年秋季大学的开学典礼，有这样两则新闻不知道大家看了没有，一则是"不要让开学典礼'走过场'"，抨击了大学校长一成不变的讲话模式，另一则是"大学第一课，聆听校长'哲言'"，评述了今年一些

---

* 于中国政法大学2009级本科生开学典礼的致辞。

大学校长打破开学典礼的传统讲话样式，畅谈"90后"青年人能够接受的哲理。面对媒体对大学校长的"拷问"，尽管我不得不谨慎，但我还是希望和我们的新生共同探讨一下什么是大学，什么又是中国政法大学，以及如何做法大人。

说到什么是大学，不同的人有不同的回答。从我国传统文化的角度看，"大学"一词是与研究文字、训诂、音韵的学问——"小学"相对而言的。我国有一部儒家经典叫《大学》，即"四书"之一，其开篇就是那广为传诵的佳句："大学之道，在明明德，在亲民，在止于至善。"可见，在中国古代，大学是为人之学，是修身之学，是立业之学，是治国安邦之学，是大的学问。现代意义上的大学源于西方，西方大学制度引入中国后，中国的教育家对现代大学也有自己的解读。比如，蔡元培先生在就任北京大学校长的演讲中曾说："大学者，研究高深学问者也。"清华大学老校长梅贻琦先生则认为："所谓大学者，非谓有大楼之谓也，有大师之谓也。"时至今日，人们对大学的认识已经有了深刻的变化。今日之大学，不仅要培养人才，而且要创新知识、服务社会，甚至还要引领文化。但我们要记住，大学最基本、最核心的是要培养德智体美群[1]全面发展的人。

那什么又是中国政法大学呢？我曾见到一句令我激动而且被社会广泛认可的表述，那就是"从诞生的那一刻起，她就与新中国民主与法治建设同兴衰、共命运，历经半个多世纪的岁月雕琢，依然豪情满怀。年轻却已历经沧桑，稳健却又充满活力，这就是中国政法大学"。不管这是溢美之辞也好，真实写照也罢，我不想让其影响你们自己的判断。从你们入学那天起，你们事实上已开始了一个对你们自己求学的学校的了解、熟悉、认知与判断的过程。我相信你们对自己的大学有客观的认识。作为校长，能给你们的承诺是：学校会尽力让大家享受到优质的教育，培养你们健全的人格、自由的精神、创新的能力、拓展的责任。

---

〔1〕 群：与人交往的能力。

我要提醒大家的是，你们既然选择了法大，在某种程度上，你们也选择了"艰辛"，我们常说自己"立马军都"，那意味着我们的校园远离城市中心的繁华与喧嚣，说得直接一点叫"偏僻"；虽然我们的校园"小而精，小而美"，但因为小一切变得拥挤，仅仅"学习占座"这一现象，历经法大人数年的艰辛实践和演绎，已经让听者叹惜，闻者扼腕。也许这正与孟子的"天将降大任于斯人也，必先苦其心志，劳其筋骨，饿其体肤"的观点不谋而合吧。幸运的是，在未来的日子里，你们将领略到江平、陈光中、张晋藩、李德顺、应松年等一大批大家的学术风采、人格魅力和道德风范。作为校长，我将不遗余力地为法大争取更多的办学资源，力争把现有的法大校区建设成为一个精致而有文化内涵的学府。

至于如何成为一个真正的法大人，这需要时间，需要历练，需要法大文化的耳濡目染。我这里提以下几点建议，供大家参考。

大家初来法大，首先要尽快适应不同于高中学习生活的法大学习生活，这里更加强调在老师指导下的自主、自觉、自律和自学。其次，要注意与他人和睦相处。法大是一个全国性大学，其国际性也在不断加强，同学和老师们来自五湖四海，都有不同的文化习性，大家唯有以诚待人，以信交人，以宽容人，以仁惠人，才能在法大和谐共生。切记"己所不欲，勿施于人"。再次，要进一步学会学习。大家在大学固然要学好专业知识，但更重要的是学会学习，特别是提升在本专业领域的学习能力，以便今后自己一辈子能够在知识方面自我更新。学会学习重在做到"四个结合"，即学勤结合，勤学苦练；学思结合，思学互动；学用结合，学以致用；学乐结合，以学为乐。然后，要始终关注自己的健康。健康不仅是无疾病或者不虚弱，而是身体健康、心理健康和社会适应良好这三维一体的完满状态。没有健康，人生的追求，无论是事业、财富还是爱情，都将化为泡影。所以，大家要通过体育锻炼保持身体健康；要正确认识自我、正确认识环境，并及时适应环境，保持心理健康；要当好学生，充分发挥自己的学习潜力，让自己的行为与学校规章制度、社会行为规范和国家法律法规相一致，保持良好的状态适应社会。最后，要尽量做到全面发展。人的自由而全面的发展，是人类社会发展的理想状态。我们希望大家秉承法大"厚德、明法、格物、致公"的校训精神，在德智体美群诸方面全面发展，不求成为完人，但求成为全人，就是成为完完全全的人，健健康康的人，正正常常的人，全面发展的人，今后能为国家和社会做出更大贡献的人。

各位同学，你们来到法大就意味着你们已经站在了新的人生起点上，在你们今后的人生航程中既有风平浪静、蓝天白云，也有暴风骤雨，波涛滚滚。古人云："士不可以不弘毅，任重而道远。"扬起你们理想的风帆，勇敢地起航吧！

谢谢大家！

# 诚信为人，创新为学*

各位老师，同学们：

今天，我们在这里隆重举行中国政法大学2009级研究生开学典礼，欢迎来自五湖四海的2157名硕士研究生和215名博士研究生。首先，我谨代表学校，对你们成为法大的一员表示热烈的祝贺，对你们的到来表示诚挚的欢迎！

经过57年的建设与发展，中国政法大学已经成为以法科为特色和优势的多科性大学、教育部直属的全国重点大学、国家"211工程"重点建设大学。可以肯定地说，今天的法大，无疑是我国人文社会科学领域，特别是法学领域，人才培养、科学研究、社会服务和文化引领的一方重镇，无疑是国内一流的法科强校。她拥有国内一流的师资、国内一流的学生、国内最大的法学教师群体、国内最齐全的法学学科、国内最大的法学资料信息中心、自成一体的人才培养模式、系统的法学研究机构、高水平的科学研究与社会服务，以及广泛的国内外学术交流、浓郁的法律文化和法治文化氛围，先后为国家和社会培养了二十余万优秀人才，在国内外有很大的学术影响和很好的社会声誉。

今年我校研究生的招生规模首次超过了本科生，书写了法大研究生教育的新篇章。如今法大正在向创新型、研究型大学转型，正在向着开放

---

* 于中国政法大学2009级研究生开学典礼的致辞。

式、国际化、多科性、创新型的世界知名法科强校不断迈进。在建设创新型、研究型大学过程中，研究生教育的规模和质量是重要标志。面临如此大规模的研究生教育，如何提高研究生培养质量，如何改革研究生培养体制机制，是学校亟待解决的问题。各位同学，你们如今也与学校站在了一起，踏上了法大建设创新型、研究型大学的历史征程。在此，我谈两点与大家共勉。

**第一，诚信为人。**

在现代社会中，道德的评价体系是多元的，但"诚信"始终是道德评价体系中稳定的要素。简单地说，诚信就是诚实守信。从我们来到人世做人起，父母告诉我们要诚实守信；当我们开始上学，老师教导我们要诚实守信；今天你们作为高知识群体坐在大学的殿堂里，我作为你们的校长依然告诫你们要诚实守信，告诫你们以诚待人、以信取人。

我们把视野回归到我们法大本身，今天的中国政法大学之所以具有不可模拟性、不可替代性、不可复制性，可谓闻之者只觉其秉公持正、刚直不阿，观之者但觉其自然率真、襟怀坦白。归根结底是，法大自身历经了57年的历练，练就了属于自身的诚信，即法大以推动"政治进步，法制昌明，社会繁荣"为己任，即便被挤压、被撤销，也矢志不渝，这是法大对社会的诚信，对历史的诚信，对人类发展的诚信。

你们走进了法大，成为法大人，就要培养、磨砺符合法大气质的品德，这就是我们所说的"厚德"，诚信是使你们具有较高的公民道德、职业道德和政治道德的支点。同时，作为法大人，还应该有法律人对诚信的理解，诚实信用是民法一个基本原则，我们应该学会用法律的思维去审视诚信，诚信是我们的个人品质、职业需求、社会责任。

为人需要诚信，为学亦需要诚信。《菜根谭》一书说道："文章做到极处，无有他奇，只是恰好；人品做到极处，无有他异，只是本然。"好一个"恰好"，好一个"本然"。由此看来，好的文章和好的人品均发自人的内心，是自然的表达与流露。这也让我想起，近年来国内外学术界发生的一些学术失范、学术不端的事件，严重影响了大学乃至整个学术界的声誉。一些人为了某种功利的目的矫揉造作，丧失了自己的学术道德，扭曲了自己的本性。我要告诫大家，你们现在也是学人，在学术界出现一些浮躁之风的情形下，一定要坚守学术道德的底线，诚信为人，严谨治学，独立思考，脚踏实地，要用自己的辛勤劳动，创造优异的成绩。

**第二，创新为学。**

研究生生活面临的一个重要变化就是要从事科学研究，要对某一现象、某一问题进行研究和探索，这就需要我们具备创新意识和创新能力。依我个人的体会，创新就是有所发现、有所发明、有所创造、有所前进，或者是在研究中发现了新材料、新现象、新事实，或者是在研究中找到了新途径，使用了新方法、新手段，或者是在研究中提出了新观点、新论断、新思想、新理论。法大的办学目标之一，就是办成以创新为导向的创新型大学。各位均是我校学术领域的一员，你们的创新将使法大成为更具价值的大学。创新是我们研究生学习的重要方式，提高创新能力是我们研究生学习的首要任务。

培养创新意识、提高创新能力，首先要有扎实的学术功底，深厚的学术素养。人文社会科学的学习，需要大量的阅读，通过知识的积累和积累的乘数效应，为学术创新奠定基础。其次，培养创新意识、提高创新能力要拓宽学术视野，掌握多元方法，善于借鉴总结。作为学术上的新手，我们需要借鉴，借鉴他人在学术研究上的方法和手段，不断消化吸收，通过内化来提升自己在学术研究上的水平，在借鉴的基础上进行创新。再次，培养创新意识、提高创新能力要具有国际视野和世界眼光，提升自己的国际交往能力和国际竞争能力，学会在全球化背景下发现问题，思考问题，寻求破解之道。

为人不易，为学实难，只要我们记住一个"真"字，做真人，做真学问，就能迈开大步向前进，就能成为合格公民、社会精英和国家栋梁，成为今后能为国家和社会做出更大贡献的人，就能早日把我校建设成为开放式、国际化、多科性、创新型的世界知名法科强校。

祝大家在今后的学习生活中身心健康，学业有成！

谢谢大家！

# 大学的精神和气质<sup>*</sup>

亲爱的同学们：

大家上午好！

很高兴能在阳光明媚的上午再次看到朝气蓬勃的你们，我想再次对大家说：法大欢迎你们，欢迎大家来到法大！从今往后，我们就是一家人，是法大这个大家庭中相互扶持、相濡以沫的师生和亲人。在这里，我先要为刚刚军训后返校的 1987 名新同学送上衷心的祝福，为来自外国的留学生、港澳台学生和所有新同学送上衷心的祝福，祝愿大家今后四年的学习生活顺利、幸福和快乐！

每年 9 月，都会有许多新生走进这座校园。我们看到，每届学生都具有自己的特质，其特质的展现使得校园文化更加多元，更加多样，更加丰富多彩。纵观每所名校的历史，众多杰出学子的追求与坚持，成为大学最宝贵的"非物质文化遗产"，成为学校的个性与灵魂。我相信，大家通过四年的努力，也一定能在法大历史上留下属于你们 2010 级学生的专属记忆。但无论你们会表现出什么样的特质或在法大留下什么，请你们一定记住，从踏入法大校园的这一刻起，你们便有了一个共同的名字，那就是"法大人"，这个名字将伴随你们一生。

法大是一所命运多舛而始终向前的大学，是一所历经苦难而充满希望

---

* 于中国政法大学 2010 级本科生开学典礼的致辞。

的大学。在法大发展史上，既有文革期间的停办，1978 年复办时办学条件捉襟见肘的窘境，更有三个黄金发展时期，那就是二十世纪五六十年代北京政法学院的初创和发展阶段，二十世纪八九十年代中国政法大学的复办与壮大阶段，以及我校自 2000 年归属教育部至今的迅速提升和跨越式发展阶段。这正应验了我们常说的那句话："艰难困苦，玉汝于成。"正是一代又一代法大人的勇敢无畏、不懈努力和辛勤耕耘，成就了法大的今天，也成就了法大人的精神，造就了法大人的特质。大家可能要问：什么是法大人？我以为，那就是具有法大精神的人，具有法大气质的人。法大人是"厚德、明法、格物、致公"校训的信仰者和践行者，是有"以人为本、尊重人权"的人文精神，"实事求是、求真务实"的科学精神，"自强不息、追求卓越"的学术精神，"艰苦奋斗、坚忍不拔"的奋斗精神，"和睦相处、和衷共济、和而不同、和谐发展"的团队精神的人，是有"经国纬政、法泽天下"的气度，"经世济民，福泽万邦"的情怀，"公平至上，正义优先"的价值观，"只向真理低头"的骨气的人。

同学们，既然我们是法大人，我们就一定要成为一名真正的法大人，做一名出色的法大人，在这里，我有几条建议，提出来与大家分享。

一是要追求成才，更要追求成人。大学不仅是知识的摇篮，更是人格的园圃。在大学里，老师不仅要教书，而且要育人。而同学们不仅要追求成才，更要追求成人。我们要秉承法大"厚德、明法、格物、致公"的校训精神，追求在德智体美群诸方面全面发展，不求成为完人，但求成为全人，就是成为完完全全的人，健健康康的人，正正常常的人，全面发展的人。在法大，我们要让品格得到培养，努力得到尊重，谦虚得以发扬。

二是要读万卷书，更要行万里路。大学是读书、研究学问的地方，读书、掌握知识是打基础，必不可少。所以，同学们要读书，"读万卷书"，保有一定的"阅读量"，通过读书使自己在人格与学问、理智与情感、身与心等各方面得到自由、和谐、全面的发展，成为人品高尚、文品高美、学品高雅的博雅之士。但是，光读书，光掌握知识是不够的，还必须注重培养自己的能力，尤其是灵活运用自己所学知识解决问题的能力，所以，更要"行万里路"。同学们在大学生活中要走理论联系实际之路，要走参与社会实践之路，要走密切联系人民群众之路，在社会实践中历练，将知识内化为能力，不断提高自己的学习能力、适应能力、实践能力、创新能力和国际交往能力，增进对国家的忠诚、对法律的信仰、对人民的感情。

三是要明辨是非，更要恪守底线。明辨是非就是要明白事理，恪守底线就是要恪守道德的底线。法大是一所以法科为特色和优势的多科性大学，在这里学习，法学、法治的氛围很浓。同学们会和老师们一样，追求民主法治，崇尚公平正义，有很强的主体意识和权益意识。这是法大人的应有之义。但法大现在还不是一个尽善尽美的大学，还在建设中、发展中、改善中。同学们来到法大，一定会发现许多不尽人意的地方，比如，有的宿舍还要住6个人，自习空间不足，图书馆座位有限，食堂在就餐高峰时拥挤，昌平校区离市中心较远、进城不便，而学院路校区还在大规模建设，等等。学校不是没有认识到这些困难，也正在加紧逐步改善办学条件，但有些条件的改善还需要时日。所以，我真诚地希望同学们在法大不是太好的硬件环境中学习的这几年里，能学会尊重、学会理解、学会宽容、学会体贴、学会自律，"己所不欲，勿施于人"。既要讲权利和权益，又要讲义务和责任；既要坚持法治精神，又要弘扬人文精神；在为人处世方面恪守道德底线。

四是要智抄近路，更要勇走弯路。从善良的愿望出发，我们老师和同学们的家长一样，总是希望孩子们走捷径，抄近路，少走弯路。但事实上，人生之路漫长，难免有曲折，有挫折，要走弯路。在我们法大，在学习方面"挂科"，在人际关系方面"被甩"，在情感方面"失恋"，在评奖、评优、保研方面"失利"，或者说我们期望做成的事情没有做成，这并不是失败，只是挫折和走弯路。同学们遇到这种情况要勇于面对，要积极想办法去解决困难。我想说的是，只有当同学们遇到这种情况，停止努力，放弃追求，停止解决问题的尝试，那才是真正的失败。我们并不反对基于艰苦的努力和扎实的工作去智抄近路，但我们更愿意让同学们展开探索的翅膀，自由地飞翔，去经历风雨、困惑、苦恼，去收获走了弯路后得来的顿悟、灵感和喜悦。

五是要追随师长，更要广交学友。在大学学习期间，主要要向三种人学习，即向老师学习、向来访者学习和向同学学习。前两者为师长，向他们学习自不待言。大家容易忽视的是同学们之间互相学习。同学之间交友有如染丝，"染于苍则苍，染于黄则黄"。在大学生活中，同学们要"以文会友，以友辅仁"，多交学友、诤友、挚友。交友的标准可以参考孔夫子讲的"益者三友"，即"友直、友谅、友多闻"。广交学友，既能形成良好的学习生活氛围，又能增长见识、开拓视野、互相激励和取长补短。独学无友，难免孤陋寡闻。同学们来法大都是学人文社会科学的。大家知道，人文社会科学的主要研究对象就是社会关系，人与人的关系构成了社会关系的主体。学会与人相处、学会与社会共存，学会与环境友好，既是同学们在大学学习的内容，也是同学们在大学学习的结果。

同学们，做真正的法大人，做出色的法大人，是我作为法大的校长，对大家的希望。我相信，大家在今后几年的学习生活中一定会去做，也一定能够做到。

再次真诚地祝福所有新同学！

谢谢大家！

# 做学生的"三个坚持"<sup>*</sup>

尊敬的各位老师，亲爱的同学们：

大家上午好！

今天，我们在这里隆重集会，举行中国政法大学 2010 级研究生开学典礼，这是我们第二次在这里举行露天的开学典礼。首先，我代表学校，对大家在经过顽强的拼搏和艰苦的努力之后终有所成，被录取为中国政法大学的研究生，表示衷心的祝贺！同时，代表学校真诚地欢迎大家！欢迎大家来到法大，加盟法大，成为法大的一员！从今往后，我们都有一个共同而响亮名字，那就是法大人。

今年，我校共招收了 2470 名研究生，数量创历史之最。其中，博士生 208 人，港澳台学生 56 人，外国留学生 15 人。有意思的是，在全国统考的硕士研究生中，男生只有 670 人，而女生则有 1132 人。好在在全国统考的博士研究生中，男生 120 人，女生 71 人，算是为我们男生争回了一点面子。同学们，你们能进法大读研究生，理当感到骄傲和自豪。因为这里虽然没有如诗如画的校园，也没有美轮美奂的大楼，但这里师资雄厚，名师云集，有学术大师为你指点迷津；这里思想解放，学术自由，有汗牛充栋的群书任你博览，有鸟飞鱼跃的舞台凭你尽展风采；法大始终以推动政治民主、法治昌明、经济发展、社会进步和文化繁荣为己任，通过高质量的

_____

* 于中国政法大学 2010 级研究生开学典礼的致辞。

人才培养、高水平的科研成果和理论创新、高层次的立法与决策咨询，逐步成长为中国法学教育的最高学府；法大志存高远，立志成为开放式、国际化、多科性、创新型的世界知名法科强校。所以我们可以毫不夸张地说，法大是一所有特色、有灵魂、有德性的大学。你们在这样一所大学学习，难道不感到骄傲和自豪吗？

同学们，下面我想提醒大家的是，你们是在一个非常特殊的时期进入法大学习的。

第一，国家刚刚召开了全国教育工作会议和发布了《国家中长期教育改革和发展规划纲要》，国家将在新的起点上全面谋划教育改革和发展。在我看来，就高等教育而言，全国教育工作会议和《国家中长期教育改革和发展规划纲要》的核心精神就是要坚持育人为本，努力提高质量，通过改革创新促进高等教育又好又快发展。坚持育人为本，意味着我们要以学生为主体，以教师为主导，充分发挥学生的主动性和积极性，把促进学生健康成长作为学校一切工作的出发点和落脚点。因此，学校将会把更多的人力、物力和财力投入到学生的培养上来。同学们在法大求学的三年，正好碰到这样一个高等教育改革和发展的新机遇，我相信你们会从中受益的。

第二，同学们在法大求学的三年，正值法大发展的一个特殊时期。我们正在改造、改善、改变学院路校区，希望在不远的将来，把这个校园建设成为一个"小而优、小而精、小而美"的现代化校园，一个精致而有文化内涵的现代化校园。但是，建设的过程使这个校园本来不大的空间显得更加局促，不可避免地会给大家的学习和生活带来一定的困扰和困难，大家的学习和生活可能常常伴随着飞扬的尘土和机器的轰鸣声。但这是我们学校发展必须经过的阶段。我诚恳地希望同学们能理解这一点，特别要注意自身的安全。当然，学校会尽全力在现有的条件下做好管理和服务。同学们，让我们共同努力，一起来克服困难，大家说好不好？

　　第三，同学们正好成为我校研究生奖助体系改革的践行者。为了推进研究生培养机制的改革，提高人才培养质量，着力培养拔尖创新人才，在深入调研、反复论证的基础上，学校决定自2010级研究生入学开始，施行研究生奖助体系改革。新的研究生奖助体系，本着"惠及大部分、鼓励突出者"，让学生成为改革的最大受益者的想法，面向所有研究生，设立了"中国政法大学研究生奖学金"、"中国政法大学研究生助学金"和"中国政法大学研究生创新基金"，对于综合素质、学习成绩和科学研究较为优秀的研究生，实施奖学、助学制度；对于设计课题、申请项目、进行专题学术研究的研究生，给予创新基金的资助。这一改革实际上取消了所谓公费生与自费生的区别，对所有学生都一视同仁，还扩大了奖助覆盖面。至于如何评定奖助学金及创新基金的资助，则以学习实效论英雄，谁的专业学习更出色，实践效果更突出，科研成果更丰富，学风更优良，谁就会获得更多的奖励和支持。作为实施研究生奖助体系改革的第一批学生，你们自入校到毕业，都将与奖助体系的改革同呼吸、共命运，既会尝到参与改革的艰辛和苦涩，也会分享到改革带来的成功和喜悦。

　　同学们，我还想借此机会，向大家提出在校学习期间要做到"三个坚持"的唠叨，与大家共勉：

　　一是要坚持品行第一。也就是要以德立身，严于律己，把做人放在首位，树立正确的人生观、世界观、价值观，把今日的大学生活，与为实现国家的富强、人民的幸福、民族的振兴和人类文明的进步而奋斗的理想和信念紧密地连接起来！要孝敬父母，因为"百善孝为先"；要尊重他人，因为敬人就是敬己，敬人才能团结互助；要诚实守信，因为"人而无信，不知其可也"；要遵纪守法，常思贪欲之害，常怀律己之心；要艰苦奋斗，坚忍不拔，不畏前进道路上的种种困难；要己所不欲，勿施于人。特别是大家在一个以法科见长的大学里学习，尤其要坚守民主法治、自由平等、公平正义的理念，做国家的有社会责任感的合格公民。

二是要坚持能力为重。也就是说，要注意优化自己的知识结构，丰富自己的社会实践，重点强化自己的能力培养。要着力培养自己的学习能力、适应能力、实践能力、创新能力、国际交流能力，学会知识技能，学会动手动脑，学会生存生活，学会做人做事。

三是要坚持全面发展。也就是要注重提高自己的综合素质。人的自由而全面的发展，既是教育的目标，也是人类社会发展的理想状态。同学们在校期间，要秉承法大"厚德、明法、格物、致公"的校训精神，追求在德智体美群诸方面全面发展，不求成为完人，但求成为全人，就是成为完完全全的人，健健康康的人，正正常常的人，全面发展的人。我要特别强调的是，大家在学院路校区体育运动场所极为有限的情况下，一定要加强体育锻炼，牢固树立健康第一的思想，把自己锻炼成身心健康、体魄强健、意志坚强的人；同时，要注意培养自己良好的审美情趣和人文素养，追求成为古今贯通、中西融通，人品高尚、文品高美、学品高雅的博雅之士。

同学们，今天是 9 月 8 号，再过一天，就是我国设立教师节之后的第 26 个教师节了。我想用这样一个方式来结束我的致辞。我提议，让我们一起以最热烈的掌声，向我们学校的老师们致以最诚挚的节日祝贺！

# 千里之行　始于足下*

亲爱的各位新同学、各位老师：

大家上午好！

今天，是中国政法大学令人振奋的日子，军都山下的法大校园到处秋色宜人、喜气洋洋。我们在这里隆重集会，举行法大2011级本科新生开学典礼，正式迎接来自五湖四海的新同学！

同学们，开学典礼是一所学校薪火相传的标志。正是由于你们这样一批天资聪颖、富有激情与活力的青年学子的加入，法大人群体、法大共同体、法大大家庭更加壮大了，而法大的精神、传统和文化也因为你们的到来而得以延续升华，历久弥新。在此，我代表学校，向全体新同学表示最热烈的欢迎，欢迎大家成为法大大家庭的一员！也期待你们在这里能够愉快生活、健康成长，实现希望、实现梦想！

事实上，同学们入学已过月半，通过入学教育、军训以及各种渠道，相信大家对法大已有了初步的认识。我想，一所高水平、有特色的大学的存在与发展，一定有其与众不同之处。

法大与众不同之处，首先在于她的办学使命。法大自诞生之日起，就承担着以卓越的人才培养和学术推进国家法治昌明、政治民主、经济发展、文化繁荣与社会和谐的使命，尤其是以推进国家的法治建设为己任。

———————————

＊　于中国政法大学2011级本科生开学典礼的致辞。

这种使命抉择，深深嵌入法大的历史命脉，使法大的成长始终与"法治中国"的发展休戚与共。59 年来，"经国纬政、法治天下"的气度凝聚于此，"经世济民，福泽万邦"的情怀倾注于此，"公平至上，正义优先"的价值观展现于此，"可夺法大名，不泯法大志""只向真理低头"的骨气养成于此，"凡我在处，便是法大"的身份文化认同建构于此。至今，这种以法治为理想、信仰和目标的使命特质，已经成为鲜明的"法大标识"。

法大与众不同之处，还在于她的精神。最近十来年，法大被媒体誉为国内发展最快的六所大学之一，在全国大学的总体排名中也不断跃升，成为享誉中国的一流大学。但如果仅仅看到大学排位的"名"，恐怕很难理解法大 59 年筚路蓝缕的变化之"实"。我们要看到，法大的跨越式发展，不仅在于强劲的"法大实力"，而且在于奋发的"法大精神"，它们包括"以人为本，尊重人权"的人文精神，"实事求是，求真务实"的科学精神，"自强不息，追求卓越"的学术精神，"艰苦奋斗，坚忍不拔"的奋斗精神，以及"和睦相处、和衷共济、和而不同、和谐发展"的团队精神。正是法大精神，感染、鼓舞、激励和召唤着一代又一代法大人将个体追寻汇聚成共同坚守，众志成城以振之，矢志不渝以兴之，推动法大一步一个脚印，坚定而从容地向着建设开放式、国际化、多科性、创新型的世界知名法科强校的办学目标迈进。

同学们，随着在这里开始你们的大学生活，你们将会以自己的方式去认识、感受和解读法大。但我以为，只有从法大使命认识开始，从法大精神感受开始，你们才能真正理解在法大跌宕前行的艰苦历程中，那种荡气回肠、惊心动魄的"法大力量"。因此，大家要以高度的责任感和使命感，珍惜前辈们留下的精神馈赠，并努力使之发扬光大。

同学们，从进入法大那天起，你们将面临生命中一个全新的开始，无论你们过去如何，你们现在都站在了同一起跑线上。大学无疑是你们人生中最重要的阶段。在这里，你们将追求真理、探索新知，挖掘潜力、开拓创新，陶冶情操、磨炼意志，砥砺成长、完善自我，为成就属于你们自己、属于法大、属于这个民族和时代的梦想与辉煌打下坚实的基础。在这里，我想将《老子》第六十四章中的一句话送给大家：那就是"合抱之木，生于毫末；九层之台，起于垒土；千里之行，始于足下"。我想这句话的含义大家都明白，讲的道理就是：做事要从头做起，从第一步开始，逐步进行。

所以，同学们上大学面临的首要问题就是：如何开始，如何走好大学人生的"第一步"，如何在大学里有更多更好的收获。在这里，我向大家提几点建议和希望，与大家共勉。

首先我希望，我们要秉持"志高远者胜大任，一分辛劳一分才"的信条，成为志存高远、脚踏实地的法大人。宋代大思想家朱熹曾讲："百学须先立志。"讲的就是为学之道，始于立志。同学们一定要认清自己肩负的历史重任，树立正确的世界观、人生观和价值观，树立全心全意为人民服务的理念，树立为国家的繁荣昌盛、为中华民族的伟大复兴、为全人类的文明进步而努力奋斗的远大理想。我想这不是给大家讲抽象的大道理，而是真诚希望大家切实能把远大的志向和抱负化作前进的动力和方向。同时，同学们也要脚踏实地，从自我做起，从现在做起，从一点一滴小事做起，在新的学习阶段明确自己的努力方向，学好专业知识，掌握实践本领，增强创新能力，一步一个脚印，以优异成绩和过硬本领去实现自己的人生理想。

其次我希望，我们能够"善养吾浩然正气"，成为具有人格之美的法大人。一个人要有所成就，能对社会有所贡献，一定要有高尚的道德品质和人格修养。同学们要有"先天下之忧而忧，后天下之乐而乐"的宽广胸怀，要有"富贵不能淫，贫贱不能移，威武不能屈"的奇伟风骨，要有"直而温，宽而栗，刚而无虐，简而无傲"的幽雅气度，要有"静以修身，俭以养德，非淡泊无以明志，非宁静无以致远"的明净心境。大学是品格培养的熔炉，希望大家在这里能够真正实现自身的品格塑造和精神升华，成为德才兼备的优秀人才。

我同时希望，我们能够保持"慎终如始，终始如一"的奋斗状态，成为知识全面、基础扎实且实践创新能力强的法大人。我听说，大学的英文单词"university"被人戏读为"由你玩四年"。同学们，如果你也有来法大玩四年的想法，那就大错特错了。的确，大学的教学方式、学习方法、日常生活等与中学有很大的不同，在大学更加强调学生在老师指导下的自主、自觉、自律和自学。同学们要尽快适应不同于高中学习生活或者不同于其他大学的法大学习生活，迅速转变角色、适应角色，设计自我，完善自我，发展自我，千万不要放任自己。大家知道，学无止境、学海无涯；"宝剑锋从磨砺出，梅花香自苦寒来"；只有一分耕耘，才有一分收获；没有日积月累，那来厚积薄发？大家一定要永远保持乐观向上、积极进取的状态，安排好自己的大学生活，不断提升自身的品格、知识、能力、素质和智慧。

我还希望，我们能够"常怀博爱之心，多行友善之事"，成为尊重他人、谦逊有礼、心态平和、淡定从容的法大人。同学们来自五湖四海，有不同的文化习性，也有自己的特点和优点，大家相处在一起，唯有以诚待人，以信交人，以宽容人，以仁惠人，相互尊重，相互学习，取长补短，才能在法大和谐共生。当然，在法大学习和生活中，大家肯定会遇到一些磕磕碰碰，这是难免的，也是正常的。这就需要大家常怀平常之心、感恩之心、责任之心，以包容、宽容、兼容的心态去面对误解和委屈，在别人需要帮助的时候伸出真诚援助之手。同学们，诚信与合作是社会和谐的基础，我希望大家能够发扬团队精神，真诚团结、协作、互助，共同进步，在这里收获你们最美好的未来。

同学们，进入大学对你们来说是一个新的起点、新的开始，我想，我们每个同学心里现在都有"开始"一词。心里有了这个"开始"，我们就有了自我约束和自我要求：会记住"千里之行，始于足下"，良好的开端是成功的一半；今后，我们无论走到什么地方，我们无论在干什么，我们都会脚踏实地，迈好每一步，一步一个脚印。我衷心希望，在人生的新起点上，你们能够确立更高远的努力方向和人生目标，迈出坚实而有力的第一步！

今后四年，我们将随法大前行，我们将相伴而行，对于你们在法大学业有成、健康成长，对于你们今后成为家庭、民族、国家、人类的栋梁之材，我充满信心，更充满期待！美好的未来属于你们！美好的未来一定属于你们！

谢谢大家！

# 我们都有一个"法大梦"*

各位尊敬的老师，亲爱的同学们：

大家上午好！

同学们，人的一生究竟有多少天？有人曾如此简洁地回答：三天，即昨天、今天和明天。"昨天"，你们勤学苦读，历时多年，最终如愿以偿，迈入法大研究生行列；明天，你们将扬帆起航，去实现新的人生跨越；而今天，值得大家记住，我们在此举行简朴而隆重的开学典礼，真诚欢迎你们的到来。首先，我谨代表学校，热烈欢迎你们加入法大！衷心祝贺你们成为法大人！

今天，我同你们一样，深感自豪，为学校迎来了你们这样朝气蓬勃、奋发向上的同学们而感到骄傲。我也同你们一样，充满期望，期望你们能给法大带来你们独有的青春活力和魅力，期望你们能在这里得到优质教育和健康成长。此外，我还和你们一样，为身边环绕的繁忙工地、陈旧楼宇、局促校园而感到忐忑。尤其是作为校长，每念及此，更觉忧虑。但我想说的是：物有所不足，智有所不明，万物都各有优势和弱点，我们可爱的法大也是这样，我们今天只能在露天举行开学典礼。好在我们的硬件设施正在逐步改善，而且，我们虽然缺少大楼，但我们拥有大师、拥有大爱。法大建校至今，从未缺少一流学者，出席今天典礼的终身教授就是各

---

* 于中国政法大学 2011 级研究生开学典礼的致辞。

自领域的泰山北斗。至于大爱，我想说的是，每一个走进来又走出去的法大人，在笑谈"天地无期竟，法大甚局促"的同时，都由衷地产生"凡我在处，便是法大"的淳厚深情。

回顾历史，法大明年将迎来建校 60 周年。这 60 年，是法大与国家法治建设命运相连、休戚与共的 60 年，是法大通过跨越式发展，从小到大，从大到强，进而在中国高等教育主流领域占据举足轻重地位的 60 年。法大经历过命运多舛的"停办期"，但也收获了厚积薄发的"发展黄金期"，是近 10 年中国进步最显著的大学之一。今天的法大，既坚定了立足中国走特色发展之路的信心，增长了面向世界走国际化发展之路的智慧，更挖掘出构建现代大学制度、强化内涵式发展的潜力。在国家发展与社会进步，特别是国家法治建设的光荣榜上，记载着法大和全体法大人的杰出贡献。法大以其独具的办学特色和突出的办学成绩，被誉为"中国法学教育的最高学府"。

这就是法大。任何人，如果看不到这些，就不可能体会法大"以人为本，尊重人权"的人文内涵，就不可能理解法大"实事求是，求真务实"的科学品格，就不可能秉承法大"自强不息，追求卓越"的学术理想，就不可能发扬法大"艰苦奋斗，坚忍不拔"的奋斗精神，就不可能保持法大"和睦相处、和衷共济、和而不同、和谐发展"的团队作风，就不可能胸怀法大"经国纬政、法治天下"的英雄气度，就不可能展现法大"经世济民，福泽万邦"的济世情怀，就不可能坚守法大"公平至上，正义优先"的价值观，也就不可能保有"可夺法大名，不泯法大志""只向真理低头"的铮铮骨气，更不可能看到法大在艰难曲折中百折不挠地前进和不断走向成功的现实。

同学们，我想，你们都不是为了安逸、舒适汇集到此的。无论你们报考法大的理由为何，我希望至少从今天开始，您们能用心贴近法大、感受法大，仔细思量她的过去与未来，全面审视她的苦难与辉煌，真正读懂她的选择与坚持，并从中找到推动她和你们自己走向卓越、走向辉煌的发展路径。

同学们，在这里，你们暂时还没有明亮的教室、宏大的礼堂、静怡的图书馆，但你们会遇到睿智的学者和深邃的思想，你们会得到身边诸多才俊的不断激励，你们的独立思辨能力将通过所学而愈加缜密，你们的团队精神和领导才能会在其间得到极大的提升。这些都必将在你们今后的人生道路上，产生至关重要的影响。

在我们每个法大人心中，大家都有一个"法大梦"，就是把法大建设得更美、更好、更强！所以，创校以来，法大的建设，正是因为一批又一批师生的执著付出而丰富多彩；法大的发展，正是因为一代又一代法大人的无私奉献而生生不息。从今天开始，这种坚持与奉献的火炬也传到了你们手里。希望你们能效法前辈，把爱校、兴校转化为实实在在的行动，成为支撑法大迈向"开放式、国际化、多科性、创新型的世界知名法科强校"的灵魂和脊梁。我相信，你们一定能做到！也请你们相信，学校会竭尽全力，不断改善大家的学习和生活条件。让我们共同努力吧！

我在前面谈到的大爱，主要是指法大人的仁爱与爱校，特别是在学校营造一个很好的人文氛围。但法大的大爱，还有一个更高的层面：那就是热爱祖国并愿意为之努力奋斗。只有达到这个层面，你们站在法大人的行列里，才会感到无愧。每个法大人都有各自的梦想，但我们都有一颗赤子之心，怀揣着共同的"强国梦"：国家繁荣富强，社会公正和谐，人人都在有尊严的生活中感到幸福。

同学们，"法大梦"和"强国梦"，其实是一个梦，校门旁"法治天下"的碑刻，已经强烈昭示这一点。自建校以来，这从未改变，而且深深积淀于法大人内心的事业向往和奋斗追求，使每个法大人懂得个人命运与国家命运不可分割，国家兴则法大兴，国家强则法大强。建校近60年来，法大人的不懈奋斗，就是在不断诠释这个梦想，尽一份自己的责任。

我一直在思考，21世纪的法大人，如何来担当这个责任，如何去实现这一梦想。在此，我谨将点滴思考提出来与大家分享：

21世纪的法大人，必须有一颗爱国之心，关心国家和社会的发展，关注民族的未来，关爱老百姓的民生，勇于担当起振兴中华的历史使命。

21世纪的法大人，需要以更为淡定的心态、广博的胸怀、坚定的信念和踏实的行动，融入推动国家法治昌明、政治民主、经济发展、文化繁荣、社会和谐、生态文明的伟大进程。

21世纪的法大人，有责任推进知识、文化的传承与创新，引领时代的思想和文化。这不仅需要具备扎实的理论功底，还要把服务人民、坚守正义、探寻真理作为崇高的价值追求。唯有如此，才有可能在科学研究上有所建树，创造出真正有价值的精品力作。

21世纪的法大人，不能仅仅局限于习得个人谋生之道，或学到某种技能，而是深深懂得协同发展、协同创新的重要性，努力培养并弘扬团队协作精神。

21世纪的法大人，能自觉培养公民意识，恪守独立之精神，自由之思想，不循旧统，博学敦行，明辨是非。

21世纪的法大人，不能囿于一校、一城、一地、一国，而要有国际视野、世界眼光、全球胸怀，要立足中国，放眼世界，走向世界。

21世纪的法大人，还要始终坚守法大的"厚德、明法、格物、致公"的校训。简明扼要地讲，"厚德"，就是为人处事厚道一点；"明法"，就是为人处事规矩一点；"格物"，就是为人处事理性一点；"致公"，就是为人处事公正一点。

同学们，今年，是辛亥革命100周年。百年前，孙中山先生在他形容的"中国在地球上为一最贫弱之国"的时代，要求"诸君立志"，把中国建设成为"世界第一富强之国"，并且号召国人都要有这一志愿。百年前的风起云涌，我们没能见证，但在国家富强与民族复兴逐步实现的今天，我们正身历其中。"器大者声必闳，志高者意竟远。"法大虽小，法大人也只有20余万，但星星之火，可以燎原。法大需要你们选择并坚守她的梦想，期待你们持之以恒地追求并实现她的梦想！

同学们，尽情展现出你们的激情，放飞你们的梦想吧！你们就是法大！你们就是未来！真诚祝愿你们拥有专属于"法大2011"的精彩时代，取得超越世俗和个人利益的成功！

谢谢大家！

# 健康成长　立志成才<sup>*</sup>

尊敬的各位老师，亲爱的同学们：

大家下午好！

今天，秋天的北京秋高气爽。我们在这里齐聚一堂，隆重举行中国政法大学 2012 级本科生开学典礼。对一个大学来说，它必须重视开学典礼，因为这是一个大学的最神圣的仪式之一。首先，我代表学校向 2012 级的 2284 名新同学表示最热烈的欢迎！对你们在高考的千军万马中过关斩将、脱颖而出，进入中国法学教育的最高学府、中国人文社会科学的学术重镇——我们共同的大学——中国政法大学学习表示衷心的祝贺！

今年是中国政法大学建校 60 周年。上半年，我们举行了一系列隆重、热烈而又简朴的校庆活动，达到了"聚焦发展、凝聚师生、汇聚校友、继往开来"的目的。同学们，你们是法大在自己重要的历史发展节点上招收的新一届本科生，你们不仅将体认法大第一个 60 年的辉煌，而且还将见证法大下一个 60 年扬帆起航。所以，你们在今年加盟法大具有特别的意义。

我想告诉大家的是，从 1952 年建校至今，在过去的 60 年里，法大始终与共和国同呼吸、共命运，积极推进国家法治建设和高等教育事业的发展。在一代又一代法大人的不懈努力下，法大秉持"厚德、明法、格物、致公"的校训精神，坚持"学术立校、人才强校、特色兴校、依法治校"

---

＊　于中国政法大学 2012 级本科生开学典礼的致辞。

的办学理念，以"经国纬政、法治天下""经世济民、福泽万邦"为办学使命，以建设"开放式、国际化、多科性、创新型的世界知名法科强校"为办学目标，追求公平正义、崇尚学术自由，不断提高教学质量，大力开展科学研究，积极参与国家立法和普法宣传，主动服务执法司法实践，始终奋进在国家法治建设的最前列，始终活跃在高等法学教育的最高端，探索走出了一条内涵发展、特色发展、创新发展、开放发展、国际发展、和谐发展的强校建设之路。学校先后培养了二十多万各类高级专门人才，涌现出了一大批学术名师、政法英才，创造出了一系列有价值、高水平的学术研究成果，为推进依法治国进程、服务经济社会发展做出了突出贡献。今天的法大，不仅是国家"211 工程"和"985 工程优势学科创新平台"重点建设大学，而且已经从最初的单科性大学转变为以法科为特色和优势，兼有文、史、哲、经、管、教育等学科的多科性大学；从早期的以教学为主的大学转变为把人才培养、科学研究、社会服务和文化传承创新融为一体，并齐头并进的大学；从过去行业举办的大学转变为汇入当下中国高等教育主流的大学；从一所普通大学转变为如今具有广泛国际影响力的国内一流大学。在法学领域，法大已经成为我国公认的法学教育中心及政法干部培训中心、法学研究中心、国家立法和法治决策咨询服务中心、法学图书资料信息中心、法学学术和法律文化交流中心，被誉为"中国法学教育的最高学府""中国人文社会科学的学术重镇"。

正因为如此，同学们，你们能够考上法大的本科生，是值得你们击掌相庆的事情，你们自当为能够成为法大的本科生而感到荣光和自豪。

今天，军都山下的法大校园迎来了军训归来的 2012 级的同学们，你们是法大的新生力量和希望，未来四年，你们将在这里学习生活，在这里成长成才。我们希望，你们在这里通过不断奋进，成就最好的自己，用自己的努力、智慧、汗水、力量去弹奏出属于你们的青春乐章。

今天在这里，我想和大家一起分享探讨的话题是"在大学如何成长成才"。也就是说，大家如何通过四年大学学习生活的磨砺，成为真正的人才。对于这个问题的回答，每个人心中或许都会有不同的答案。但一个人是否真正成才，最终需要经过实践的检验、社会的检验和时间的检验。

我想，成长成才的第一要义在于人格品质的锤炼，也就是要学会做人。我希望同学们能够既仰望星空，又脚踏实地。当代大学生不应该是"精致的利己主义者"，应该胸怀理想、志存高远，应该心系祖国、情系人民，应该坚持民主法治、追求公平正义。同学们要通过不断加强自身思想品德修养，增强服务国家服务人民的社会责任感，形成正确的世界观、人生观和价值观，养成团结互助、诚实守信、遵纪守法、艰苦奋斗的良好品质，成为践行民主法治、自由平等、公平正义理念的国家合格公民。我同时希望同学们能够常怀恻隐之心、感恩之心、宽容之心、平常之心，微笑面对生活，用最真诚的心去感受父母之爱、师长之恩、朋友之谊、同学之情，用责任、奉献和爱心充实快乐的生活。

成长成才的第二要义在于终身学习能力的具备，也就是要学会学习。我们所处的时代是一个信息爆炸的时代，其特征就是信息量大，知识产出多，知识更新快，今天的知识明天也许就不能称为新知识，只是常识或者旧闻。所以，同学们在大学期间，积累知识固然重要，但更重要的是大家必须树立终身学习的理念、提升终身学习的能力。我们要学会主动学习，学勤结合，勤学苦练，发挥自己的主观能动性，充分开发自身的潜能；学会快乐学习，学乐结合，找到学习的乐趣，增添学习的动力；学会感悟学习，学思结合，在学习中感悟，在感悟中提炼、升华；学会能力学习，学用结合，不仅学习知识，更重要的是要将所学的知识转化为解决问题的能力。孔子曾说："三人行，必有我师焉。择其善者而从之，其不善者而改之。"讲的就是处处都有学习的机会，可以随时随地向他人学习、向生活学习、向实践学习。

成长成才的第三要义在于创新意识的养成，也就是要培养创新精神。

创新是一个民族进步的灵魂，是一个国家兴旺发达的不竭动力，也是一个人个体永葆生机和青春活力的源泉。当今时代的竞争，与其说是人才之间的竞争，不如说是人的创造力的竞争。因此，人才能否具备创新能力或潜质至关重要。巴尔扎克曾讲："一个能思考的人，才真是一个力量无边的人。"大学期间，我们必须学会独立思考，养成批判性思维和创新意识。我们要培养对世界乃至宇宙的好奇心，因为这是创新意识的萌芽；我们要注重兴趣学习和研究，因为它为创新思维提供充足的营养；我们提倡勇于质疑、挑战权威，因为这是在创新道路上迈出的坚定步伐；我们鼓励个性发展和探索实践，因为这是创新发展的必由之路。

成长成才的第四要义在于实践能力的提升，也就是要学会做事。南宋诗人陆游曾说："纸上得来终觉浅，绝知此事要躬行。"他讲的就是要实践，实践出真知，实践长才干。实践无处不在，无时不有，社会主义现代化建设是实践，依法治国方略的实施也是实践；教学活动中的实习实验是实践，第二课堂丰富多彩的活动也是实践。学习的最终目的是为了实践，一个人成才必须在实践中完成。同学们今后必然要走向实践、服务社会。所以，大家在大学期间要通过积极参与实习实践、社会调研、勤工助学、公益活动和校园社团等来增长自己的才干和能力；既要读万卷书，又要行万里路，积极走出校园，认知社会、融入社会、适应社会，进而改造社会。

以上关于成长成才四个方面的要义，也融入法大"厚德、明法、格物、致公"的校训精神中。希望大家牢记并身体力行这四个要义，恪守法大校训精神，真正成为于国家、于社会、于家庭、于自我有意义的法大人。当然，在法大，还有许多独特、宝贵的大学精神和文化，希望大家在今后四年的学习生活中用心去感悟、体会、珍视和传承。

2012 年注定是不平凡的一年。于国家，钓鱼岛事件激起举国上下之愤慨，多难兴邦，加深了我们的爱国情怀和实现中华民族伟大复兴的紧迫感；于法大，今年是法大建校 60 周年，甲子更迭，你们身上承载着学校教育事业承前启后、继往开来的艰巨职责与使命。同学们，开国总理周恩来的一句"为中华之崛起而读书"为我们树立了不朽的光辉典范。今天，就让我们承先贤之遗志，为实现中华民族的伟大复兴而努力学习、砥砺成才。希望同学们将爱国主义精神转化为学习、前进的动力，始终践行成长成才的四个要义，在法大本科学习的四年，你们的生活一定会充实愉悦、收获良多。在更远的人生征途上，你们将更加自信、坚定、执着并且充满活力。未来，你们一定会成为法治中国建设的中流砥柱！法大也一定会以你们为荣！

同学们，大学生活真正开始了，时不我待，要只争朝夕！我衷心地祝愿同学们的大学生活充实而快乐！

谢谢大家！

# 养成德学才识　传承光荣梦想*

尊敬的各位老师，亲爱的同学们：

大家上午好！

秋天是北京最美的季节。在这美好的时节里，我们共同迎来了来自全国各地和海内外的2416名研究生新生。在这里，我首先代表学校，代表中国政法大学全体师生员工，向各位新生的到来表示最热烈的欢迎！

同学们，作为研究生，在进入法大研究生院之前，你们在知识的储备和学习的方式上已经有了相当的积累。进入法大，想必你们迫切希望了解法大、读懂法大、融入法大，成为法大真正的一员。而此刻，我不得不提到的是，今年，是法大建校60周年。刚刚过去不久的5月16日，是法大建校60周年的纪念日。在那前后，法大举行了一系列隆重、热烈、简朴的校庆庆祝活动。60年筚路蓝缕、栉风沐雨，法大收获了属于自己的光荣与梦想。60年一甲子，60载一轮回，从今往后，法大将在新的历史起点上重新起航。同学们，你们是法大在建校60年这个特殊的年份招收的一届研究生，你们不仅将体认法大第一个60年的辉煌，而且还将见证法大下一个60年的扬帆起航。可以这样说，你们加盟法大，具有非凡和特殊的意义。

历史在每一个节点都会留下独有的印迹。60年来，凭借着对法治梦想的不懈追求，在一代代法大人的不断努力下，法大秉承"厚德、明法、格

* 于中国政法大学2012级研究生开学典礼的致辞。

物、致公"的校训精神，坚持"学术立校、人才强校、质量兴校、特色办校、依法治校"的办学理念，以建设"开放式、国际化、多科性、创新型的世界知名法科强校"为办学目标，追求公平正义、崇尚学术自由，不断提高教学质量，大力开展科学研究，积极参与国家立法和普法宣传，主动服务司法实践，始终活跃在国家法治建设的最前列，始终奋进在高等法学教育的最高端，探索走出了一条内涵发展、特色发展、创新发展、开放发展、国际发展、和谐发展的强校建设之路。学校先后培养了20多万各类优秀人才，涌现出一大批学术名师、政法英才，创造了一系列有价值、有影响的法学研究成果，为推进依法治国进程、服务经济社会发展做出了突出贡献。今天的法大，不仅是国家"211工程"和"985工程优势学科创新平台"重点建设大学，而且已经从最初的单科性大学发展为以法科为特色和优势，兼具文、史、哲、经、管、教育等学科的多科性大学；从早期的教学型大学转型为今天的创新驱动和以创新为导向的创新型大学；从过去行业办学汇入当下中国高等教育的主流；从一所普通大学发展为如今具有国际影响力的国内一流大学。在法学领域，法大已经成为我国公认的法学教育中心、法学研究中心、国家立法和法治决策咨询服务中心、法学图书资料信息中心、法学学术和法律文化交流中心和政法干部培训中心，被誉为"中国法学教育的最高学府"。

正因为如此，同学们，你们成为法大研究生是值得庆贺的事情，你们自当为成为法大研究生而感到荣光、骄傲和自豪。

同学们，法大设立的法学和其他学科专业的社会实践性都非常强。在未来的一段时间里，你们将从这里开启一段新的人生旅程，你们将不仅仅是既有知识的学习者、传承者，还是新知识的创造者、贡献者，更是社会实践的推动者、参与者。在研究生阶段，你们需要体悟法大文化，践行法大精神，传承法大传统，弘扬法大学术，为促进国家法治昌明、政治文明、经济发展、文化繁荣、社会和谐与生态文明储备足够的德性、知识、能力和智慧，实现自我的完善和超越，将自己锻造成为对国家和社会进步的有用之才，成为一名卓越的法大人。

那么，如何进一步成长成才，成为一名卓越的法大人？我以为，需要德、才、学、识兼备方可。学、才、识是当代合格大学生特别是研究生应该具备的基本素养，在学期间必须得到应有的提升。对于三者的关系，清代学者袁枚曾有非常恰当而形象的描述，他说："学如弓弩，才如箭镞，识以领之，方能中鹄。"

"学"就是要夯实知识基础，掌握专业知识，学会自主学习，获得知识的自我更新能力。研究生阶段是本科阶段学习的进一步深化和提高，"研究生"顾名思义强调的是研究性，同学们在读书、上课、写论文、做课题的过程中，必须进一步培养独立思考问题的能力、进一步提高分析解决问题的能力，进而培育探索精神和创新能力。唐代韩愈曾说："业精于勤，荒于嬉；行成于思，毁于随。"意思是说：学业由于勤奋而精通，但它却荒废在嬉笑声中；事情由于反复思考而成功，但它却能毁灭于随随便便。研究生阶段的学习不应随意、盲从、主观、浮躁，而应是静下心来潜心治学，多读书、多思考、多研究、多表达、多写作、多实践，梳理理论思想，解决实际问题。因此，我希望 2012 级新入学的研究生同学能够首先把"学"落到实处，在学习的过程中积累知识、增强能力，尤其是注重增强语言文字表达能力、学习能力和解决实际问题的能力，做好"学"这第一要务。

"才"就是要培养实践能力、创新能力与专业才干，同学们要通过积极参与实习实践、社会调研、公益活动和校园社团等来全面提高自己的能力，实现由专业知识向专业能力的转化，增长自己的专业才干。南宋诗人陆游曾说："纸上得来终觉浅 绝知此事要躬行。"同学们不仅要读万卷书，更要行万里路，应该在潜心治学的基础上走出书斋、走出校园，积极参加实习实践、社会调研等活动，去融入社会、适应社会，进而改造社会，真正实现理论和实践相结合。

"识"就是见识、识见、智慧、睿智，要求同学们通过学习、思考、研究、实践，培养自己的远见卓识，提升自己对社会历史发展规律的清晰认识，对人生经历和人情世故的通达感悟，对事物发展方向的独立见解和预见能力。生活是一门艺术，如何做一个幸福的法大人，如何在研究生阶段取得我们每个人最大的进步和收获，需要我们的感悟、思考、智慧和努力。因此，袁枚先生讲"识以领之"，我希望各位同学能够学会幸福生活的本领，快乐充实地度过每一天。

而在学、才、识之先，我们必须要修炼的是"德"，也就是为人的道德、品行、操守。同学们要通过加强自身思想品德修养，增强服务国家服务人民的社会责任感，形成正确的世界观、人生观和价值观，养成团结互助、诚实守信、遵纪守法、艰苦奋斗的良好品质，成为践行民主法治、自由平等、公平正义理念的国家合格公民。我希望同学们要有感恩、平和、宽容、乐观的心态，能用最真诚的心与人交往，不断加强自身修养，做一个对国家、对社会有意义的人，成为信念执着、品德优良、知识丰富、本领过硬、智慧聪颖的高素质人才。

同学们，如果在研究生学习期间，你们能在德、学、才、识四个方面多有收获、显著提升，那么在你研究生学习生活结束时，你就不会觉得在碌碌无为、虚度光阴，你会收获品格、知识、才能和智慧，你会装载着梦想、希望、感动和力量。同学们，请牢记这个美好的秋天，请牢记这个特殊的年份，请牢记你们肩负的使命，去尽情地点燃激情、放飞梦想，创造专属于你们的"2012法大研究生时代"吧！因为法大光荣与梦想的传承和赓续需要你们，中华民族伟大复兴和法治中国的实现更需要你们！

我真诚地祝福你们，同学们！

谢谢大家！

# 平常，但不平庸*

尊敬的各位老师，亲爱的新同学们：

大家上午好！

常言道：铁打的大学，流水的学生。又到了一年一度的开学季，2013级新生进校了。对你们新生来说，这是一个充满期待、充满希望且略带一点忐忑的时刻。首先，我要代表中国政法大学对大家考入法大、加盟法大、成为法大人，表示最热烈的祝贺和欢迎！

今天的开学典礼致辞，我想讲简短些。但下面的话我觉得不得不说给你们，也算几点肺腑之言吧。

一是记住你们是平常人，但别做平庸的人。你们前来就读的这所大学，她有一个响亮的名字，叫"中国政法大学"，简称"法大"或"中政大"。除了学校正式介绍上讲的那些外，我想强调的是，法大还是一所有德性、有灵性、有人性、有个性的大学，不是一所平庸的大学。在她的灵魂深处，不仅有"厚德、明法、格物、致公"的校训精神，而且有"经国纬政，法治天下""经世济民，福泽万邦"的豪情壮志。一所优秀的大学，必然是由优秀的教师、优秀的学生和优秀的职员构成的，她拒绝平庸。这需要你们用四年时间去体会。我希望，到四年后毕业时，你们由衷地为选择这所大学和在这里度过四年感到满意和自豪。

---

*　于中国政法大学 2013 级本科生开学典礼的致辞。

二是要用四年时间想清楚你们为什么要上大学。也许，你们现在已有了答案。比如，"为了过上美好的生活"，"为了父母和家庭"，"为了实现个人的价值"，"为了挣大钱"，"为了找到自己心仪的男友或者女友"，"为了比别人强"，"为了当律师"，"为了做法官"，"为了实现民主、法治"，"为了实现社会的公平正义"，等等。这些都不一定错，都有一定的道理。但我希望你们再想想，在大学四年反复思考，真正想清楚，弄明白。这个问题与你们个人追求的人生目标、人生价值有很大的关系。每个人的答案肯定不会完全一样。但无论你们思考的最终结果如何，我想提醒你们，在大学四年里，你们在注重丰富学识、增长才干、感悟智慧、强健体魄、提升勇气的同时，尤其要注意守住人类的真诚、塑造美好的心灵，让自己成为一个健全的人、合格的公民。

三是要克服娇气，准备吃苦，要有志气、勇气和骨气，敢于担当。大学不是享乐的地方、不是休闲的地方，不是"由你玩四年"的地方，而是读书学习的地方。图舒服就别上大学了。要学习就得刻苦，就得吃苦，就得征服艰苦，还要乐在其中。法大对学生学习的要求是很严格的，不合格的就要淘汰。今年，我们法大的新生多数来自城镇，多数是独生子女，都是在父母和亲友的呵护下一路走来的，难免有同学身上会表现出娇气，有娇气就会矫情。尽管你们刚刚走过高考"独木桥"，在高考前寒窗苦读，吃了不少苦头。但千万不要一进大学就放松下来，幻想舒舒服服在大学混四年毕业。据我所知，在世界一流大学，大学四年是那里的大学生最苦的四年、最勤奋的四年，也是他们积蓄人生能量最黄金的四年。你们放松四年，消耗能量；他们勤奋四年，积蓄能量。如此下来，今后，你们能和他们比拼吗？能和他们竞争吗？能和他们平等对话吗？的确，我们学校现在能够为同学们提供的学习和生活条件还很有限，不及许多同学的家里，甚至不及部分同学曾经上过的中学，这是现实，你们必须积极面对，鼓足勇气去克服，千万别因此而意志脆弱，怕苦怕累，进而以矫情待之。当然，我们学校要为学生着想，以学生为本，尽可能去改善办学条件，事实上，学校一直在积极努力，学校的办学条件也在不断改善。

四是要尽量多读点书，提升自己的学习能力。我看到中国新闻出版研究院做的一个统计，大家可能也知道，2011 年，我国 18 至 70 周岁国民人均阅读传统纸质图书 4.35 本，这一年人均读书量比韩国的 11 本、法国的 20 本、日本的 40 本、犹太人的 64 本少得多，表明我国是世界上年人均读书量最少的国家之一。这一结果可以说振聋发聩。这让我联想到大学生的读书问题，上大学本来就是读书。但我发现，过往有的同学读书太少，一问他们，几乎没有读过本专业外的任何经典书籍，即或是读本专业的书，也仅限于教材，或者是为了应付考研、司法考试、公务员考试或其他资格证书考试读了点书。用这种态度读书，学到的东西是很肤浅的。在我看来，读书至少有三种收获：其一，通过读书知道了原来不知道而且也没有的东西，这样的收获叫知识。其二，通过读书知道了自己原来有但没有意识到的东西，这些东西是自己感悟到的，原来好像一直沉睡着，在读书中被唤醒了、激活了，并且因此获得了生长、开花、结果的机会，这样的收获叫智慧。其三，通过读书知道了如何查找、识别、选择、思考、传承、更新、批判、举一反三，学会了读书，学会了学习，这样的收获叫学习能力。所以，我请大家记住，男同学少玩游戏，女同学少看韩剧；作为读书人，你唯一不能舍弃的爱好就是读书；好读书，读好书，读书好，多读点儿书，学会学习。读书的收获和学习的能力是受用终生的，读书的人终究是幸福的，因为读书是让自己的灵魂在修行。

五是要珍惜同学情谊，与同学友好相处。在人生的旅途中，我们会邂逅许多人，他们能让我们品尝生活的酸甜苦辣咸。大家从五湖四海汇聚到法大读书，必然会结识许多同学，或同宿舍，或同班，或同课堂，或同社团，或同年级，或同学校。大家相识是缘分，相处是福分，一定要珍惜。因为大学四年是人生中最美好的年华，既热情又纯洁，既懂事又真诚，相识相处会建立、收获真挚的友情甚至爱情，会终生难忘，会留下美好的回忆。当然，同学们并肩而行，会有竞争，会有磕磕碰碰，会有矛盾，甚至会有激烈的冲突，但我希望大家懂得彼此尊重，懂得平等相待，懂得换位思考，懂得体谅他人，懂得公平竞争；不要吝啬赞美他人，注意学习他人的长处，取长补短；不要刻意模仿他人，干自己喜欢和感兴趣的事情，做好自己的事情；不要过分追求完美，给自己不必要的压力，但要勇于创新。不要嫌贫羡富，人的成长成才与贫富无关，在大学只要努力就能成功；不要恃才傲物，自以为是，要知山外有山、天外有天。

六是至少参加一个学生社团。参加积极健康向上的学生社团活动，不仅可以帮助大家结识更多外专业的同学，建立友情，而且可以培养团队精神，锻炼自己的策划、组织、宣传、外联等方面的办事能力，还可以调节自己的心情、净化自己的心灵。法大的学生社团活动还不错。据我所知，法大准律师协会就是法大办得比较好的学生社团，级级相传、届届相传、代代相传，迄今已有20年历史。我认为，大学生在大学四年如果没有参加学生社团活动的经历，会有一点儿遗憾。所以，我一直有一个梦，就是让法大的本科生在大学四年至少有参加一个学生社团活动的经历。我这个梦的实现需要同学们的支持。

同学们，今后我们要在法大相处四年，相伴而行。我希望，通过全体师生的共同努力，特别是你们的践行，把我们共同的法大打造成一个充满友爱、彼此尊重，平等相待、团结互助，各尽所能、教学相长，文质彬彬、和谐和美的校园。这就是我所期待大家的。

真诚祝愿大家在法大愉快地度过你们人生最美好的大学生活，创造你们自己的法大时代！谢谢！

# 你有光明，法大就会更加明亮*

尊敬的各位老师，亲爱的同学们：

大家上午好！

金秋是北京最美的季节。在这美好的时节，我们校园又迎来了朝气蓬勃的新同学。今天，我们在这里隆重集会，举行中国政法大学2013级研究生开学典礼，首先，我谨代表学校、代表学校全体教职员工，向来自五湖四海的新同学们表示最热烈的欢迎！

同学们，开学典礼是大学薪火相传的标志。你们的加入，使法大这个大家庭更加壮大了，而法大的精神、传统和文化也将因为你们的到来而得到传承和升华。从今往后，我们都有了一个共同的精神家园，那就是法大；我们都有了一个共同而响亮的名字，那就是法大人。

可以想象，同学们入校以来肯定一直在观察、在思考，中国政法大学究竟是一所怎样的大学，我们在这里该如何充实而快乐地度过研究生这段时光。

我想告诉大家的是，法大是一所历史已满一甲子的大学。法大发轫于1952年，那年，由北京大学、清华大学、燕京大学和辅仁大学四校的法学、政治学、社会学等学科组合而成的北京政法学院正式成立，毛泽东主席亲笔题写了校名，新中国的法学教育从此掀开了新的篇章。1983年，伴

---

* 于中国政法大学2013级研究生开学典礼的致辞。

随着改革开放的东风，在北京政法学院基础上组建的中国政法大学成立，邓小平同志亲笔题写了新校名，法大从此走上励精图治、跨越式发展的新征程。从1952年建校至今，法大已走过了61年的光辉历程。在这非同寻常的61年里，法大始终与共和国同呼吸、共命运，积极推进国家高等教育事业和法治建设的发展，探索走出了一条内涵发展、特色发展、创新发展、开放发展、国际发展、和谐发展的强校建设之路，已成为中国公认的法学教育中心、法学研究中心、法学文化交流中心、法学图书资料信息中心以及国家法治建设咨询服务中心。

法大也是一所具有深厚底蕴的大学。61年来，一代又一代法大人秉承"厚德、明法、格物、致公"的校训，始终坚守"以人为本，尊重人权"的人文精神，"实事求是，求真务实"的科学精神，"自强不息，追求卓越"的学术精神，"艰苦奋斗，坚忍不拔"的奋斗精神，"和睦相处、和衷共济、和而不同、和谐发展"的团队精神，以高度的社会责任感和强烈的时代使命意识，追求着学术卓越和法治梦想。法大人"信仰法治，守护正义"的价值观成就于此，法大人"凡我在处，便是法大"的身份文化认同构建于此。如今，这种以法治为理想、信仰和目标的使命特质，已经成为鲜明的"法大标识"。正是在这样一种使命感的感染、鼓舞和激励下，一代又一代的法大人众志成城以振之，矢志不渝以兴之，推动着法大一步一个脚印，坚实而豪迈地走向未来。

法大还是一所充满生机活力的大学。学校始终坚持"学术立校、人才强校、特色兴校、依法治校"的办学理念，以"经国纬政、法治天下""经世济民，福泽万邦"为办学使命，以建设"开放式、国际化、多科性、创新型的世界知名法科强校"为办学目标，不断提高教学质量，大力开展科学研究，积极参与国家立法和普法宣传，主动服务执法司法实践。学校先后培养了二十多万各类高级专门人才，涌现出一大批学术名师、政法英才，创造了一系列有价值、有影响的法学研究成果，为推进依法治国进程、服务经济社会发展做出了突出贡献。今天的法大，不仅是国家"211工程"和"985工程优势学科创新平台"重点建设大学，今年更成为国家实施"2011计划"首批认定的14个协同创新中心牵头高校之一。而且，法大已经完成了"四个华丽转身"：从最初的单科性大学转变为以法科为特色和优势，兼具文学、史学、哲学、经济学、管理学、教育学和理学等学科的多科性大学；从早期的教学型大学转型为今天的创新型、研究型大学；从过去行业办学汇入当下中国高等教育的主流；从一所普通大学发展为如今具有国际影响力的国内一流大学，被誉为"中国法学教育的最高学府"和"人文社会科学领域的学术重镇"。

同学们，你们能考上中国政法大学的研究生，成为法大的一员，实属不易，自当感到骄傲和自豪。

然而，我们也要清醒地看到自己的短板和不足，法大校园不大，硬件设施非常有限，不少办学条件还难以充分满足同学们的学习和生活需要。比如，大家今天就只能在露天举行开学典礼。著名教育家梅贻琦先生曾说过："所谓大学者，非谓有大楼之谓也，有大师之谓也。"法大虽然缺少大楼，但法大拥有德高望重的名师和一大批德艺双馨的中青年专家学者。尽管在这个校园里，你们暂时还没有宽敞的教室、恢宏的礼堂和明亮的图书馆，但师长们高尚的品格、渊博的学识、深邃的思想将成为你们求学路上的明灯。我想，这也正是大家义无反顾地选择、报考法大的初衷。当然，我们这个校园的硬件设施正在随着学校的发展逐步完善，我们正在积极将校园建设成为一个精致而富有文化内涵的现代化校园。毋庸讳言，学校滚动建设的长过程，会给大家的学习和生活造成许多不便。我诚恳地希望同学们能够理解这是学校发展的必经阶段，大家在注意自身安全的同时要多多支持配合，与法大同呼吸，共命运，共同成长。

同学们，作为研究生，你们在进入法大研究生院之前，应该说已经在知识储备和学习方法上有了相当深厚的积累。我相信，只要大家能够保持对学习的热忱和对学术的追求，你们在研究生阶段就一定能够在学业上有所精进。作为你们的师长，我更希望看到大家在法大完成学业的同时，不仅成才，更要成为大写的人，就是成为一个真正有美丽心灵的人，一个真正有德行的人，一个真正有学问的人，一个真正有智慧的人，一个真正有品位的人，一个真正有修为的人。

自古以来，中国读书人都是忧国忧民也忧己的，曾子就说过："士不可以不弘毅。"古代读书人还有"立德、立功、立言"三不朽的理想。宋代读书人的理想特别崇高，令人感佩，如张载的"横渠四句"："为天地立心，为生民立命，为往圣继绝学，为万世开太平。"范仲淹的"先天下之忧而忧，后天下之乐而乐"。我今天不想说这些读书人的崇高理想，只想对大家说：从今往后，你就是法大；凡你在处，便是法大；你是"神马"，法大就是"神马"；你有光明，法大就会更加明亮。

我希望大家在校园里别把自己当外人，你是法大的主人，这里的一切都与你有关，要爱护校园环境，爱护法大的一草一木，爱惜公物；无论在校园何处，要随手清理好自己的垃圾，不要乱扔；看到破坏校园正常秩序的，要敢于上前制止；对学校的管理弊病和不足，要通过合适的渠道提出来，要善于沟通，不是简单地谩骂、谴责几句了事，而是要让你的建设性的建议变成现实。

我希望大家在校园里过简约的生活，明白快乐并非建立在物质和金钱之上。其实，简简单单就是福，有时苦中有乐。学习本来就要刻苦，如你真正进入学习状态，你就会乐在其中。当你体会到简约生活也可以很幸福时，你就是一个快乐的人。你要记得，离开没人的宿舍、教室和自习室时关灯，离开水房时关掉水龙头，毛泽东主席曾说："贪污和浪费是极大的犯罪。"

我希望大家在校园里彼此尊重、平等相待、友善相处。与人相处，与事相随，要乐于吃两样东西：一是吃亏，二是吃苦。做人要不怕吃亏，做事要不怕吃苦。吃亏是福，吃苦也是福。在校园里，你是学校的主人，不错。但教师、职员、工勤人员也是学校的主人，你当然要尊重老师，但不要只对老师尊重，对其他人就不尊重。大家尤其要尊重校园内负责看门的保安、打扫卫生的阿姨、管理宿舍的大叔、在食堂为大家做饭做菜的师傅，尊重他们的工作，尊重他们的劳动。记住孔子的格言："己所不欲，勿施于人。"

我希望大家在校园里活得高尚而有品位。大学的价值在于培养学生的美好心灵和高尚情操。我们法大所培养出来的法大人的价值，并不在于其今后所处的地位，也就是说，不在于其权位高低、富足与否，而在于其丰富的内心和所承载的精神，在于其坚守法治理想、追求公平正义，自强不息、止于至善的品格。这就要求大家不仅要尊重他人，还应尊重自己，看重自己，做到正直公道、诚实守信、追求真理、勇于创新，增强自己服务国家、服务人民的社会责任感。坚守自己的良知和底线，不要为分数妥协，不要为评优、评奖妥协，更不要为尽快毕业妥协。在学习和研究中忽视遵循学术规范，甚而抄袭、作弊、剽窃，是万万不可的。要"知耻近乎勇"，要"吾日三省吾身"，争取别犯这类错误，如果犯了就马上改。

同学们，你们研究生阶段的生活真正开始了，我衷心希望大家去梦想、去学习、去拼搏、去创造。我相信，大家只要努力了，你们每一天都会有所感悟和收获。

我真诚祝愿大家在法大的学习生活充实而快乐！我相信，美好的未来一定属于你们！

谢谢大家！

# 如何度过大学时光<sup>*</sup>

尊敬的各位老师，亲爱的新同学们：

大家上午好！

对一所大学来说，开学典礼是一个必不可少的神圣仪式。未来，无论时光如何变幻，岁月如何流逝，今天都注定难忘。首先，我代表学校对来自全国各地的 2112 名新同学加盟法大、成为法大的一员表示诚挚的祝贺和热烈的欢迎！

经过十余年的寒窗苦读和高考的洗礼，曾经的焦虑、困惑，甚至迷茫，也许在你们心中早已淡然。但我相信，能上法大，你们一定"喜大普奔"，阴霾尽扫。几天以前，我敢肯定，你们是怀着成功的喜悦、对未来学习生活的憧憬和对老师的敬仰走进军都山下的这所大学校园、来到法大的。在今天的开学典礼上，作为你们的校长、老师，我想和你们聊聊什么是大学，什么是法大，如何珍惜你们在法大的时光。

**什么是大学？**

四书之一的《大学》开篇就讲："大学之道，在明明德，在亲民，在止于至善。"虽然这里讲的"大学"不是指现代意义上作为学校的"大学"，但它阐明了为学、办学的基本宗旨，即弘扬光明正大的品德，使人革旧图新，最终达到完善的境界。《大学》这一典籍还给我们指出了大学

---

＊ 于中国政法大学 2014 级本科生开学典礼的致辞。

作为"学之大者"所应具有的独善其身、兼济天下的情怀，那就是"格物、致知、诚意、正心、修身、齐家、治国、平天下"。

德国哲学家康德也曾诠释过大学，他说："大学是学术共同体，它的品格是独立追求真理和学术自由。"因此，大学曾一度被人们称为超越现实的"象牙之塔"，"独立、自治、民主、自由和批判精神"成为大学坚守的价值。

我国近现代教育家对大学有许多解读。比如，蔡元培先生讲："所谓大学者，非仅为多数学生按时授课，造成一毕业生之资格而已也，实以为共同研究学术之机关。"在他看来，大学以研究学问为第一要义，大学不是灌输固定知识的场所，更不是养成资格、贩卖毕业文凭的地方。无论教师还是学生，都要摒弃"做官发财思想"，抱定做学问这一宗旨，孜孜以求。就教师而言，"当有研究学问之兴趣，尤当养成学问家之人格"，不当敷衍塞责、应付了事，更不当"委身学校而萦情部院"；就学生而言，当在教师指导之下自动地研究学问，不当"硬记教员的讲义"，更"不当以大学为升官发财之阶梯"。

清华大学老校长梅贻琦先生则有一名言，他说："一个大学之所以为大学，全在于有没有好教授。""所谓大学者，非谓有大楼之谓也，有大师之谓也。"他所强调的是，教授就是大学，有好教授就是好大学。

先贤们对大学的种种诠释告诉我们，大学是一个传承知识、探寻真理的地方，是一个爱智、求真、向善、至美的场所，是一个以"独立之精神、自由之思想"为依归的学术殿堂。大学虽然有人才培养、科学研究、社会服务和文化传承创新等多种功能，但大学重在教书育人、立德树人。大学通过教育教学是要帮助学生修养品德、完善人格、丰富学识、提升能力、增长智慧和强健身心，实现人的自由而全面的发展，而不是把学生造成一种特别的器具。

同学们，一个人的成长与进步是一生无法穷尽的课题，而大学则是一个人思想成型、人格养成的最重要的人生阶段。所以，你们到大学求学，一定要知道什么是大学，认识大学的根本，保持奋斗的正确方向，并珍惜大学的美好时光，持续努力，潜心修炼，实现自身"人的完成"。

**什么是法大？**

法大发轫于 1952 年由北京大学、清华大学、燕京大学和辅仁大学四校的法学、政治学、社会学等学科组建的北京政法学院。建校以来，筚路蓝缕、栉风沐雨，已走过 62 年的辉煌历程。经过 62 年的建设与发展，今天的法大，不仅是国家教育部直属的"211 工程"、"985 工程优势学科创新平台"和"2011 计划"重点建设大学，而且已经从最初的法科单科性大学演进为以法科为特色和优势，兼具文学、史学、哲学、经济学、管理学、教育学等学科的多科性大学；从早期的教学型大学转型为今天的创新型大学；从过去行业办学汇入当下中国高等教育的主流；从一所普通大学发展为如今具有国际影响力的国内一流大学。在法学领域，法大已经成为我国公认的法学教育中心及政法干部培训中心、法学研究中心、国家立法及法治决策咨询服务中心、法学图书资料信息中心、法学学术及法律文化交流中心，被誉为"中国法学教育的最高学府"。

法大是一所大楼虽少而大师、名师、良师云集的大学，也是一所水木明瑟、满园书声的学府。这里曾有钱端升、雷洁琼、费青、芮沐、楼邦彦、龚祥瑞、吴恩裕、王名扬等一批令后辈学人仰视的学术星宿著书立说、传播真理；这里有江平、陈光中、张晋藩、李德顺、应松年等五位德高望重的终身教授提携后辈、治学报国；这里有王卫国、舒国滢、王灿发、丛日云、应星等一大批誉满学界的中青年学者严谨治学、教书育人；这里还有一代又一代的法大学子潜心学术、放飞梦想。这里的一草一木，都蕴藏着法大人的学术情怀；这里的一砖一瓦，都浸润着法大人的法治理想。

可以毫不夸张地说，法大有国内一流的师资、国内一流的学生、齐全的人文社会科学学科、独特的人才培养模式、高深的科学研究、广泛的国内外学术交流、浓郁的学术氛围以及和谐的校园文化，是大家畅游学海、追求卓越的理想之地。同学们将在这里度过的四年时光值得你们珍惜！

**如何珍惜你们在法大的时光？**

同学们，人的一生能称之为"母亲"的有三个：一个是生育你、给予你生命的母亲；一个是培育你、给予你广阔天地的祖国；另一个就是教育你、给予你智慧的学校。在今后四年里，我希望你们珍惜在法大母亲怀抱里的美好时光。我有三条建议想跟大家分享。

一是要培养健全之人格。大学的根本任务在于培养人，培养自由而又全面发展的人。而培养学生的健全人格，则是大学的首要之责。我所理解的健全人格应该是："德以高、志当远、学以勤、身当正。""德以高"就是要以"君子检身，常若有过"的谦诚品格，常修为人之德，与人为善，诚实守信，培养乐群贵和的精神；"志当远"就是要以"常立志不如立长志"的凌云志气，豁达乐观，遇挫弥坚，养成坚忍不拔的意志；"学以勤"就是要以"业精于勤，行成于思"的为学态度，常思为学之勤，摒弃浮躁和轻狂，保持澄澈明净的心境；"身当正"就是要以"其身正，不令而行"的高贵品质，常怀律己之心，悦纳自我，保持身心的和谐发展。我希望同学们在未来大学四年时光里，能够仰望星空、志高存远，脚踏实地、扎实求学，关爱他人、超越自我，用阳光的心看待世界，用智慧的心启迪生活，用温暖的心帮助他人，做一个充实快乐、充满"正能量"的人！

二是要掌握学习之真谛。大学的魅力，不仅仅因为她是求索知识的殿堂，更因为她是叩问真知、探求真理、感悟真情的乐园。教育家陶行知先生曾讲过这个道理，他说："千教万教教人求真；千学万学学做真人。"我以为，问真知、求真理、悟真情，应该是同学们大学四年矢志不渝的追求。如何问真知、求真理、悟真情呢？《中庸》早就给出了答案：那就是"博学之，审问之，慎思之，明辨之，笃行之"。这就要求同学们要刻苦学习，广泛涉猎，博采众长；要审视所学，刨根问底，正本清源；要辩证思考，审慎分析，探求真谛；要区分良莠，鉴别真伪，明辨是非；要积极实践，坚持不懈，知行合一。我还希望同学们在学期间能够与一位教师结成挚友，也许他（她）会成为你学业和人生的领航者；能够结交几个非本专业的学友，突破自己专业思维的狭隘；能够读透几本经典原著，为你的求学之路打下良好的基础；能够建立或者参加一两个"学习圈"，与学友交流学习心得、探讨问题、共同成长；能够加入一些社团组织，培养团队精神、锻炼组织能力、发挥创造潜能；能够多参加志愿服务、公益活动和社会实践，增加社会阅历，用所学回馈社会。

三是要增强担当之勇气。今年，又是一个甲午年。120年前的那个甲午年，中华民族经历了苦难、挫折与失败。两甲子之后的今天，贫穷落后的旧中国已经变成日益走向繁荣富强的新中国，中华民族伟大复兴展现出了前所未有的光明前景，但我们的国家仍然面临很多困难、风险和挑战。常言道：顺境逆境看襟度，大事难事看担当。什么是担当？简单地说就是接受并负起责任，把担子扛起来。敢于担当，就是敢于负责，具有想干事的进取精神，能干事的务实精神，干不成事不罢休的负责精神。敢于担当，是一种高尚的道德品质，是一种崇高的精神境界。而敢于担当的精神和勇气却正是当下一些年轻人所缺乏的。现在，媒体称你们"90后"为"网络一代"，在你们的生活中，微博、微信、QQ、陌陌、知乎在手机中并存，你们大多都生活在"421"家庭结构中，从小就在其他家庭成员的高度关注中长大，成为独一无二的家庭中心。我想，你们"网络一代"天然就有一些优越感，这既是你们的优势，也可能是你们的软肋。但我更希望你们的优越感代表了责任与奉献，能承载信任与厚望。我知道，你们都有自己的梦，有梦想谁都了不起。实际上，中国梦也是我们自己的梦。因为实现中华民族伟大复兴的中国梦，就是要实现国家富强、民族振兴、人民幸福，这不正是我们全体中国人的夙愿与共同追求吗?！所以，作为新一代法大人，你们要意识到时代赋予你们的光荣使命，有勇气担当起祖国赋予你们的历史重任，传承法大精神，追求公平正义，践行法治理想，有志于为国家的富强、民族的振兴、人民的幸福做出自己的贡献，在实现中华民族伟大复兴的中国梦的征程中去实现自己的人生价值。

同学们，即将召开的党的十八届四中全会，将研究全面推进依法治国重大问题，这是中国法治之幸事，也是法大和法大人之幸事。法治兴，则法大兴。党和国家高度重视依法治国，预示法大发展的新的春天到来了！作为法大人，我们比以往任何时候都更加坚信"法治天下"是我们此刻"脚下的事情"。希望同学们珍惜你们在法大的时光，朝着梦想奔跑，向着希望追求，在这个"小而美、小而精、小而优"的校园里健康成长、快乐成长、茁壮成长，以"一万年太久，只争朝夕"的精神状态，度过你们人生中最美好、最有意义的一段时光！

谢谢大家！

# 握时间之手，交终身之友<sup>*</sup>

尊敬的各位老师，亲爱的新同学们：

大家上午好！

一别一念，夏去秋来。九月的军都山下，中国政法大学收获了来自全国各地的优秀学子。此时此刻，丰收的喜悦，画面太美。首先，我代表学校，对2133名本科新同学加入法大表示最热烈的欢迎！

前几天，大家怀着兴奋不已的心情，带着精挑细选的行李，跨越祖国的大好河山，穿越首都的茫茫人海，来到幽静的昌平校区，走进了学府法大之门，可能有的同学"也是醉了"。

既然选择了法大，便一起风雨兼程。法大自1952年建校以来，筚路蓝缕，栉风沐雨，已经走过63年的辉煌历程。这里大楼虽少，但是"小而美、小而精、小而优"，被誉为"中国法学教育的最高学府""中国人文社会科学的学术重镇"。这里传承着"厚德、明法、格物、致公"的校训精神，肩负着"经国纬政，法治天下""经世济民，福泽万邦"的神圣职责；这里构建了独树一帜的人才培养模式，营造了启迪智慧的求学环境。这里将留下你们的青春足迹，见证你们的成长成才。

大学是人生的美好年华和关键时期。四年很长，一千四百多天；四年很短，弹指一挥间。重要的事情，我们可以说三遍；重要的阶段，我们却

---

<sup>*</sup> 于中国政法大学2015级本科生开学典礼的致辞。

只有一遍。借此机会，我想和同学们聊一聊如何把握大学的时光，真正交几位终身受益的"朋友"。

你们要交的第一位朋友沉默寡言、内有乾坤，名叫"书籍"。曾国藩说过："人之气质，由于天生，本难改变，惟读书则可变化气质。"培根的《论读书》提到："读史使人明智，读诗使人灵秀，数学使人周密，科学使人深刻，伦理学使人庄重，逻辑修辞之学使人善辩，凡有所学皆成性格。"当今，是互联网时代，是大数据时代，是云计算时代，知识的增长、淘汰、更新都很快。全世界两天积累的信息总和，就相当于人类历史留下的全部记忆。知乎、微博、微信，目不暇接；公众号、朋友圈，眼花缭乱。面对海量的信息，现代人不再有"无书可读"的苦恼，却多了"有书无心"的无奈，甚至发出了"我读书少，你别骗我"的感慨。

在任何时代，读书都是积累知识、增长智慧、开阔眼界、提高涵养的基本途径。每个人都有自己的志趣和习惯。冯友兰先生把"精其选""解其言""知其意""明其理"奉为经验。在大学，我们说的读书，除了应付上课考试的教材，更多的是指古今中外优秀的名著；除了本专业的书目，更多的是指人文社会科学领域和自然科学领域的经典；除了零碎时间浅尝辄止的"快阅读"，更多的是指专属时间细细品味的"慢阅读"。

"学如逆水行舟，不进则退；心似平原走马，易放难收。"读书不能急功近利、朝秦暮楚，而要先易后难、由浅入深，循序渐进、水滴石穿。只有坚持好读书、读好书的习惯，才能领悟读书好的真谛。

你要交的第二位朋友传道授业、默默耕耘，名叫"老师"。教育家苏霍姆林斯基有一句名言："只有能够激发学生去进行自我教育的教育，才是真正的教育。"与中学相比，大学的培养方式、师生关系不太一样，更加强调在老师指导下的自主、自觉、自律和自学。如果把高考前的学习比喻为1.0版本，那么现在你们就要尽快升级为2.0版本。大学里，老师的角色和作用也会发生相应的变化。他们不再督促做题，而是引导学习；不再灌输考点，而是启迪思想；不只是授人以鱼，更多的是授人以渔；不只是教会做事的本领，更多的是传授做人的道理。

一个人遇到好老师是人生的幸运。好老师具备学习、处世、生活、育人的智慧，能够在各个方面提供帮助和指导，给同学们的积极影响是一辈子的。幸运的是，法大从来不缺少大师、名师、良师。他们术业有专攻，风格各不同，但都具备一个特点，就是兢兢业业、言传身教，真心诚意地做你们的好朋友和引路人，帮助你们快乐地筑梦、追梦、圆梦，期盼你们青出于蓝而胜于蓝。同学们要倍加珍惜学生的身份，倍加珍惜师长的教诲，在课堂内外多向他们请教问题，多和他们交流思想。

你要交的第三位朋友并肩而行、相处最久，名叫"同学"。在人生旅途的不同阶段，我们会遇到不同的人，不断地"路转粉"。在同一个班级和社团，同一次课堂和活动，我们会结识不同的同学。法大是一所全国性大学，国际化程度持续提升。大家来自天南海北，意气风发，经历不同，个性有别。有人比较萌，有人比较酷，有人会任性，有人想一个人静静。不同的声音汇聚在一起，可以制造刺耳的噪音，也可以奏响美妙的乐曲，一切取决于自己如何处理。

人生的路很长，世界也很大。单枪匹马闯荡，往往势单力薄、力不从心。正所谓"独行快，众行远"。从《小时代》到《速度与激情》，主人公身边总有一群挚友不离不弃。俞敏洪和大学好友的同舟共济，谱写了"中国合伙人"的励志故事。阿里巴巴"十八罗汉"的齐心协力，成就了马云的商业传奇。

大学时代的同学情谊真挚纯洁、相伴一生、弥足珍贵。友善是友谊的基础。"善人者，人亦善之。"在现实中，一场唇枪舌战的辩论赛后鼓掌致敬，是尊重的表现；在网络中，一局气势磅礴的 LOL（英雄联盟）后打出GG，是风度的体现。唯有以诚待人，以信交人，公平竞争，团结互助，才能在法大愉快相处，和谐共生。

你要交的第四位朋友看似低调、实则重要，名叫"健康"。根据世界卫生组织的定义，健康不仅仅是没有疾病或者不虚弱，而是包括身体、精神和社会适应上的完好状态。现代人的生活节奏越来越快，生活压力越来越大，但"忙"绝不是忽视健康的理由，"拼"绝不是透支健康的借口。失去了健康，梦想只能是空想。保持身心健康，才能打下坚实的基础，在追梦的道路上飞得更高、走得更远。

法大有丰富的校园活动，社团、讲座、支教、辩论赛、志愿者活动有声有色。法大有很好的体育传统，足球、藤球、乒乓球屡获佳绩。希望同学们多花一些时间，走下网络、走出宿舍、走向操场、走进集体。在多姿多彩的活动中，培养有益身心的兴趣爱好，树立乐观向上的生活态度，磨砺坚忍不拔的顽强意志，锻炼处变不惊的适应能力。

同学们独自离家求学，需要一个逐步适应的过程，难免会遇到坎坷曲折，可能会感到焦虑困惑。"世上无难事，只要肯登攀。"要明白，人生给你们关上了一扇门，安排了这些小问题的时候，会打开另一扇窗，留下更多的机会。要记住，法大是一个温馨的"伐木累"，我们是一家人，有事多商量，遇事多商量，做事多商量。要相信，美好的事情即将发生。

同学们，我们身处一个社会急剧变革的时代，这是一个火红的时代，这是一个伟大的时代。十八大以来，中央提出并推动形成了全面建成小康社会、全面深化改革、全面推进依法治国、全面从严治党的重大战略布局，特别是十八届四中全会对"全面推进依法治国"进行了顶层设计和战略部署，开启了法治中国建设的新时代，带来了法学教育和法治人才培养的新机遇。法大的荣耀等待你们来书写，法治的未来需要你们来开创，中华民族伟大复兴中国梦的实现需要我们共同努力。"盛年不重来，一日难再晨。"不必追悔昨日已去哪儿，不必迷茫明天要去哪里，时间一直都在这里，时间掌握在你们手中。同学们，从今天起，带着法大人的标记，怀着"经国纬政，法治天下""经世济民，福泽万邦"的梦想，勿忘初心，勇敢前行吧！

　　谢谢大家！

握时间之手，交终身之友

# 筑梦法大，在这个火红的时代<sup>*</sup>

尊敬的各位老师，亲爱的同学们：

大家上午好！

蓟门秋风过，晓月丹桂香。在这美好的金秋时节，法大校园又迎来了心怀梦想的莘莘学子。今天，我们在这里隆重集会，举行中国政法大学2015级研究生开学典礼。首先，我代表学校、代表全体教职员工，向来自五湖四海的所有新同学表示最热烈的欢迎！

从今天起，法大就将成为我们共同的家园，而我们也将拥有一个共同而响亮的名字，那就是"法大人"。

同学们，我们都是幸运的，因为我们正处在一个火红的时代。改革、法治、创新是这个时代最响亮的主旋律，而人才则是这个时代最宝贵的资源。"海阔凭鱼跃，天高任鸟飞。"这个时代欢迎每一个怀揣梦想的人，这个时代也必将成就每一个矢志不移的追梦人。

改革呼唤人才。十八届三中全会拉开了全面深化改革的序幕，改革开放以来最为全面和深刻的一次社会变革正在稳步推进。时势造英雄，在和平年代，改革就是最好的时势。改革意味着打破旧思维、旧体制、旧格局，意味着提供新需求、新机遇、新挑战，意味着优秀人才将获得更多脱颖而出的机会。怀才不遇绝不是改革时代的特征，人才辈出才是对改革时

---

* 于中国政法大学 2015 级研究生开学典礼的致辞。

代最好的诠释。

法治呼唤人才。十八届四中全会吹响了全面推进依法治国的号角，法治中国建设正在谱写蓬勃发展的新篇章。建设法治中国，需要一支规模宏大、结构合理、素质优良的法治人才队伍。我们是幸运的法大人，这个时代为我们提供了施展才华的最好舞台，也为我们创造了实现理想的最佳机遇。"经国纬政，法治天下"的梦想，将有可能通过我们的努力变成现实。

创新也呼唤人才。当前国家经济社会发展进入新常态，传统的生产要素优势正在减弱，经济发展必须由要素驱动向创新驱动转变，而创新驱动本质上是人才驱动。国家已经将创新提到了前所未有的高度，创新驱动发展战略成为与科教兴国、人才强国并驾齐驱的国家基本战略之一。创新的事业需要创新的人才，而崇尚创新、鼓励创新、保护创新的时代，是学术的天堂，是学者的福音。

同学们，在这个火红的时代，你们怀揣着梦想来到这里，这是你们对法大的信任，这是你们的家人对法大的信任，这也是全社会对法大的信任。作为你们的校长和老师，我可以自信满满地告诉大家：法大一定会成为你们最好的"筑梦空间"。

作为中国法学教育的最高学府、中国人文社会科学领域的学术重镇，"厚德、明法、格物、致公"是我们的校训精神，"学术立校、人才强校、质量兴校、特色办校、依法治校"是我们的办学理念，"经国纬政，法治天下""经世济民，福泽万邦"是我们的办学使命，"建设开放式、国际化、多科性、创新型的世界知名法科强校"是我们的办学目标。

建校 63 年来，经过一代又一代法大人的不懈努力，法大已经从最初的法科单科性大学转变为现在的以法科为特色和优势，兼具文学、史学、哲学、经济学、管理学、教育学和理学等学科的多科性大学；从早期的教学型大学转型为今天的以培养创新人才和推进知识创新为己任的创新型大学；从过去的普通大学发展为如今具有国际影响力的国内一流大学。

这里有国内一流的师资、国内一流的学生、齐全的人文社会科学学科、独特的人才培养模式、雄厚的科学研究力量、广泛的国内外学术交流、浓郁的学术氛围以及和谐的校园文化，是大家畅游学海的理想之地。虽然我们所在的城区校园正在进行基础建设，还是一个大工地，但学校会尽最大努力为大家创造良好的学习生活条件，让法大成为大家放飞梦想的最佳平台。

同学们，你们已经接受了四年或者更长时间的高等教育，研究生阶段是你们从校园到社会的过渡时期，也是你们为将来实现梦想积蓄能量的关键时期，宝贵而又短暂。在这里，我对你们提出四点希望，希望你们通过研究生阶段的学习，能够变得更加优秀、更加卓越。

一是希望你们做一个胸怀天下的法大人。当代大学生，特别是人文社会科学专业的学生，应当对国家发展和社会进步抱有强烈的责任感和担当意识。"两耳不闻窗外事，一心只读圣贤书"已经不能作为当代大学生的标签，更不能作为法大学生的标签。人文社会科学的学习和研究不应当脱离时代发展和社会需求。法治天下的前提应当是胸怀天下。作为法大的学生，如果对国家大事漠不关心，对社会动态茫然不知，是绝对不合格的。

二是希望你们做一个情系民生的法大人。"悠悠万事，民生为大；浩浩乾坤，民生为本。"你们选择法大，我想不仅仅是出于你们自己的意愿，也承载着你们的父母、亲友和周围人的寄托，特别是对幸福生活的厚望。无论你们在法大学习的是法学、政治学、经济学、管理学、社会学、哲学还是其他专业，无论你们将来是为政、为商、为学，还是从事其他职业，都希望你们能够始终情系民生，对普罗大众常存敬畏之态，对民生状态常怀敏锐之感，对民间疾苦常抱恻隐之心。

三是希望你们做一个心存正义的法大人。我们法大的入学誓词里有这么几句话："挥法律之利剑，持正义之天平；除人间之邪恶，守政法之圣洁。"这是法大对全世界的庄严宣告，也是法大对每一位学子的深沉寄托。

不管你们学什么专业，希望通过法大三年或者更长时间的学习，能够在每个人心底深深地烙下两个字：正义。守法持正，巍如秋山；"凡我在处，便是法大"；凡我在处，便有正义的光辉。

四是希望你们做一个脚踏实地的法大人。古人云："合抱之木，生于毫末；九层之台，起于累土；千里之行，始于足下。"凡事都要脚踏实地地去做，不驰于空想，不骛于虚声。珍惜在法大度过的每一天，学习、学习、再学习，思考、思考、再思考，努力、努力、再努力，锻炼、锻炼、再锻炼，以此开阔自己的视野、砥砺自己的精神、充实自己的头脑、提升自己的德行、强化自己的技能、增长自己的智慧，强健自己的身心，完善自己的人格，用阳光的心态去应对当下，用饱满的姿态去迎接未来。

同学们，一段新的人生旅程已经开始。作为你们的校长和老师，我真诚地祝愿你们这段旅程能够过得充实而快乐，我真诚地希望你们筑梦法大、厚积薄发，让自己的梦想之花盛开在这个火红的时代，为国家的改革发展，为法治中国建设，为实现中华民族伟大复兴的中国梦，贡献自己的力量！

上面这些就是我今天说给大家的话。谢谢大家！

# 内外兼修，做有气质的法大人<sup>*</sup>

尊敬的各位老师，亲爱的同学们：

大家上午好！

金秋九月丰收季，军都山下迎新人。今天，我们在这里齐聚一堂，举行中国政法大学 2016 级本科生开学典礼，这是中国政法大学薪火相传、师生相承的又一次盛典！首先，我代表学校对 2016 级本科新同学加入法大大家庭表示最热烈的欢迎！衷心祝愿你们在法大校园里扬帆起航，健康成长，追求卓越，再创辉煌！

今年暑假，法大微信公众号推出了"遇见法大，听见新生心声"的征集活动，看过你们中很多人给法大的留言，我非常感动也非常振奋。你们中有同学说道："法大，遇见你，是我的幸运，今天，我可以很自豪地说一声，我是法大人！希望四年后，你也可以因为我是法大培育出的孩子而骄傲！"也有同学说："学法律只为匡扶正义，为正义发声，我选择了法大，相信梦想会实现。"还有同学说："'挥法律之利剑，持正义之天平'，亲爱的法大啊，每每看到这句话，我都对你充满了敬意与憧憬！我会以纯真之心态，投入你正义之怀抱！以认真之态度，求真才实学！以赤诚之心，回报法大之希望，祖国之希冀！"你们看，讲得多好啊！

在人生新的起跑线上，法大，对于你们来说，是新鲜而神秘的；你们

---

* 于中国政法大学 2016 级本科生开学典礼的致辞。

对于法大来说，同样也是新鲜而满怀期待的。这几日，想必你们已经开始慢慢融入新环境了。你们热情的师兄师姐，是不是已经开始和你们相约拓荒牛了？你们亲切的老乡们，是不是已经开始领着你们品尝奶茶大叔的经典口味了？宪法大道上，各种各样的社团招新是不是已经瞄准你了？你手里是不是已经被塞满各式各样的法大攻略了？

作为校长，在开学典礼这样的场合和你们交流，除了激动和愉悦以外，我更感到责任重大。我们所处的时代，是一个"主要看气质"的时代，我不时遥想，四年后毕业时的你们会交出怎样的"买家秀"？可以肯定，在四年的学习生活中，法大将会在你们身上打下深深的烙印。我希望你们通过四年的学习，内外兼修，做一个有气质的法大人。

每一所大学都有自己的特性与灵魂。法大是一所有气质、有特色、有灵魂、内涵丰富的大学，从她诞生的那一刻起，就与共和国的民主与法治建设同兴衰、共命运，历经半个多世纪的岁月雕琢，依然豪情满怀，年轻却已历经沧桑，稳健却又充满活力。我们是"厚德、明法、格物、致公"校训的信仰者与践行者；我们有着"以人为本、尊重人权"的人文精神，"实事求是、求真务实"的科学精神，"自强不息、追求卓越"的学术精神，"艰苦奋斗、坚忍不拔"的奋斗精神，"和睦相处、和衷共济、和而不同、和谐发展"的和合精神；我们有着"经国纬政，法治天下"的气度，有着"经世济民，福泽万邦"的情怀，有着"凡我在处，便是法大"的身份和文化认同，有着追求"富强、民主、文明、和谐，自由、平等、公正、法治，爱国、敬业、诚信、友善"的价值观，更有着"富贵不能淫，贫贱不能移，威武不能屈"的铮铮骨气。

六十四年来，法大不断提升外在"颜值"。我们完成了四个华丽转身，从最初的法科单科性大学转变为以法科为特色和优势，兼具文学、史学、哲学、经济学、管理学、教育学和理学等学科的多科性大学；从早期的教学型大学转型为今天的创新型大学；从过去行业办学汇入当下中国高等教育的主流；从一所普通大学发展为如今具有国际影响力的国内一流大学，被誉为中国法学教育的最高学府和人文社会科学领域的学术重镇。我们不断改善校区，把校园建成一个小而优、小而精、小而美、精致而富有文化内涵的现代化校园。如今的法大，正在向着建设开放式、国际化、多科性、创新型的世界一流法科强校的办学目标不断迈进。法大已成为中国法学教育的"颜值"担当。

从今天起，在座的你们，人人都将成为法大的名片。我希望你们在法大内外兼修，提升胸怀正气、身有才气的内在修养，养成处事大气、蓬勃朝气的外在形象，做一个有气质的法大人。

**胸怀正气是对法治的信仰和对良知的追求**。法大的入学誓词里有这样几句话："挥法律之利剑，持正义之天平。除人间之邪恶，守政法之圣洁。"这是法大对全世界的庄严宣告，也是法大对每一位学子的深沉寄托。法大人最主要的气质，在于其丰富的内心和所承载的精神，在于其坚守法治理想、追求公平正义，自强不息、止于至善的品格。在中国法学教育的最高学府学习，不论你学习的是什么专业，我都希望通过这四年，在你们每个人心底深深地烙下两个字：正义。这就是要求你们在全面推进依法治国的号角声中，信仰法治、守护正义，通过学习培养自己的智慧与理性、勇气与良知，去为人民搭建社会正义之梯。

**身有才气是知识积淀的光芒和创新实践的力量**。高考，想必你们已经使用了"洪荒之力"；上大学对于你们，是起点，而非终点。大学生活是一个全新的开始。大学的重要使命在于用科学的方法来教育学生追求真理。希望同学们能够养成创新意识，学会独立思考，加强实践探索，迅速转变角色，设计自我、完善自我、发展自我，注重自主、自觉、自律和自学。我也希望大家能够养成读书的习惯，通过多读书培养自己良好的审美情趣和人文素养，成为古今贯通、中西融通、文理汇通，人品高尚、文品高美、学品高雅的博雅之士。常言道："胸有文墨怀若谷，腹有诗书气自华。"也就是说，你的气质里藏着你曾经读过的书。"莫问收获，但问耕耘。"勤奋笃学，砥砺前行，你们一定能够成为更好的自己。

**处事大气是以诚待人的温暖和简单朴素的从容。**同学们应"常怀博爱之心，多行友善之事"，尊重他人、谦逊有礼、心态平和、淡定从容，微笑面对生活，用最真诚的心去感受父母之爱、师长之恩、朋友之谊、同学之情，用责任、奉献和爱心去充实快乐的生活。大学是人类的精神家园，在大学里，我们更应该远离城市的喧嚣、社会的浮躁、世俗的诱惑，坚持生活的简单，生活的朴素，生活的从容，做一个充实快乐的人。

**蓬勃朝气是拥有积极向上的健康身心和丰富多彩的大学生活。**根据世界卫生组织的定义，健康是包括身体健康、心理健康和社会适应良好这三维一体的完满状态。法大有丰富的校园文化活动，社团、"学习圈"、讲座、支教、辩论队、志愿者活动都有声有色。希望你们每一位都要有参加社团活动的经历，大学生没有参加社团活动的经历必将留下遗憾。法大也有很好的体育传统，篮球、足球、羽毛球、乒乓球和网球运动较为普及，学校的足球、羽毛球、藤球、乒乓球运动队也在全国比赛中屡获佳绩。希望同学们告别"低头族"，走出"手机控"，杜绝"葛优躺"，多花一些时间，走出宿舍、走向操场、走进集体。"你若抬头，便是晴天。"在多姿多彩的活动中，培养有益身心的兴趣爱好，树立乐观向上的生活态度，磨砺坚忍不拔的顽强意志，锻炼处变不惊的适应能力。

爱因斯坦曾经说过，"教育就是忘掉了在学校里所学的一切之后剩下的东西"。在我看来，陶冶、熏陶你们又被你们增光添彩的法大气质，或者说法大的优良品质，就是爱因斯坦所说的"剩下的东西"。我希望，法大四年留在你们身上的印记，能带给你们一生的正能量。

同学们，你们新的学习生活开始了！

请你们记住，法大四年，不仅仅是你们最难忘的一段集体记忆，我更希望它能成就你们有魅力的人生，助力你们成为志存高远的人生赢家！

法大人，不仅仅是这四年你们和我们共同的名字，它更意味着那句"四年四度军都春，一生一世法大人"的刻骨铭心！

法大，不仅仅是这四年你们放飞梦想、畅游学海的地方，更是我们所有法大人永久的灵魂港湾和共同的精神家园！

最后，再次欢迎各位同学来到中国政法大学，祝愿你们拥有充实快乐、绚丽多彩的大学生活！

谢谢大家！

# 正心诚意起航程，勇于创新立涛头<sup>*</sup>

尊敬的各位老师、亲爱的同学们：

大家上午好！

蓟门金风过，晓月丹桂香。在这个秋高气爽的日子，我们齐聚在这里，隆重举行中国政法大学 2016 级研究生开学典礼。首先，我代表学校、代表全体教职员工，向来自五湖四海的各位研究生新同学表示最热烈的欢迎，恭喜你们过关斩将，脱颖而出，走进法大，成为值得自豪的"法大人"！

"法大人"，是我们法大师生和法大校友共同的身份标识。这一历经 64 年沉浮荣辱、风雨砥砺的标识，如今在实现中华民族伟大复兴的征途中愈发熠熠生辉。它承载着我们"经国纬政，法治天下""经世济民，福泽万邦"，与共和国法治建设和繁荣发展休戚与共的家国情怀，承载着法大"以人为本，尊重人权"的人文内涵、"实事求是，求真务实"的科学人格、"自强不息，追求卓越"的学术理想、"艰苦奋斗，坚忍不拔"的奋斗精神以及"和睦相处、和衷共济、和而不同、和谐发展"的团队威力。64 年来，法大的传统、文化和精神绵延相继、薪火相传。今天，在这场没有终点的马拉松接力跑中，这所饱经沧桑而又傲骨嶙峋、筚路蓝缕而又卓尔不群的学府又迎来了她的新的接棒人，那就是你们，2016 级研究生！

---

＊ 于中国政法大学 2016 级研究生开学典礼的致辞。

每一代法大人都有自己鲜明的时代特征及其独特的责任和使命。150年前，狄更斯在他的《双城记》卷首语中写下"这是一个最好的时代，也是一个最坏的时代"，这句话成为文学史上的卷首金句。之后的150年间，它曾被不同时期的人们借用来描摹自己的时代特征，其内涵竟也能够与时俱进、历久弥新。

同学们，你们现在正处于共和国发展的最好时期：在历经三十多年的改革开放后，国家经济社会发展进入"新常态"。当前，国家正在全面建设小康社会、全面深化改革、全面推进依法治国、全面从严治党、全面参与全球治理，也正积极参与和推动以互联网产业化、工业智能化为代表的第四次工业革命。今天，创新不仅成为第一发展理念，而且成为引领发展的第一动力。5年前，我们可能很难想象现在的"微博与微信齐飞、滴滴共优步一色"的生活模式，而5年后，人工智能、无人驾驶、量子纠缠、VR等高科技产业，又将给我们的生活带来一系列翻天覆地的变革。

同学们，你们同样处于共和国发展的攻坚期：世界经济增长停滞、国际金融市场动荡加剧、气候变化、环境污染、恐怖主义、局部战争以及难民危机等全球性难题让国家发展的外部环境充满了不确定性；在利益诉求多元化、改革进入深水区的当下，国内经济、政治、社会、文化、生态等各领域深层次矛盾同样不断显现。

在这样一个机遇与挑战并存的时代，法大人的使命和定位是什么？党的十八届三中、四中全会已经给出了明确的答案，那就是全面深化改革和全面推进依法治国，充分挖掘改革和法治的红利，为中华民族伟大复兴保驾护航。特别是四中全会首次以法治作为主题，将全面推进依法治国提到前所未有的高度，这对我们这所中国法学教育的最高学府来说意义非凡。基于民主的法治，是国家治理现代化的基本标志，也是公民权利的根本保障。依法治国关乎改革开放全局，关乎百姓民生福祉，关乎民族前途命运，关乎国家长治久安。法大人，必将站在共和国法治建设的第一线，在法治中国建设的伟大历史征程中，去苦苦追寻并奋力实现"法治天下"的理想。

时代呼唤人才，改革呼唤人才，创新呼唤人才。同学们，接下来三年的学习深造，将为你们插上腾飞的翅膀。借此机会，我想对同学们提出五点希望，归结起来就是"三心二意"，所谓"三心"，就是好奇心、恒心和包容心；所谓"二意"，就是问题意识和创新意识。我的立意是希望大家使出"洪荒之力"，正心诚意，勇于创新。

**学术研究离不开好奇心**。爱因斯坦讲，他的成就归功于他"神奇的好奇心"和"内在的自由"。研究生阶段的学习不同于本科生阶段，大家学习理应更为主动、自动和能动。你们综合素质和专业能力的提升更多地要通过大家在课堂外的阅读、思考、讨论、对话、辩论与实习实践去获得。希望大家始终保持对探究未知事物的强烈兴趣，保持对知识的"八卦"，在探究中获得喜悦和满足感。而且，要坚持独立思考，既不受权力和社会偏见的限制，也不受未经审问的常规和习惯的羁绊，在不断满足好奇心的过程中淬炼提升。

**学术研究也离不开恒心**。想干事始于心，干成事在于恒。《老子》云："合抱之木，生于毫末；九层之台，起于累土；千里之行，始于足下。"有研究显示，一个人至少需要投入一万小时的努力才有可能成为某个领域的专家。对知识和真理的追求通常是枯燥无味的，保持几天、几个星期的学习和思考热情对大家来说相对容易，但长年坚持不懈，是需要恒心和毅力的。当你在寒暑苦读、坐而论道时，你的亲友可能正在享受"空调 Wi－Fi 西瓜，葛优同款沙发"，此时的你更要保持强大的定力和平常心，克服诱惑，厚积薄发，静待从量变到质变的涅槃。

**学术研究同样离不开对知识的包容心**。《中庸》讲为学之道，无外乎"博学、审问、慎思、明辨、笃行"，而博学乃治学之基、求道之始。研究生学习，既要追求在本领域内做到"高精尖"，同样也要对其他学科的知识保持开放的态度。有时不妨"读闲书，闲读书"。近年来，法学领域发生的最显著的变化是交叉学科研究的兴起，比如法社会学、法经济学、法律与神经科学等，这些交叉研究正蔚然成林。希望同学们未来三年能兼收并蓄、兼容并包、博采众长，为终生成就奠基。

**同学们要树立问题意识。**马克思曾深刻指出："主要的困难不是答案，而是问题。"在研究生学习阶段，大家一定要有问题意识，注意培养自己发现问题、筛选问题、分析问题、研究问题和解决问题的能力。问题意识是建立在大量阅读、批判性思考的基础上的。孟子云："尽信《书》，不如无《书》。"讲的就是精辟透脱的读书方法，劝读书人读书不要拘泥于书、囿于书，要善于独立思考问题。对于前人的东西不是有批判地继承，必定会丧失创新的能力。当然，批判并不是愤青式的谩骂，而是站在巨人的肩膀上，理性思考，探求真谛，推进知识的疆域。

**同学们还要养成创新意识。**创新是人类特有的认识和实践能力，是推动民族进步和社会发展的不竭动力。一个民族要想走在时代前列，就一刻也不能没有创新思维，一刻也不能停止各种创新。十八届五中全会提出的五大发展理念之首就是创新。刚刚在杭州举办的 G20 峰会的主题是"创新、活力、联动、包容"，也把"创新"放在第一位。刚才，陈光中先生在讲话中给大家提了"立志""勤勉""诚信""创新"四点八字的希望，其中第四点也是"创新"。我们学校提出的无论是建设"开放式、国际化、多科性、创新型的世界一流法科强校"的办学目标，还是培养"复合型、应用型、创新型、国际型"的高级专门人才的人才培养目标，都突出了"创新"、强调了"创新"。创新，不仅是法大办学、办教育的永恒主题，而且是法大自身发展、追求卓越的必然要求，更是法大人的精神特质。创新只能从问题开始，创新意识是在问题意识上的升华。从某种意义上说，创新的过程就是发现问题、筛选问题、分析问题、研究问题和解决问题的过程。同学们，我相信，只要树立创新意识，通过今后三年的探索和历练，你们的创新精神和能力的提升必定会水到渠成。

同学们，今日之法大有国内一流的师资、一流的学生、齐全的人文社会科学学科、独特的人才培养模式、严谨的科学研究、广泛的国内外学术交流、浓郁的学术氛围以及和谐的校园文化，是大家畅游学海、追求卓越的理想之地。希望你们在未来三年的学习生活中，秉承法大"厚德、明法、格物、致公"校训精神，筑梦法大，放飞梦想，让自己的梦想之花盛开在这个火红的时代，立志为国家的改革开放发展，为法治中国建设，为实现中华民族伟大复兴的中国梦，贡献自己的智慧和力量！

最后，祝愿大家尽情享受晓月河畔的美好时光！

谢谢大家！

# 立志勤学修德，解锁快意人生*

尊敬的各位老师，亲爱的同学们：

大家上午好！

金秋九月，秋高气爽，正是收获的大好季节。此时此刻的军都山下，我们满怀着收获的喜悦，迎来了来自海内外的2167名优秀学子。现在，我们师生会聚于此，隆重举行中国政法大学2017级本科生开学典礼，就是要共享黉门之温馨，共度丰收之欢愉。此情此景，好似一副徐徐展开的杏坛画卷，呈现在我们面前的正是那最美的开篇。在这里，我代表学校和全体教职员工向2017级的本科生新同学加盟法大、成为法大的一员表示最诚挚的祝贺和最热烈的欢迎！

同学们，从今天起，我们将拥有一个共同的名字，那就是"法大人"。我们在这里，从陌生到相识，从相识到相知，从相知到相亲，从相亲到相爱，法大成为我们共同的家园，我们成为彼此的家人。

同学们，今年是法大建校65周年，你们可以说是法大第65批学生。从1952年由北京大学、清华大学、燕京大学和辅仁大学四校的法学、政治学、社会学等学科组建而成的北京政法学院，到如今的中国政法大学，法大走过了与共和国发展休戚与共的65年，走过了荣辱浮沉、风雨砥砺而又光彩夺目的65年。65年来，凭借对大学精神的不懈追求，在一代代法大

---

* 于中国政法大学2017级本科生开学典礼的致辞。

人的共同努力下，法大秉承"厚德、明法、格物、致公"的校训精神，坚持"学术立校、人才强校、质量兴校、特色办校、依法治校"的办学理念，以建设"开放式、国际化、多科性、创新型的世界一流法科强校"为办学目标，追求公平正义、崇尚学术自由，不断提高教学质量，大力开展科学研究，积极参与国家立法和普法活动，主动服务执法司法实践，始终奋进在国家法治建设的最前列，始终活跃在高等教育的最高端，探索走出了一条内涵发展、特色发展、创新发展、开放发展、国际发展、和谐发展的强校建设之路。学校先后培养了二十多万各类高级专门人才，涌现出一大批学术名师、政法英才，创造了一系列有价值、有影响的学术研究成果，为推进依法治国进程、服务经济社会发展做出了突出贡献。今天的法大，已从最初的法学单科性大学转变为如今以法学学科为特色和优势，兼有政治学、社会学、文学、史学、哲学、经济学、管理学、教育学、理学、工学等学科的多科性大学；从早期的教学型大学转型为如今以培养拔尖创新人才和推进知识创新为己任的创新型大学；从一所普通大学发展为如今具有广泛国际影响的国内一流大学。法大是国家法学教育和法治人才培养的主力军，参与了自建校以来几乎所有的国家立法活动，引领着国家法学教育的创新、法律理论的更新和法治思想的革新，被誉为"中国法学教育的最高学府"；法大也是国家政治、经济、社会和文化领域人才培养的生力军，被誉为"中国人文社会科学领域的学术重镇"。

同学们，你们就读的这所大学是一所有尊严的大学，是一所有品格的大学，是一所值得尊重的大学。这里有国内一流的师资和一流的学生、齐全的人文社会科学学科、独特的人才培养模式、雄厚的科学研究力量、广泛的国内外学术交流、浓郁的学术氛围，以及小而优、小而精、小而美的校园环境，是同学们畅游学海的理想之地。同学们，你们是幸运的，未来四年，或更长时间，你们将在这里砥砺品德、丰富学识、提升能力，增添智慧、强健身心、健全人格。

同学们，今年也注定是要在法大校史上浓墨重彩记载的一年。在今年五四青年节来临之际，在法大建校65周年前夕，中共中央总书记、国家主席、中央军委主席习近平亲临法大考察，代表党中央对法大建校65周年向全校师生员工表示热烈的祝贺。在他考察的三个多小时里，他参观了校史及成果展，亲切会见了五位资深教授，在学生活动中心参加了民商经济法学院本科生的班级活动，勉励同学们不忘初心、珍惜韶华、潜心读书、敏于求知，做到德智体美全面发展，毕业后为祖国和人民施展自己的才华，实现自己的人生价值。在他亲自主持的有法大师生和首都法学专家、法治工作者代表、高校负责同志参加的座谈会上，他作了关于全面依法治国、法治人才培养和青年成长成才的重要讲话。总书记高度肯定了我校的办学成就，他说："中国政法大学成立于新中国之初，是我国一所著名高等学府。65年来，学校培养了二十多万毕业生，为我国社会主义建设和改革开放事业特别是社会主义法治建设作出了重要贡献。"总书记的到来和重要讲话为法大师生和广大校友送来了党和国家的亲切关怀、谆谆嘱托和殷殷期望，让我们所有法大人倍感振奋、备受鼓舞，也让我们深感使命光荣、责任重大。

同学们，你们是经过十余年的寒窗苦读和高考洗礼之后来到法大的。人们常说，高考是"千军万马过独木桥"，这种说法凸显了高考竞争的激烈程度，但是对于漫漫人生路，高考不过是你们一生中需要跨越的无数条河流中的一条。正如青年作家八月长安所说的那样："高考可能是我们青春时代经历过的最有悲壮史诗意味的大事件了。其实对于漫长的人生路来说，它只是一座小土丘。只不过，任何一座土丘，只要离得够近，都足以遮挡你全部的视线。"那么今天，当你们终于跨越了遮挡视线的小土丘，来到了一个叫做大学的地方，来到了一个叫做法大的小天地，你们一定有过思考：这是一所什么样的大学？来到这个地方意味着什么？这里是摆脱家长束缚的自由天堂？还是遇见美好爱情的幸福街角？抑或是换了一群队友的"王者荣耀"竞技场？

　　大学四年是人生的美好年华和关键时期。四年很长，一千四百多天；四年很短，弹指一挥间，如果将人生比作一场战役，大学则是你们最好的备战场。作为你们的校长，我希望你们利用好四年的时光，立志、勤学、修德，备好精良的装备，修炼精湛的武艺，以期四年之后，驰骋江湖，建功立业，"解锁"快意人生。借此机会，我给大家提三点希望。

　　一是希望同学们"立志"，在大学期间备好理想之马。宋代大思想家朱熹在《朱子语类》中提到："为学须先立志。志既立，则学问可次第着力。立志不定，终不济事。"讲的是求学、谋事必须先立定志向，志向立定了，那么学问、事业就可以按照一定的顺序去下功夫，而志向不定，终将一事无成。习总书记在法大5·3重要讲话中特别勉励青年一代立志，他说："人事有代谢，往来成古今。"中国的未来属于青年，中华民族的未来也属于青年。在千帆竞发、百舸争流的奋进时代，广大青年要登高望远，特别是要励志勤学、加强磨炼。志向是奋斗的原动力，也是人生的定盘星。"志不立，天下无可成之事。"青少年要扣好人生第一粒扣子，这第一粒扣子就是早立志向、有正确的价值观。从古至今，大凡有作为的人，无一不是志向远大的人。一个有意义的人生，必定是同人民一道拼搏、同祖国一道前进的人生，必定是有信念、有梦想、有奋斗、有奉献的人生。当今中国最鲜明的时代主题，就是实现"两个一百年"奋斗目标、实现中华民族伟大复兴的中国梦。当代青年励志，要树立与这个时代主题同心同向的理想信念，勇于担当这个时代赋予的历史责任。要立志干大事，而不是当大官、求大名、图大利。同学们，我们所处的时代是一个伟大的时代。你们四年后毕业时已是2021年，而2020年我国将全面建成小康社会；到本世纪中叶，也就是新中国成立100年时，我国将建成富强民主文明和谐的社会主义现代化国家。现在，我们比历史上任何时期都更接近中华民族伟大复兴的目标，比历史上任何时期都更有信心、有能力实现这个目标。近期热播的《法治中国》开篇就提出了三个问题：全面建成小康社会之后路该怎么走？如何跳出"历史周期律"，实现长期执政？如何实现党和国家长治久安？以习近平同志为核心的党中央给出的明确答案是"全面推进依法治国"。同学们，你们所处的时代决定了你们定将是法治中国的未来，是实现"两个一百年"奋斗目标的中坚力量，你们要认清自己所肩负的历史重任，牢牢树立为中华民族伟大复兴、为全人类文明进步而努力奋斗的远大理想。

二是希望同学们"勤学"，在大学期间练就十八般武艺。唐朝大文学家韩愈有一句名言："书山有路勤为径，学海无涯苦作舟。"讲的是在读书、学习的道路上，没有什么捷径可走，也没有顺风船可驶，如果你想要在广博的书山、学海中汲取更多更广的知识，"勤奋"和"刻苦"是必不可少的。习总书记在法大"5·3"重要讲话中指出，青年处于人生积累阶段，需要像海绵汲水一样汲取知识。广大青年抓学习，既要惜时如金、孜孜不倦，下一番心无旁骛、静谧自怡的功夫，又要突出主干、择其精要，努力做到又博又专、愈博愈专。特别是要克服浮躁之气，静下来多读经典，多知其所以然。在我看来，勤学重在培养各种能力。我说的能力，包括但不限于独立思考能力、学习能力、实践能力和创新能力。我们生活在一个信息爆炸、数据传递高度便捷的时代，知识的增长、更新、淘汰都很快。这就需要我们拥有独立思考和独立判断能力，在鱼龙混杂、良莠不齐的信息中去伪存真、善加取舍，提取真正的知识；需要我们学会学习，拥有强有力的学习能力，不断跟上知识的增速，抵达学术的前沿；需要我们理论联系实际，培养实践动手能力，打通理论知识与实践的壁垒，学以致用；需要我们对新事物保持好奇心，对新问题保持敏锐度，培养创新精神、创新思维和创新能力，勇于开拓实践，勇于探索真理。

三是希望同学们"修德"，在大学期间修行德善之心。心无善念，行无道德，理想之马也难走正道，精湛武艺则易伤人害己。《大学》开篇讲："大学之道，在明明德，在亲民，在止于至善。"强调的就是为学之人，要弘扬光明正大之品德，要追求至善至美之境界。"立德树人，德法兼修"，是习总书记在法大"5·3"重要讲话中对法治人才培养提出的明确要求，也是法大在今后人才培养中应当遵循的原则和方向。习总书记提出，在法学教育中要十分注意坚持依法治国和以德治国相结合。他说，中国政法大学的校训是"厚德、明法、格物、致公"，就包含着"厚德"的理念。法律是成文的道德，道德是内心的法律。法安天下，德润人心。他强调，法学教育要坚持立德树人，不仅要提高学生的法学知识水平，而且要培养学生的思想道德素养。首先要把人做好，然后才可能成为合格的法治人才。他勉励广大青年要培养高尚的品德，他说，一个人的品德，是人格之本，是无价之宝，金钱买不来，权力换不来，邪恶压不住，岁月磨不掉。广大青年人人都是一块玉，要时常用真善美来雕琢自己，努力使自己成为高尚的人。面对纷繁复杂的社会现实，大家特别要增强定力、管住自己，努力培养高洁的操行和纯朴的情感，以良好的品德去赢得人生和事业的成就。我希望同学们在大学四年里，努力修炼自己的德行，"常怀博爱之心，多行友善之事"，尊重他人、谦逊有礼、心态平和、淡定从容，用最真诚的心去感受父母之爱、师长之恩、朋友之谊、同学之情，用责任、奉献和爱心去充实快乐的生活；养成团结互助、诚实守信、遵纪守法、艰苦奋斗的良好品质，成为践行社会主义核心价值观的国家合格公民。

同学们，"盛年不重来，一日难再晨"。真诚地希望你们能始终做到，不追悔昨日、善把握今日、勿迷茫明日。在大学这个备战场，在法大这片小天地，做好打赢人生战役的所有准备。四年后，当我们再聚于此，你们有的不是"尚未佩妥剑，转眼已江湖"的离别伤感，而是随时可以"横刀立马，拼搏四方"的豪情壮志。

最后，真诚地祝愿同学们在法大愉快地度过你们人生最美好的大学生活，创造属于你们的法大时代！

谢谢大家！

# 德法兼修，励志成才<sup>*</sup>

尊敬的各位老师，亲爱的同学们：

大家上午好！

九月的北京，金风送爽，秋阳宜人。郁达夫先生曾说过："在南方每年到了秋天，总要想起陶然亭的芦花，钓鱼台的柳影，西山的虫唱，玉泉的夜月，潭柘寺的钟声。"其实，晓月河畔的法大秋色和军都山下的法大霜叶也是法大人念念难忘的。

在这秋高气爽的美好时节，法大又迎来了一批最为优秀的学子。今天，我们相聚于此，隆重举行中国政法大学 2017 级研究生开学典礼。首先，我代表学校、代表全体教职员工，向来自海内外的 2385 名研究生新同学表示最诚挚的祝贺和最热烈的欢迎！同学们，你们到家了。从今往后，我们就是一家人，我们也有了一个共同的名字，那就是"法大人"。

法大的前身是 1952 年由北京大学、清华大学、燕京大学、辅仁大学四校的法学、政治学、社会学等学科组合而成的北京政法学院；1983 年，北京政法学院与中央政法干校合并，组建为中国政法大学。65 年来，法大筚路蓝缕、砥砺奋进，已发展成为一所以法学学科为特色和优势，兼有政治学、社会学、文学、史学、哲学、经济学、管理学、教育学、理学、工学等学科的国家"211 工程"、"985 工程'优势学科创新平台"和"2011 计

---

* 于中国政法大学 2017 级研究生开学典礼的致辞。

划"重点建设大学，被誉为"中国法学教育的最高学府"和"中国人文社会科学领域的学术重镇"。学校的海淀和昌平两个校区，虽小却精、却美、却优，虽高楼大厦无多，却大师名家云集。同学们今后的学习生活主要是在海淀校区，但我建议大家也常去昌平校区转一转，领略一下法大的全貌，感悟一下法大的神韵。

65年来，一代又一代法大人秉承"厚德、明法、格物、致公"的校训精神，坚持"学术立校、人才强校、质量兴校、特色办校、依法治校"的办学理念，以建设"开放式、国际化、多科性、创新型的世界一流法科强校"为办学目标，与共和国同呼吸、共命运，以卓越的人才培养、科学研究、社会服务推动国家的法治昌明、政治民主、经济发展、文化繁荣、社会和谐及生态文明，追求公平正义，崇尚学术自由，不断提高教学质量，大力开展学术研究，积极参与国家立法和普法，主动服务执法司法实践，始终奋进在国家法治建设的最前列，始终活跃在高等教育的最高端，探索走出了一条内涵发展、特色发展、创新发展、开放发展、国际发展、和谐发展的强校之路。诸位同学，希望你们能够秉承先辈壮志，薪火相传，继往开来，以主人翁的姿态坚守初心、继续前行。

大家知道，在今年五四青年节来临之际，在我校建校65周年前夕，习近平总书记亲临我校考察并发表重要讲话，深刻阐述了全面依法治国、法治人才培养和青年成长成才的意涵，特别是他在法大第一次深入、系统、全面地阐述了法治人才培养，意义尤其重大。

习总书记对青年一代成长成才谆谆教诲，寄予厚望。他强调，在千帆竞发、百舸争流的奋进时代，广大青年要登高望远，特别是要励志勤学、加强磨炼。志向是奋斗的原动力，也是人生的定盘星。青年处于人生积累阶段，需要像海绵汲水一样汲取知识。广大青年抓学习，既要惜时如金、孜孜不倦，下一番心无旁骛、静谧自怡的功夫，又要突出主干、择其精要，努力做到又博又专、愈博愈专。特别是要克服浮躁之气，静下来多读经典，多知其所以然。总书记讲的这些话，立意高远、思想深邃，很值得诸位同学好好领悟与领会。

习总书记特别强调法治人才培养在全面依法治国中的重要地位和作用。他指出，全面依法治国是一个系统工程，法治人才培养是其重要组成部分。全面推进依法治国是一项长期而重大的历史任务，我们要坚持走中国特色社会主义法治道路，坚持以马克思主义法学思想和中国特色社会主义法治理论为指导，立德树人，德法兼修，培养大批高素质法治人才。建设法治国家、法治政府、法治社会，实现科学立法、严格执法、公正司法、全民守法，都离不开一支高素质的法治工作队伍。法治人才培养上不去，法治领域不能人才辈出，全面依法治国就不可能做好。建设法治中国，是我们法大和每一个法大人的光荣使命和神圣职责，而诸位同学，你们正是法治中国建设的后备力量和法治中国的未来，德法兼修、励志成才，就是你们的不二选择。

德法兼修，犹如金庸笔下华山派的剑气双修，不可偏废。在成为国家栋梁之材前，同学们首先要修身养性，成为一个真正有美丽心灵的人，一个真正有德行的人，一个真正有健全人格的人。习总书记指出，广大青年人人都是一块玉，要时常用真善美来雕琢自己，努力使自己成为高尚的人。我们常说，法律是道德的底线，但这并不意味着学法之人只需维持最低的道德就行了。蔡元培先生曾说过："若无德，则虽体魄智力发达，适足助其为恶。"所以，我们的教育必须坚持立德树人、教书育人。而学生学习则首先要学会把人做好，把自己锻造成德智体美群全面发展的合格人才。德法兼修，不仅是对学生的要求，而且是对全体法大人的要求。

德法兼修，贵在坚持，持之以恒，能融入到同学们研究生阶段的学习与生活中去。我希望，通过德法兼修，同学们能"大开眼界""大开脑洞""大开心扉"，在法大大展宏图、茁壮成长。

自鸦片战争国门被迫打开之后，有识之士就提出了"开眼看世界"的口号。在信息化、全球化不断加速的当下，同学们更应该多了解世界的最新发展，多吸收借鉴世界上的优秀文明成果，多掌握国内外的最新研究动态，所谓"读万卷书，行万里路"的真谛亦在于此。无论你将来是有意从事学术研究，还是意欲投身实务部门，都有必要拓宽你的视野。为此，希望同学们在学习专业知识的同时学好外语，多走出去看看，毕竟"纸上得来终觉浅，绝知此事要躬行"。学校为大家提供了许多社会实践与出国交流的机会，希望大家能善加利用。

与以学习知识为主要任务的本科生不同，研究生的主要任务乃是"研究"，而要进行有意义的"研究"，必须具备批判性思维、创新性思维。这就是我所讲的"大开脑洞"。习总书记指出，青年时期是培养和训练科学思维方法和思维能力的关键时期，无论在学校还是在社会，都要把学习同思考、观察同思考、实践同思考紧密结合起来，保持对新事物的敏锐，学会用正确的立场观点方法分析问题，善于把握历史和时代的发展方向，善于把握社会生活的主流和支流、现象和本质。要充分发挥青年的创造精神，勇于开拓实践，勇于探索真理。养成了历史思维、辩证思维、系统思维、创新思维的习惯，终身受用。创新性思维不是拍着脑门就能灵光乍现的，也不是一觉醒来就能醍醐灌顶的，而是需要长期的训练。如果只是一味地记忆知识、背诵考点，那在学术研究上是不会有任何"生产性"的。所以，希望同学们能对新事物保持好奇心，对新问题保持敏感度，多向导师请教，多与同学讨论，不要为自己离经叛道的想法感到恐惧，也不要为自己看似愚昧的念头感到羞愧。你有你的 freestyle，做一枚不一样的花火又何妨？

最后，讲讲"大开心扉"的问题。习总书记强调，青年在成长和奋斗中，会收获成功和喜悦，也会面临困难和压力。要正确对待一时的成败得失，处优而不养尊，受挫而不短志，使顺境逆境都成为人生的财富而不是人生的包袱。TVB 有句经典台词："做人呢，最重要的就是开心啦。"成天郁郁寡欢、患得患失的人，很难想象他在学术研究或实际工作中能获得多大动力、取得多大成就。进入研究生阶段后，大家可能会遇到科研瓶颈，甚至"为赋新词强说愁"，还会遇到许多人生中的重大抉择，比如，毕业后是回到家乡扎根基层，还是留在北京做个北漂？又如，是谈一场只要今天不要明天的轰轰烈烈的恋爱，还是择一人白头偕老、安安稳稳地走进婚姻殿堂？再如，是冒着沦为未婚大龄女博士这一群体的一员的风险继续升学，还是早日投身职场拼搏出属于自己的一席职场领地？这些，恐怕都是同学们在本科阶段未曾面对或未曾如此深刻面对的问题。

其实，人生中的所谓大问题，往往最后都是偶然决定的，反倒是那些日常生活中的小决断才让我们费尽思量。比如，你可能会对中午是吃麻辣烫还是蛋炒饭思来想去，但只是因为遇到了那个不舍远离的他而毅然随之奔赴祖国边疆。又如，你可能会对今晚是看一集《我的前半生》还是研读贝卡利亚的《论犯罪与刑罚》举棋不定，却只是因为"世界那么大，我想去看看"而放弃了公务员录取资格，背起行囊远赴重洋。再如，你在京东上购物时可能会为了是否购买自己并不需要的商品来凑单免运费而纠结不已，却只是因为听了一场学术讲座而决心此生为中国的法治事业鞠躬尽瘁。人的一生中重大抉择不少，但不必囿于眼前的细枝末节而辗转反侧、苦恼不堪，"一蓑烟雨任平生"不也很美妙吗，何必学那维特常烦恼？毛主席有诗云："牢骚太盛防断肠，风物长宜放眼量。"此二句与诸位同学共勉。

同学们，你们的人生即将开始新的篇章，我衷心祝愿你们在法大的日子充实而快乐。"人事有代谢，往来成古今。"青年是国家和民族的未来，青年也是中国政法大学的未来。青年智则国智，青年强则国强。我深信，因为有你们的加入，中国政法大学的事业必将增光添彩；因为有你们的加入，中国的现代化和法治建设必将蒸蒸日上；因为有你们的加入，中华民族伟大复兴的中国梦必将如愿实现！法大师长们对你们充满了期待！

谢谢大家！

# 过优质的大学生活，做有为的"千禧一代"*

尊敬的各位老师，

亲爱的同学们：

大家上午好！

金秋九月是北京最好的时节，更是收获的季节。在这美好的时节，我们中国政法大学满怀丰收的喜悦，迎来了来自五湖四海的 2175 位本科新生。

我知道，刚刚过去的这个夏天，同学们完成了你们人生中的第一场命运拼搏，实现了长久以来的美好憧憬。从今天开学典礼起，你们就正式成为法大人了，法大将成为你们启迪心智、健康成长的学术殿堂和精神家园。在这未来人生"第一里路"的启程处，我代表学校由衷地恭贺你们，热烈地欢迎你们！真诚地祝福你们！

每当校园迎来脸庞青涩、目光好奇、满怀希望的青年人，作为师长，我们时常感觉自己又似乎年轻了一岁。于是，在这"年年十八岁"的假象中，我们陡然发现，法大的第一批"千禧一代"来了——你们当中的大多数都是 2000 年后出生的，绝大多数更是千禧年前后出生的。你们就是"千禧一代"！应该说，你们诞生在最不匮乏的时代，但你们又成长在易生空洞的时代。有人说你们随心所欲，又"天生要强"；有人说你们天马行

———————

\* 于中国政法大学 2018 级本科生开学典礼的致辞。

空，还"兴趣为王"；有人说你们变化无常，是"注定要凉"；还有人说你们喜欢电子竞技，不时"大吉大利，今晚吃鸡"地嚷嚷。但我向来反对标签化某一个年代的青年人，作为教育者，我更确信"桃李栽来几度春，一回花落一回新"，你们与每一届踏入校门的新生一样，十八九岁，正是不枝蔓、不繁杂的年纪，对国家、社会和个人的命运常怀赤诚的雄心、无畏的锐气和灵敏的细腻。

你们是 21 世纪的同龄人，而历史机缘巧合的是，法大老校长，著名政治学家、法学家钱端升先生就诞生在百年前的 1900 年，与你们在年龄上相差 100 岁。100 年的时光在你们与先贤之间无声流淌，今天，你们的到来，不仅意味着法大人更新迭代步入了新纪元，更是承载着法大人薪火相传的新使命。

今年是改革开放 40 周年，也是法大在"文革"停办后复校 40 周年。而你们是法大恢复招生后的第 40 批本科生。40 年前，学校艰难复办，当时你们的学长们是拎着小马扎走进百废待兴的课堂，如饥似渴地汲取知识，争分夺秒地增进本领，与改革开放和法治建设同步成长。他们中的许多人成就了宏大的事业，是社会的砥柱栋梁，但更重要的是，法大四年让他们每个人心中奠定了永不磨灭的家国情怀和刻骨铭心的法治信仰。那么今天的你们进入法大，不禁要问，四年后乃至未来的你们会呈现出怎样的模样？我想，励志勤学、加强磨炼，做引领未来的"千禧一代"，是我们师长对你们的期许和期望。这就要求你们在法大不忘初心、砥砺前行，过优质的大学生活。

什么才是优质的大学生活？这是老生常谈的问题，我想之于每一个人都有无限的可能性，作为校长，我也不能给出标准的答案。在我看来，大学是更高层次、更富挑战的学习、成长和生存体验，我希望你们能展现出"强烈的求生欲"来，切莫"入宝山而空回"，要过好丰沛高远、不同凡响的优质大学生活。但有时候，仍然会有人追问，为什么"虽然懂得了很多道理，却依然过不好这大学四年"？我想，这种痛定思痛的感悟，值得在此有更加深刻清晰的剖析。

《大学》开篇第一句讲得很清楚："大学之道，在明明德，在亲民，在止于至善。"英国教育家纽曼也曾讲："大学首先培养的是灵魂健全的，到达博雅高度的，即具有完整人格的人。"开展健全人格教育，着力培养品德优良、学识丰富、能力卓越、智慧睿达、身心健康的人，也就是培养人格健全的人，全面发展的人，是我们法大的育人理念。我相信，注重品德的修养、注重知识的汲取、注重能力的锻造、注重智慧的追求、注重身心的康健的大学生活，就是优质的大学生活。

**首先，要构建对大学的合理想象。**

大学不再是老师家长轮番值守的高中，离开了庇护所，你可能会迷失在自由生活的初体验中；大学也不再设定分数量化成长的目标，丧失了指向性，你可能会沉陷在无所适从的迷茫感里。但当你望向这校园里身影无处不在、传奇惊羡众人的学术大帝、社团达人、竞赛能手、体育健将、创业先锋时，又隐隐地感觉到未来四年似乎无法轻松无忧，依然要常处在只争朝夕的"玩命"状态里。不错，这就是大学生活的主基调，它赋能你自由开放平等，但又要求你不沉沦、不懈怠、不迷茫，葆有积极健康向上的姿态。当然，"玩命的大学"并非要你只知埋头苦读圣贤书，而是希望你"恰同学少年"意气风发时拒绝甘当"佛系青年"，自觉摒弃"丧文化"，敢于做到"work hard, and play harder"。

迈出这第一步时，你们不得不打破一些教条的惯习、颠覆一些僵化的想法，逼迫自己迅速调到大学生活的频道里来；也不要疑虑是否走错某一步，年轻本来就允许有些试错的成本，你们的法大学长、去年进入哈佛大学法学院 J. D.（法律博士）项目学习的钟卓然就说过"人生没走到下一步，你怎么知道上一步有没有走错"。

迈出这第一步后，持之以恒、坚忍不拔的信念同样关键，大学重视对目标意识、自我管理的养成。你们要能够在自己的内心放下安静的书桌，能够在困难的厄境坚守最初的确信，这并不容易，但也并非要求大家都成为人人向往的榜样。"合抱之木，生于毫末；九层之台，起于累土；千里之行，始于足下。"有时或许只是攻读一本艰涩的专业书，只是通过一场专业的测试，只是参与一次没有胜算的比赛，通过达成一个个看似困难的"小目标"，来推进大学四年的"大计划"，你们要始终相信，人是"越努力，越幸运"，"坚持就是胜利"。

**其次，要树立对学习的终身热爱。**

来到法大，同学们即将开始人文社会科学某一领域的研习。作为研究人类社会的精深学问，人文社会科学既有形而上的逻辑，也有形而下的技艺；既有冷静理智的科学，也有悲天悯人的情怀；既有书斋中的坐而论道，也有田野间的人间百态，这是一种对人类精神更高阶的学习过程。在法大的课堂内外，你们可以大大地享受这种知识之美、智慧之光，共同探寻、发现并创造这无尽的财富。大家知道，单一的社会议题往往包罗了多元万象的思维视角，最近长春长生疫苗案的发生，极大地冲击了社会良知的底线，也拷问着监管体制的缺陷，这其中就可以引发法学、社会学、经济学、传播学等不同视角、不同层面的思考，有的甚至会形成针锋相对的辩论。大学里的开放讨论一般都没有绝对正确的解答方式，只有相对合理的解决方案，这当中考验着我们对专业本领的熟练掌握和社会道义的执着秉持。

习近平总书记去年考察法大时寄语大家："青年处于人生积累阶段，需要像海绵汲水一样汲取知识。""广大青年抓学习，既要惜时如金、孜孜不倦，下一番心无旁骛、静谧自怡的功夫，又要突出主干、择其精要，努力做到又博又专、愈博愈专。特别是要克服浮躁之气，静下来多读经典，多知其所以然。"所以，大家读大学应该把学习作为首要任务，作为一种责任担当、一种精神追求、一种生活方式。大家不要只根据分数评判优劣，不要只依靠记忆牵引学习，更不要拿"有用"或"无用"来衡量收获，切忌急于"C位出道"，做利己主义附庸的"社会人"。我们常说，**读大学要多读"无用"之书，多做"无用"之功**。"腹有诗书气自华"，你在学校潜移默化中形成的思维能力、学习能力、批判能力、管理能力最终都会使你发现，"无用"中却有"大用"，并将受益终身。

或许有同学还在纠结，没有录取到心仪专业。虽然说"兴趣是最好的老师"，但我想学习与兴趣是相辅相成的，你目前所了解的，或许还是这个专业的只言片语或社会误解，不要急于否定，不要过于短视，静心沉潜，发现契合处，发掘兴趣点。当然，法大也是开放的，提供主辅修、双学位、双专业双学位融合等多种修学方式，鼓励跨学科人才的成长。我也相信，大家有这个自信："你有你的 freestyle"，"我虽然是我，但还能有不一样的烟火"。

在这个知识付费空前繁荣的时代，我希望大家倍加珍惜大学学习的时光，在校园里你们可以轻易地"捕获"到名家大师，不像在荧屏上或手机APP里，他们"活生生"地就在身边，可以与你讨论，可以为你答疑，可以共同成长。另一方面，你们也要珍惜科技带来的巨大便利，博览众采、创新方法，近年来学校建设了大量智慧教室、实践课堂，就是希望活跃课堂教学、扩大信息抓取、加强实务训练，使同学们更加顺畅地学以致用、知行合一。

**最后，要保持对身心的持久锤炼。**

在我们这个人口密度极大的校园里，与人为善、包容忍让是为人处事的重要法则，你们身边的朋辈往往将是一生的良师益友。无论来自什么国家、什么民族、什么地区、什么家庭背景，都应该相互尊重和理解彼此的文化习性，**在学习变得聪明的同时也要学会难得糊涂**，"常怀博爱之心，多行友善之事"，以至诚之心相待相处，做一个内心强大的人，这也是同学们未来步入社会的一堂必修课。久而久之，你也许会看到：宿舍虽陋，往来却无白丁；校园虽小，转角总能碰见真情。

大学四年，我希望同学们既文明精神，也野蛮体魄，努力打造体格强健的自己。我们看古希腊哲人的雕塑，就会发现人类思想史上这些伟大人物无不肌肉健硕、体态健美。通过身体锻炼，人将始终富有充沛的精力和良好的面貌，这是高品质生活的必要补充和重要调节。我希望你们在大学里，不过四体不勤的"书虫"生活，去学习并坚持一项毕生热爱的体育活动，一天锻炼一小时，起码能为祖国健康工作五十年。

作为人文社会科学专业的学生，心智健全更不能缺少美的教育、博雅教育和公益教育。同学们来到首都，可以充分利用北京丰富的文化资源，经常去转博物馆、听音乐会、看话剧。你们在校期间，还将会经历建国七十周年、建党一百周年、北京冬奥会举办等一系列重大庆典与事件，法大本身也有大量的公益服务平台和学生社团活动，还有"友思"学习圈，期待你们积极参与其中。参加学生社团活动必须是法大本科生的"标配"。

亲爱的同学们，未来是什么？以色列历史学家尤瓦尔·赫拉利在其新书《今日简史》中指出，人类正面临前所未有的各种变革，这些变革很有可能改变人生的基本架构，"不连续性"将成为最显著的特征。在稍纵即逝的快速变化中，稳定将成为一种奢侈品，你要立足生存，就必须不断强化学习，不断自我重塑。只要你学会学习，不断提升自己学习的能力并坚持终身学习，你的人生就会稳如磐石，你人生的永续性就会保持。法大的教育，就是希望能够提供最好的平台和优质的教学，带动同学们塑造成为能够大有作为、引领未来的人。

大家知道，去年5月3日习近平总书记来到我们所在的昌平校区考察，在学生活动中心与法大青年学子亲切交流。而在今年"五四"青年节来临之际，总书记又回信勉励法大青年学子要坚定信仰、砥砺品德，珍惜时光、勤奋学习，努力成长为有理想、有本领、有担当的社会主义建设者和接班人，为法治中国建设、为实现中华民族伟大复兴中国梦贡献智慧和力量。我想，这就是我们未来的航向与指南。同学们要在国家、民族、人类未来的大视野中认真思考、积极实践，努力做一个对国家、对人民有贡献的人，在波澜壮阔的建设社会主义现代化强国、实现中华民族伟大复兴的征程中书写自己绚丽的人生华章。

秋山在望，秋水无边；学海行舟，奋勇向前。今天的开学典礼，是各位"千禧一代"人生真正的成人礼，你们的未来开创，必须走出过去的舒适区，走向更为广阔的天地。

加油吧，同学们！真诚祝愿你们在法大收获人生最美好的青春！

谢谢大家！

# 笃行求知　学以成人*

尊敬的各位老师，亲爱的同学们：

大家上午好！

九月的北京，天高云淡，秋风送爽。在这收获的金秋时节，我们相聚在这里，隆重举行中国政法大学2018级研究生开学典礼。各位新同学，法大欢迎你们！

从今天开始，2398位2018级研究生即将开启新的求学生涯。新同学中有许多来自于不同院校，我要欢迎你们成为**新法大人**，感谢你们选择了法大！当然，也有许多来自于法大本科，我要祝贺你们升级为"城里人"，赞赏你们继续选择法大！明代诗人杨基有诗云："英雄各有见，何必问出处。"各位务必笃信："来了，就是法大人！"希望蓟门的法大时光，能成为你们求学、求知、求真历程中最浓墨重彩的一笔。

今天开学典礼是继两个多月前的毕业典礼之后，我们又一次从三环里来到三环外，从最有法学气息的法大园来到了最适合燃烧卡路里的首体大。我想这本身就是一堂生动的校情教育课，这难道不是告诉大家，虽然法大校园向来局促、人口总是密集，但法大人却善于打破篱障，整合资源，为我所用。典型的"不求所有，但求所用"哈！来到蓟门晓月之畔，进入法大研究生院，法大的教育就不再囿于物理空间，同学们应有更大的

---

　　* 于中国政法大学2018级研究生开学典礼的致辞。

格局、更高的视野、更广的天地。要知道，大学之大，法大之大，恰恰是因为它让我们立足于小小校园之中，却能放眼世界、胸怀天下。

同学们，这是我第十次作为校长在研究生开学典礼上讲话，十载光阴如白驹过隙，一切都在变化，学校校园面貌与事业发展也在快速成长：学院路校区高楼筑起，学校忝列"双一流"，法学学科获评 A＋，导师队伍齐整，生源质量提升，人才培养创新，科研成果喜人，成就有目共睹，成绩令人振奋。去年，习近平总书记考察法大并发表"5·3"重要讲话，今年五四青年节前夕，总书记又回信勉励法大青年学子，更是极大地提振了广大师生的精气神，令人相信法大前景可期、未来可待。各位新同学，你们将是法大在未来十年甚至更长时间日新月异的见证人，更是法大在新时代高歌猛进的参与者，你们将看到更好的法大，你们将大有可为！

"学所以益才也，砺所以致刃也。"研究生教育有别于大学本科阶段，是深度的专业教育和强化的创新教育，是对求知治学寄予厚望并精益求精的过程，可以说创新研究是研究生学习阶段的特质。无论这种创新的程度深浅、适用何如，最终都反映为对现有知识框架及内容的升级再造，这绝不是一蹴而就、唾手可得的认知体验。

如果拆解英文单词的研究"research"，就是"re and search"，意在要反反复复、不知疲倦地去探寻，探索知识本源，寻觅求解之道。这无疑要求我们葆有坚若磐石的初心与恒心，最近就有两位法大学人的故事令我很是触动：一位是终身教授张晋藩先生，作为学校"一号工程"的首席专家，先生年近九旬却依然潜心为学、笔耕不辍，项目启动一年多来先后在各大报刊上发表论文十余篇，其中有的甚至是在夫人病房的小马扎上写就的；另一位是 80 级研究生学长、原最高人民法院常务副院长沈德咏大法官，最近他向学校捐赠了两批校史资料和职务用品，其中包括他在法大读研期间写下的二十余册一百多万字的学习笔记和四万余字的论文手稿。世代法大学人笃守信念、敦品励学，从不辜负"经国纬政、法治天下""经世济民、福泽万邦"的使命担当，无论是先生力透纸背的文章，还是学长工整秀丽的笔迹，莫不彰显对待学问的至诚至真、始终如一。我想，这就是法大研究生应有的底色和内涵，希望你们"常学常新、常思常明、常践常得、常悟常进"。

今年在北京举办的第 24 届世界哲学大会的主题是"学以成人"（Learning to Be Human），这是一个有趣而严肃的人生命题，是教育工作者的实践问题和终极关怀。不管学识如何渊博，大家都会面对"何以为人"与"何以成人"这样的问题，这当中，不乏一些**认知浅显但躬行困难**的要求和道理。在这里，我想和大家谈谈**对法大研究生如何"学以成人"的一些企盼。**

**第一，要做头脑清醒的认知者。**

大千世界，千奇百怪；世事凶险，切忌"脸盲"。钱穆先生曾勉励青年人"认识你的时代，带领你的时代"。我们应当时刻警醒这个宏大的时代是如何投射到我们的生活，影响到我们的专业，并最终塑造了我们的行为。当前，人工智能正在成为法庭审判的得力助手，区块链也在拓展进入主流经济的疆域；人们在享受着移动通讯极度便利的同时，又穿上了数据信息的"皇帝新衣"；西方国家单边主义、民粹主义、贸易保护主义重新抬头，世界经济格局面临"修昔底德陷阱"，等等。这些事情与问题都在深刻地改变着每个人的生活，这是这个时代价值多元、资讯破碎、互动空前的特点。所谓"知者不惑"，我们的学习不能教条僵化、固步自封，而应当主动学习、实时跟进，更理性地接受新事物的诞生，研究新问题的根源，剖析新方法的利害。我想只有这样，我们才能真正了解时代、立足时代、适应时代、引领时代。

理论研究做得再精深，也始终不能脱离我们立足的土地和土地上的人民。要想清晰地认识我们的国家，就应当放下身段，细致地观察世情民意，大胆地触问基层心声，国情现实总是滋养学问的肥沃土壤。应当说，中国经过 40 年的改革开放，天翻地覆、沧海桑田。我们对国家的认识不应自负傲娇，也不能妄自菲薄，而是要抱有实事求是的态度和客观理性的认知。研习人文社会科学，常常会遇到文化或体制水土不服的社会议题；而在法律制度的借鉴中，也总存在"依葫芦画瓢"的惰性认知与实践。对此，我们有必要从政治、经济、社会、文化、历史等多个维度去构成和整合对国家的认识，怀有一颗悲天悯人之心，从脚下的土地再出发，沿着中国道路前行，去讲好生动的中国故事。

此外，我们还要清醒地认识自我，这是最难的。人贵有自知之明。这就要求我们能够摆脱不必要的所谓"人设"（人物设定），发现并遵从自己的内心。讲关注自己，并不是要大家变成自我理想化的"玛丽苏"（Mary Sue）。人总是存在很多面，面面俱到并不现实。多留些时间进行精致的思考，才能更加准确客观地认清自己的优势和局限。对于专业学习，更应常常反躬自省：对标国内外一些更加严苛的学位要求，去衡量自己是否为一个合格的硕士、博士，又可否称得上一个合格的"士"。

**第二，要做求真务实的读书人。**

做学问，首先要求真务实，不驰于空想，不骛于虚声，坐得住学术研究的"冷板凳"。研究生学做学问，要坚持问题导向，注意选准研究方向和焦点，对于某个领域及其衍生的方面展开全面的知识搜索，必要时还应当开展实证调查、与实务者深入交流。人文社会科学研究的落脚点通常就是著述论文。做好学问文章，首要就是练好学术的"童子功"，一方面，要精读原典名著，逐步形成自己枝繁叶茂的"知识树"；另一方面，要坚持每日、每周、每月定量的学术训练和写作习惯，并严格遵从学术规范。此外，学术成果的完成，来不得任何弄虚作假，我们所处的时代是一个信息高度共享的时代，一旦学术不端行为被发现，读书人的清誉将荡然无存。

做学问，关键是学会学习，也就是"learn how to learn"，通过淬炼改造学习的方法论，在思想起源处求知求解，带动形成运用专业思维和养成学习习惯的行动自觉。对于本科生，我会鼓励他们在开放领域内的自由思考，而对于研究生，我的要求就不再是泛滥无所归的浅尝辄止，而是要选定某个领域或某个命题，作为长期攻坚的方向。一般来说，师长们未必会手把手地亲授某一样技艺，但他们对于你们成长的牵引作用尤为重要，对于榜样的言行模仿往往是成本最低的学习，但模仿不是抄袭，你们要找寻有益的参考方法，最终形成自己的范式。良好的学习方法还包括提升检索、明辨有效信息的意识和能力，如今不仅信息海量，而且获取渠道日益多元，你们要懂得删繁就简，汲取精华，掌握好最高效、最优质的工具。

做学问，要善于精益创新。研究生不是知识学问的容器，而是知识的加工者，甚至是新知识的缔造者。我们要对未知领域和研究方向葆有旺盛的好奇心，大胆发问，严谨求证，敢于打破前人知识体系的桎梏，找到认知世界的新角度、新高度、新维度。另一方面，要看到"不日新者必日退"[1]，知识更新周期不断缩短，今天的新知识在明日可能就变成了旧闻或常识，这就要求，我们要成为主动的探索者。有时候，如果可以跨越不同学科去摄取一些概念或理论，或许能带来不同的启发，也不啻为一种有益的尝试。法大一直设有研究生创新基金，用以激励研究生开展创新实践活动和学术研究，希望你们能够积极地参与其中。

**第三，要做稳健靠谱的成年人。**

提出这样的期待，是因为你们不能永远安居在象牙塔内，总要去直面社会的苛刻考验。在与研究生同学的交流中，常让我深深忧虑：有个别的同学虽然已经成年，但在情感认知、社交礼仪、应急处理等方面的能力却远不相配，因此就极易产生一些行事幼稚、啼笑皆非的问题来。

同学们，我不希望你们变成四体不勤、五谷不分的书蠹，而应当将自己塑造成情感丰富、心胸宽广的多面手，在养成最聪明的头脑的同时，也

---

〔1〕 引自（宋）程颢、程颐：《二程集》。

要铸就最有趣的灵魂、塑造最豁达的品格。大学不是培育"巨婴"的育儿室，在蓟门的三年里，你们要逐渐找到自己之于家庭、社会和国家的角色定位，"知责任者，大丈夫之始也；行责任者，大丈夫之终也"。希望你们不啃老、不抱怨、不愤青，乐观热情，既对无法改变的困厄境地泰然处之，也不将人性深处的性恶弱点轻易暴露，在人生奋进的《蓟门攻略》里，成为内心善良、能够担当、有谋有略的魏璎珞，而不是"早早就领了盒饭"的平庸角色[1]。

在座的研究生大多都研习法律及相关学科，熟谙德国法学家耶林"为权利而斗争"的主张，但在社会交往过程中，我们要科学地运用所学知识，理智地谋求破解之道。权利维护往往讲求方法、重视协商，极端的针锋相对往往适得其反。我还希望，你们能在人事交际中变成周全靠谱的高情商者，即使是未曾涉猎的事情，也能面面俱到地谋划、不倦不怠地完成，做到凡事有交代，件件有着落，事事有回响。

同学们，青春是幸福美好的，但青年人的求知与成长过程充满着艰苦的磨炼，要走好这段人生历程，离不开坚守一份与时代同心同向的理想信念。去年5月3日，习近平总书记在考察法大时指出"广大青年要励志勤学、加强磨炼，志向是奋斗的原动力，也是人生的定盘星"。今年五四前夕，总书记再次回信勉励法大青年学子"要坚定信仰、砥砺品德，珍惜时光、勤奋学习"。同学们要清楚历史赋予的使命责任，在求知中快速成长起来，以清醒的认识、扎实的学识和成熟的姿态，在新时代里奋力肩负起国家强盛的期望，努力实现人民对美好生活的向往。

"日月之行，若出其中，星汉灿烂，若出其里。"[2] 同学们，你们即将开启的蓟门三年，将是青春未尽的最后时光，希望你们厚积薄发，始终

---

〔1〕 改自假期网络热剧《延禧攻略》，魏璎珞为其中主角，"领盒饭"为配角结束演出的戏称。

〔2〕 引自（汉）曹操：《观沧海》。

激情澎湃，别被岁月蹉跎得太世故、太油腻、太精致。你们还将遇见许多人、发生许多事，请珍惜这难能可贵的"学缘"和无法延期的聚散，期待你们的美好故事！

最后，祝福大家能够度过一个让你铭记一生、奋进一生的法大时光！

谢谢大家！

追求卓越

# 母校永远是你们的精神家园<sup>*</sup>

各位老师，各位家长，亲爱的同学们：

大家上午好！

对一所大学来说，每年的这个季节，既是收获的季节，也是别离的季节。我相信，在座的每一位老师、每一位同学、每一位家长都如我一样满怀幸福的自豪感；我也相信，每一位老师、每一位同学都如我一样满怀依依不舍的惜别之情。同学们，你们经过四年的努力，赢得了今天的荣耀和辉煌，也打开了新的希望之门。在此，我代表学校，向所有圆满完成学业的毕业生表示真诚的、热烈的祝贺！

盘点四年的光阴，大家总喜欢用苦辣酸甜、喜怒哀乐来描绘。但大家可曾想到，你们是亲历法大变革的一届毕业生，你们是见证法大跨越式发展的一届毕业生，你们也是共享过法大变革和发展成果的一届毕业生。在校期间，你们亲身参与学校的建设，用实际行动支援学校的发展。2005 年你们入校，学校则成为国家"211 工程"重点建设的大学，正式跨入了中国高等教育的先进行列；2006 年，学校进一步深化通识教育，着力提高教学质量；2007 年，学校顺利通过本科教学工作水平评估，法学一级学科被评为国家级重点学科；2008 年，应广大同学诚恳之约，温家宝总理来校视察，同年，法大中欧法学院也成功组建。这是全体法大人共同奋斗的结

---

* 于中国政法大学 2009 届本科生毕业典礼的致辞。

果，也是全体法大人集体智慧的结晶。这其中也有 2009 届全体本科毕业生的功劳。

与此同时，我要代表学校，感谢在座同学的理解和宽容，有了你们的支持，法大原本紧张的教室，使用得那么高效，大家为了听名家讲座，因无座位而"站"无虚席；原本拥挤的食堂，流转得那么顺畅，大家吃得"汗"畅淋漓而不亦乐乎；原本闷热的宿舍，也许因为你们的心平气和多了一丝清凉。学校会时刻记住你们清晨 5 点就起床去占座的奔跑速度，我们要比照你们的速度，努力再努力，为大家而改变，因大家而建设，尽力而为，量力而行，着力尽早把法大校园建设成为一个"小而精、小而美、小而优"，精致而有文化内涵的和谐学府。

大家知道，我到法大刚一学期，严格讲，我在法大是一个 freshman，现在还读着法大的"大一"，而你们则读大四，即将毕业，在法大比我资格老。尽管我们在军都山下只相处了一学期，但我们曾有机会在网上在线交流，我们曾有机会在学校食堂共进午餐，我们曾有机会讨论为什么在法大会有挥之不去的"占座"现象……我想这就是我们共同的法大情结。我和法大的每一位教职员工一样，对于你们毕业离校，既感到欣喜而欢欣鼓舞，但又总有点儿牵肠挂肚。离别总是令人伤感，难免有离愁别绪。作为你们的校长，如同你们离家前父母对你们千叮万嘱，我也有一些话要叮嘱大家。

一是要始终牢记胡锦涛总书记今年 5 月 2 日在同中国农业大学师生代表座谈时给全国广大青年学生提出的四点希望。总书记四点希望的中心词是"爱国主义""勤奋学习""深入实践""奉献社会"。爱国主义是民族精神的集中体现，大家只有爱国，"我们中华民族才能历经磨难而生生不息"。常言道："立身百行，以学为基。"大家只要勤奋学习，不断学习，"就一定能奠定人生进步的根基，成为国家建设需要的有用人才"。大家只有深入实践，读万卷书，行万里路，"才能加深对社会的认识，增进同人民的感情，提高解决实际问题的能力"；而且，我们每位同学还应该"把奉献社会作为不懈追求的优良品德"。

二是要多品味一下胡适先生给他那个时代毕业的大学生开出的"药方"。也就是在 77 年前的这个时候，胡适先生认为，在当时的社会环境下，青年人容易抛弃求知欲和对人生理想的追求，因此在他的"赠与今年的大学毕业生"的演讲中，他开出了三剂良方，也就是三句话：第一句是"总得时时寻一两个值得研究的问题"，第二句是"总得多发展一些非职业的兴趣"，第三句是"你得有点信心"。依我看，事过未必境迁，大家对胡适先生的寄语，多思考思考，一定会受益终生的。

三是要协调处理好个人与他人、个人与社会之间的关系。如何处理好这样的关系呢？比照胡适先生的三个方子，我也给大家开三个方子，也是三句话。第一句话："以踏实和积累成就自己。"第二句话："以品德和言行影响他人。"第三句话："以责任和才智奉献社会。"以上寄语文字简约、明了，无需过多解读，我希望大家能够身体力行。

2009 年对于我们中国人来说是一个特殊的年份。今年是中华人民共和国成立 60 周年，是五四运动 90 周年。我们法大人更应该想到，今年同时是当时起到临时宪法作用的《共同纲领》颁布 60 周年，人民代表大会制度确立 55 周年，新中国第一部刑法颁布 30 周年，而且，值得一提的是，今年也是法大恢复招生 30 周年，而我们在座的各位毕业生是法大恢复招生 30 年来第 27 届毕业生。

讲到这里，我不禁要提到在法大耳熟能详的江平教授的名言："四年四度军都春，一生一世法大人。"大家在经历了"四年四度军都春"后，请你们一定不要忘记你们、我们，还有许许多多在法大学习和工作过的学友、学长、学人，有一个共同的名字，那就是"法大人"。"法大人"这三个字代表的不仅仅是"中国政法大学毕业生"，它还代表着一种精神和气度，蕴含着"法大价值共识"，它反映着每一位在这里学习和工作过的人的一种共同的心理、一种共同的文化、一种共同的认知与判断，它也镌刻着每一位在这里学习和工作过的人的独特人格和气质。传承和发扬法大人的精神和文化，是我们每一个法大人的责任。

同学们，无论你们今后走到哪里，都要秉承法大的传统。法大的传统，是钱端升先生在五十多年前开创的，钱端升先生也为之奋斗了一生，时至今日，凡法大人必以推动"政治进步，法制昌明，社会繁荣"为己任。

同学们，无论你们今后走到哪里，都要恪守法大的校训。法大人在总结自身五十多年的荣辱兴衰史，得出"人要厚德、学要明法、求要格物、心要致公"的价值追求的表述。在"厚德、明法、格物、致公"八字校训中，"厚德"为首。"厚德"简单地说，就是做人要厚道。我们希望走出校门的法大人继续培养文明的政治公德、执着的职业道德、模范的家庭美德、和谐的社会公德。

同学们，无论你们今后走到哪里，都要弘扬法大的精神。什么是法大的精神？我体会，那就是法大人"经国纬政，法泽天下"的气度，"经世济民，福泽万邦"的情怀，"公平至上，正义优先"的价值观，"天下兴亡，匹夫有责"的使命感和责任感，"自强不息，追求卓越"的学术品格，"和衷共济、和而不同"的团队精神，"艰苦奋斗，艰苦创业"的作风。同学们，你们要知道，承载法大精神的不仅仅是我们法大仅有的六百多亩土地的校园，法大精神还要通过世世代代的法大人传播到祖国960万平方公里的每一寸土地上。

同学们，可以肯定，你们正期待和憧憬着走出校门后的美好未来。请你们一定要记住，外面的世界很精彩，外面的世界有时也很无奈。大学是世界上最宽容的地方。你们在大学校园里，行为散漫一点、个性化一点、说话出格一点、偏激一点，甚至犯一些错，都是可以接受的。但你们走向社会就完全不同了。尽管你们有理想、有抱负、有知识、有本领，但要实现你们的人生理想，你们得正确对待人生，正确对待自己，正确对待他人，正确对待工作，正确对待社会，树立正确的人生观、世界观和价值观。我们期待着你们在社会上建功立业，平安、幸福而快乐！但无论如何，法大永远是你们的母校，是你们的避风港湾，是你们的精神家园。明天，你们就要离开校园，开始人生新的征程。临行前，我建议大家再去瞻仰一下钱端升先生的铜像，再去凝望一次法镜、法鼎和拓荒牛，再去图书馆前的台阶、法治广场静静地坐一坐。今后，我们也期待你们常回军都山下转一转，常到晓月河边走一走。

同学们，展开你们理想的翅膀，带着梦想去飞翔吧！母校等待你们成功、平安、幸福、快乐的讯息。法大祝福你们，祝你们前程似锦，鹏程万里！

谢谢大家！

# 此刻，你们唯有奋勇向前！*

尊敬的各位老师，各位家长，亲爱的同学们：

大家上午好！

今天，我们在这里隆重集会，举行中国政法大学2009届研究生毕业典礼，见证2009届研究生毕业。今年，我校共有137名博士研究生和1070名硕士研究生毕业，有141人获得博士学位，1303人获得硕士学位。

同学们，你们是我来法大工作后送别的第一届研究生，你们的证书上写有我的名字，这是我个人的荣幸与职责。作为校长，我首先要代表学校，真诚地祝贺全体毕业研究生。经过三年的学习，今天，你们终于和你们的老师一起为这三年的学习画上了一个圆满的句号。三年当中，你们付出了艰辛的努力，你们为知识而激动，为迷惘而惆怅，为思想而喜悦，你们已经到达了学校为你们设定的学业顶点。我们看到你们完成学业、顺利毕业，感到欣慰和由衷的高兴。其次，当你们即将踏上新的人生征途的时候，作为老师，我们总还有很多的惦念，尤其是当你们将要面对这个金融危机与甲型H1N1流感肆虐的风险社会时，我更要向你们重复一下老师们的叮咛与祝福。

也许你们还记得三年前的那个秋天，你们满怀着憧憬和理想踏入了晓月河畔的这个校园。也许以前的你很优秀，也许以前的你很平凡，但是三

* 于中国政法大学2009届研究生毕业典礼的致辞。

年前的那个秋天，当进入法大的那一刻起，你们已经站在了同一起跑线上。或许，很遗憾，相同的起点在今天已经显现出了很大的差异。但是，在毕业的这一刻，你们又一次站在了相同的起点，因为走出校园，真正的生活才真正开始。作为一个法大人，你们应该做好准备，不应该因为昨天而骄傲，更没有理由因为昨天而伤心流泪。同学们，此刻，你们必须忘记过去；此刻，你们唯有奋勇向前！

可能在毕业典礼之后，你们就要打点行李，离开这个小小的校园，离开自己的老师，离开一起学习的兄弟姐妹。互相祝福的话已经说了很多遍，而且依然在说。我不光要祝贺你们，还要祝福你们在以后的生活里平安、幸福、快乐和成功。

从明天开始，你们将成为社会的一员，我相信作为个人的你们，都是佼佼者，已在学习中获致了在社会上建功立业、取得成功的机会。这都是幸福生活的保障，也是你们努力应得的结果。可是同学们，你们是否考虑过你们在公共生活里的位置？

也许，你们不会去注意你们入学的 2006 年和毕业的 2009 年有多大的不同，可是社会的变化却实实在在地发生在我们每个人的身上。如今笼罩在社会头上的金融危机的乌云似乎并没有散去，而甲型 H1N1 流感的肆虐又让所有的人忧心忡忡。似乎你们正赶上了一个人人面对更多挑战的时代，你们和这个时代的脉搏相连，而时代又需要你们的投入和贡献。你们走上社会都是单个的个体，若干年后，或许你们曾有的那份热情和理想都要被现实的生活打磨得棱角全无。所以，学校并不期待你们个个都成为伟人或者圣人，但我们会关注，你们在私人生活之余，是否会参与到公共生活中去。我们记得，你们在蓟门桥下的这个狭小的校园里学习了三年，你们既追求个人的幸福生活，同时也胸怀天下，心系民族命运，心系国家发展，心系人民福祉。但同学们啊，你们不应该因为走出校园而退却在公共生活之外。对于我们每一个人来说，积极地参加公共生活也就意味着我们不光是作为个人在社会上生存，而是社会整体的一部分；我们应该拿出精力和时间来关注人类的福祉和苦难；我们要呼吁永久的公平正义；同时，我们还得批判近在眼前的不公。我们的国家正处在走向民族伟大复兴的关头，我们法大人应该走到公共生活的前台，去推动国家的进步、社会的发展和人类的文明！

也许同学们还记得，法大郑永流教授那篇掷地有声的讲演"凡我在处，便是法大"。我们法大人的性格深嵌着法治的烙印。法大的历史表明，法大的兴衰与共和国的法治荣辱与共。今天，我们的国家正站在新的起点上，我们要依法治国，建设社会主义法治国家，任重而道远。在这种大背景下，同学们，你们应该深入到公共生活中去，倡导一种自由的精神，建构一种理性的话语，启迪一种务实的智慧，养成一种博爱的情怀，将你血脉中的法治精神实践在日常生活里，为公共空间的拓展出力，为法治国家的建构拓荒！

国事就是校事。这是我们法大人的位置。我们始终关注着国家的发展进步，2009 年，是中华人民共和国成立 60 周年，也是中国政法大学"文革"后恢复招生 30 周年。国家 60 年成就的伟大与辉煌是人所共知的，而这 60 年历程显现的沧桑和艰辛也是有目共睹的。这个奇特的现象表明，对于国家的制度转型、法律实施，我们仍需努力。法大恢复招生 30 年来，取得了巨大的成绩，实现了跨越式发展，但也错过了不少宝贵的机会，许多经验和教训，仍需我们总结。回顾这两段历程，总是既让人欢欣鼓舞，又让人扼腕叹息！如今，社会生活摆脱了层层枷锁，显示出其自在的天性，因此，在这里我们要倡导社会生活向常识回归。而同学们，你们，应该是常识的坚守者！国家的转型和中华民族的伟大复兴需要你们！母校的发展和壮大也需要你们！

三年了，你们就要和这熟悉的校园说再见了，刚刚交付使用的学生公寓一号楼还是错过了你们。你们见证了这个校园的变化，你们记录了一段美好的校园生活，你们的故事定格在了 2009 年的夏季，而你们的新生活却从此刻出发！

也许今天的毕业典礼是一个你们步入社会的仪式。在这里，我想跟大家提醒一下，我们共同分享的校训是"厚德、明法、格物、致公"。而我们法大在五十多年办学历程中展现出来的精神，就是法大人"经国纬政，法治天下"的气度，"经世济民，福泽万邦"的情怀，"公平至上，正义优先"的价值观，"天下兴亡，匹夫有责"的使命感和责任感，"自强不息，追求卓越"的学术品格，"和衷共济、和而不同"的团队精神，"艰苦奋斗，艰苦创业"的意志。传承和发扬法大的精神和文化，既是我们的责任，也是你们的责任。

同学们，你们踏入社会后，将会有很多的角色，你们是父母的孩子，你们是单位的骨干，你们是家庭的脊梁，你们还要成为孩子的父母。可是这一切都阻碍不了你们和母校的联系，因为你们、我们，还有许许多多在法大学习和工作过的学友、学长，都有一个共同的名字，那就是"法大人"。从明天起，你们就成了法大的校友。但是，你们人生坐标上的一极已经确定，那就是你的母校——中国政法大学。你，已不单是你自己。你们吸收着母校的养料、沐浴着母校的阳光、分享着母校的荣誉，你们早已同法大血脉相连，你们永永远远是法大人。同时，你们还要记住，你们肩负着母校的叮咛、嘱托和期望，母校时刻注视着你们，母校随时欢迎你们归来！

再见了，亲爱的同学们！再一次深挚地祝福你们！

谢谢大家！

# 军都山下　依依法大*

尊敬的各位嘉宾、各位老师、各位家长,

亲爱的同学们:

大家上午好!

今天,是公元 2010 年 6 月 23 日,对于 2112 名 2010 届法大本科毕业生来说,注定是一个刻骨铭心的日子,是一个无法忘怀的日子,也是一个具有特殊意义的日子:

**今天是欢聚的日子,也是别离的日子。**

说到欢聚,是因为在军都山下的 1400 多个日日夜夜里,你们挥洒过奋斗的汗水,流下过晶莹的热泪;你们品尝过挫折的滋味,享受过成功的甘美;你们采撷过法律的硕果,吸纳过人文的精髓。无论如何,你们最终坚持下来了!赢得了此时的收获与辉煌,给母校、给师长、给父母、给亲人,更给你们自己,交上了一份满意的答卷。因此,我们今天欢聚一堂,共享这一激动人心的时刻。

说要别离,是因为从今以后,作为曾经的法大学子,同学们的人生将揭开新的一页。你们即将飞向远方,但军都山麓留下了你们灵敏矫健的步伐,辩论赛上留下了你们激扬文字的豪情,足球场上留下了你们青春活泼的身影,大教室里留下了你们求知若渴的目光,练歌房里留下了你们婉转

---

* 于中国政法大学 2010 届本科生毕业典礼的致辞。

动听的歌声，图书馆前也留下了你们为占座而排起的长队，而在我们老师心中留下的是母校对你们深深的思念和无尽的牵挂。别离的时刻已经到来！

**今天是回味的日子，也是畅想的日子。**

四年的足迹，成长的记忆，点点滴滴，有欢歌笑语，也有忧伤哭泣；在这里，你们度过了青春最绚丽的花样年华；在这里，你们接受了读书人不可或缺的知识洗礼；在这里，你们经历了人生最难忘的品格砥砺。我知道，一段时间以来，大家的思绪沉浸在对四年大学时光的回味之中。我注意到，最近在校园 BBS 上，一个帖子正在迅速走红，那就是《2006 级的你，还记得吗？》：记得 8 号报到那天风很大很冷吗？记得那些郁郁葱葱的泡桐吗？记得图书馆其实没有名字吗？记得没有桌椅、没有秋千、没有法镜法鼎的校园吗？记得我们是第一届学中通、西通的吗？……亲爱的同学们，当你们在回味时，是否意识到你们的进步成长始终与母校的建设发展紧紧相随？2006 年，你们刚到学校，学校开始实施通识教育，同学们成为首届"中通""西通"课程的学人。2007 年，学校顺利通过教育部本科教学水平评估，校园环境也旧貌换新颜。2008 年，温家宝总理到法大与我们共话法治，我们共同见证了中欧法学院落户昌平；百年奥运，梦圆北京，同学们亲身参与，志愿服务，为校争光、为国出力；汶川国殇，山河哭泣，一方有难，八方支援，我们与灾区人民心连心，共克时艰，大爱无疆。2009 年，我们迎来了中华人民共和国 60 华诞，作为依法治国方阵的主体，同学们不畏酷暑，战天斗地，一展法大人的飒爽英姿，为盛典增光添彩。我想，在这里，我无需再作更多描述，因为用同学们的法大生活书写的这些华章，已奏响了法大的最强音，成为我们大家永恒的记忆。

回味总让人留恋，畅想却催人奋进。同学们，从今天起，你们将带着母校的期许，揣着美好的憧憬，奔向未来，奔向远方。也许你们会继续求学，探究学术，驰骋学海；也许你们会走向新的岗位，指点江山，施展抱负；也许你们会从细小处做起，累积实力，铸就大业；也许你们会淡泊宁静，随遇而安，安居乐业；也许你们正经历挫折，披荆斩棘，但风雨后会见彩虹。无论作何畅想，我想，太阳每天都是新的，生命之树常青，新就意味着希望，蕴含着力量，而你们已经站在了新的起点上。

**今天是感谢的日子，也是祝福的日子。**

说起感谢，此时此刻，面对你们的成绩和收获，作为校长，我首先要向多年来默默耕耘、诲人不倦、教书育人的教师、辅导员、班主任表示衷心的感谢，向厚德博爱、爱岗敬业、无私奉献的管理人员和工勤人员表示衷心的感谢。当然，我还要感谢我们的同学们，感谢你们的理解、宽容与大度，你们没有过多地埋怨我们狭小的校园、拥挤的食堂和宿舍，还有需要占座的教室和图书馆，而是用一份份优异的成绩诠释着法大人自强不息、追求卓越的学术品格，你们用实际行动推动着法大的发展与进步。

与此同时，作为法大学子，同学们也当心怀感恩之情：你们当感谢父母，他们给你们以生命，抚育你们成长；你们当感谢老师，他们给你们以知识，授你们以技能；你们当感谢同学，你们四年朝夕相处，同舟共济；你们还当感谢管理职员、工人师傅，他们始终默默付出，润物无声。

离别的钟声已经响起，在这里，请允许我代表母校祝福你们：同学们，天空是辽阔的，请满载理想，展翅高翔，母校等待你们平安而快乐的讯息！请允许我代表老师祝福你们：同学们，"吾生也有涯，而知也无涯"，老师期待你们立德、立功、立言的讯息！请允许我代表校友祝福你们：在国家走向富强、民主、法治、文明、美丽的道路上，有你、有我，让我们一起努力，风雨兼程！

同学们，

从今天起，你们中的很多人将从法大的学子变为法大的校友。但无论何时何地，我们都有一个共同的名字，那就是法大人。在法大，郑永流教授有一句耳熟能详的话，叫做"凡我在处，便是法大"。是的，无论明天你们身处何地，在何岗位，哪怕是在天涯海角，你们都将是法大的名片，代表法大的精神，体现法大的气度，展示法大的风采。所以，临别之际，请允许我以师长和朋友的名义再唠叨几句，与大家共勉：

**首先，我们要做胸怀祖国、仰望星空的法大人。**

《礼记 礼运》中写道："大道之行也，天下为公。"温家宝总理曾深情赋诗："我仰望星空，它是那样庄严而圣洁，那凛然的正义，让我充满热爱、感到敬畏。"五千年来，中华民族从来都不乏忧国忧民、精忠报国的人。我们民族的爱国传统，使得我们这个东方古国生生不息、巍然屹立，并焕发出新时代的生机。法大人作为社会主义现代化的建设者，作为法治中国的推动者，理应继承先贤遗志，胸怀祖国，情系人民，仰望星空，志向高远；树立"不以一己之利为利、而使天下受其利；不以一己之害为害、而使天下释其害"的远大理想；恪守"厚德、明法、格物、致公"的校训精神，以推动"政治进步、法治昌明、经济发展、社会和谐、文化繁荣、生态文明"为己任，去实践报国、为民的学人理想。

**其次，我们要做诚实守信、脚踏实地的法大人。**

子曰："人而无信，不知其可也。"在社会浮躁之风日甚的今天，人们要完成自己的历史责任，最根本的立足点就是诚实守信、脚踏实地，这是为人处事最基本的准则。在你们当中，有的同学将继续深造，我希望你们能够重视学风修养，恪守学术规范，自觉抵制学术不端行为。有的同学将走向工作岗位，我请你们相信，诚实守信、脚踏实地、注重积累无疑是立业之本、成功之道。人不信于一时，则不信于一世。"不积跬步，无以至千里"，"不积小流，无以成江海"。身为法大人，我们更应做出表率，严守道德底线，诚信为人，从自己做起，从现在做起，从点滴做起，从小事做起。

**再次，我们要做信仰法治、坚守正义的法大人。**

四年前，你们为了获得智慧和知识而走进法大；四年后，你们怀揣责任和肩负使命而离开法大。作为一名法大人，首先应当树立法治信仰，坚守法律信念，以维护公平正义为终身不变的职责和追求。法大人还应当奉公守法，慎用职权。明朝一代名相张居正曾说："天下之事，不难于立法，而难于法之必行；不难于听言，而难于言之必效。"你们中的多数人将来可能会从事与法律相关的工作，请奉公守法，依法行事；即使将来你们中的一部分人从事与法律无关的职业，也请奉公守法，率先垂范。当然，信仰法治还要不断学习，顺应时代发展对法律人提出的新要求。"知屋漏者在宇下，知政失者在草野，知经误者在诸子。"在未来的工作岗位上，你们要不断地向历史学习，向实践学习，向老百姓学习，以提高自己的本领。

**最后，我们要做独立思考、自强不息的法大人。**

笛卡尔说过："我思故我在。"只有勤于思考、独立思考、善于思考的人，才能在生活中获得智慧和启迪。而法大人尤其需要树立这种精神品质，因为我们更需要批判精神，我们更需要理性思维。在法大，江平先生有一句名言："只向真理低头。"同学们，请你们记住和践行江先生的这句话。当你们面对诱惑、需要抉择时，请三思而后行。古人云："天行健，君子以自强不息；地势坤，君子以厚德载物。"自强不息、厚德载物既是我们中华民族的伟大精神，也是法大人精神的写照。因为自强不息，中华民族得以上下五千年而绵延不绝；因为自强不息，法大虽经荣辱兴衰仍不断向前。身为法大人，我们的血液中已经融入了独立、自强的特质，无论走向哪里，请牢记慎思笃行，生命不息，奋斗不止。

老师们、同学们，人类已进入全球化的时代，中华民族正在致力于和平发展，实现中华民族的伟大复兴。身处这样一个伟大的时代，我们每一个法大人既感到振奋，又压力倍增。当前，我校正站在新的历史起点上。作为我国人文社会科学高级专门人才，特别是法治高级专门人才培养的重要基地，中国政法大学肩负着推动国家政治进步、法治昌明、经济发展、社会和谐、文化繁荣、生态文明的神圣使命。"经国纬政，法治天下"是法大人特有的气度，"经世济民，福泽万邦"是我们法大人宽广的胸怀。让我们所有法大人携起手来，为把法大建设成为一所开放式、国际化、多科性、创新型的世界知名法科强校而努力奋斗！

再见了，同学们。两年以后我们将迎来母校 60 华诞，我们真诚地期待：那个时候，能见到你们的身影！

谢谢大家！

# 坚守法大的精神 *

尊敬的各位老师，亲爱的同学们：

大家上午好！

今天，我们在这里为法大 2010 届研究生举行一个简朴而又隆重的毕业典礼，意在表达学校和老师们对毕业同学的惜别之情，也让同学们有机会表达对学校和老师们的感激和依依不舍之情，同时，为同学们的学业画上一个圆满的句号。首先，我代表学校对同学们顺利完成学业、取得硕士或博士学位表示最衷心的祝贺！对辛勤培育学生的全体教职员工，特别是研究生导师们表示最诚挚的感谢！

今天可能是法大历史上并不多见的在露天举行的研究生毕业典礼。我记得，去年 9 月，我们同样在这个地方举行了露天的开学典礼，那也是令人难忘的一次活动。

虽然法大的校园和规模历来不大，但过去有一个小礼堂，我们可以在那里举行开学典礼和毕业典礼。可惜，去年因校园改造的需要小礼堂拆了。我提这一点是想说，同学们在法大求学的这三年正值法大发展的特殊时期，我们正在改造、改善、改变这个校园，希望在不远的将来这个校园能变成一个"小而美、小而精、小而优"的现代化校园。但建设的过程给大家的学习和生活带来了一定的困扰和困难，大家的学习和生活常常伴随

---

* 于中国政法大学 2010 届研究生毕业典礼的致辞。

着飞扬的尘土和机器的轰鸣声。尽管如此，我们欣慰地看到，大家在这样艰苦的环境下仍顺利完成了学业，向学校、师长、父母、亲人，也向你们自己交上了一份满意的答卷，我为你们感到骄傲和自豪！

其实，在法大历史上，你们并不是碰到学习条件最差的一届，你们至少还住上了标准化的新宿舍。大家知道，"文革"期间，法大停办，北京市一些文艺单位入住校园。当我校 1978 年复办、1979 年恢复招生时，他们仍占据着校园的大部分地方。入校的第一届（79 级）学生所遇到的困难，我们现在难以想象，他们要在教室里睡大通铺，要拿着小马扎去上课，要与艺人的歌声、乐器声还有类似噪音的吊嗓子的声音相伴读书。还有就是 1987 年，我校昌平校区初步建成，"昌平第一期"（也就是 87 级本科生）进入昌平校区学习，那时的条件也异常艰苦，我听 87 级校友讲，冬天，同学们要到很远的地方去沐浴，浴后回到宿舍，头发长的同学的头发都冻成了"发棍"。

这两届的同学都是在很艰苦的条件下完成学业的，当时艰苦的磨炼成为他们人生的宝贵财富，许多人毕业走向社会后成为法治的骨干和社会的中坚。87 级校友为纪念那段艰苦的岁月，他们在昌平校区捐建了一座拓荒牛，成为今日昌平校区一景，提醒我们不忘法大艰苦奋斗的精神。

这些历史的回顾让我想起了一句话，就是"艰难困苦，玉汝于成"。同学们本应在更好的条件下读书，但学校没有能提供，对你们有点不公，让你们受了委屈。但我想，你们经过这番艰难困苦的磨炼，一定会有利于你们今后的成长，你们今后必成大器。

同时我要说的是，同学们在法大这三年，又是幸运的，你们参与了法大的建设，见证了法大在教学、科研和社会服务方面的跨越式发展。比如，2007 年，中央政法委启动新一轮司法体制改革，法大承担了其中涉及法学教育改革的试点工作，体改班研究生就是受益者；这年秋天，法大还以优秀成绩通过了教育部本科教学水平评估。2008 年，温家宝总理到访法大，与大家共度五四青年节，共话国家法治，共绘法大未来蓝图；这一年，我国中外法学教育合作的标志性成果——中欧法学院落户法大；法学一级学科被评为国家级重点学科，在全国学科评估中也名列前茅。2009年，时逢中华人民共和国六十华诞，法大师生作为依法治国方阵的主体参加了国庆游行，可以说，既为国家出了力，又为学校增了光；这一年，法大研究生招生数首次超过本科生，在国内设立首家比较法研究院，同时我们大力推进国际化发展战略，成为国家建设高水平大学公派出国留学研究生项目的实施院校，还有新一号楼学生公寓投入使用等。上面提到的这些都是法大的进步和发展，当然有你们的一份贡献和功劳，你们也当会为法大的进步和发展感到自豪。但这些都是外在的、物化的、表面的东西，你们毕业离开法大，却带不走它们，它们只会成为你们永久的记忆。

但我在想，当你们别离法大时，你们能从法大带走什么？我想你们真正能带走的是法大的精神、法大的气质。什么是法大的精神？什么是法大的气质？我个人认为，那就是"以人为本，尊重人权"的人文精神，那就是"实事求是，求真务实"的科学精神，那就是"艰苦奋斗，坚忍不拔"的奋斗精神，那就是"和睦相处、和衷共济、和而不同、和谐发展"的团队精神，还有"经国纬政、法泽天下"的气度，"经世济民，福泽万邦"的情怀，"自强不息，追求卓越"的学术品格，"公平至上，正义优先"的价值观，"只向真理低头"的骨气，等等。这些精神可以说浓缩在我校"厚德、明法、格物、致公"的校训之中。大家不难看出，法大的精神有大气、大度和大爱的特质。所以，从今往后，无论你们走到哪里，无论你们居何高位，无论有多少财富，你们都要牢牢记住法大的精神，坚守法大的精神。

同学们，在你们即将告别法大的时候，作为你们的校长，我送给你们两句离别赠言。第一句是"仰望星空，脚踏实地"。今年，我儿子参加高考，他告诉我北京市高考作文题就是"仰望星空与脚踏实地"。我对这句话印象特别深刻。"仰望星空",说得简单点就是要有理想,志存高远;"脚踏实地",说得简单点就是做事实诚,一步一步向前走,一步一个脚印,每一步都落在实处。

据说,"仰望星空与脚踏实地"这一说法来自一个典故,出自古希腊哲学家泰勒斯的故事和德国哲学家黑格尔的诠释。泰勒斯是古希腊的一位哲学家,号称"科学之祖",他四处游学,居无定所。有一年,他用气象学知识预测当年橄榄会丰收,于是租下全城的榨油机器做了一次投机生意,赚了一大笔钱,用以证明哲学家的智慧用来致富是轻而易举的事。但他认为,哲学家有更重要的事情要做。相传,他一天晚上走路,头望星空,看出第二天有雨。但他忘了看路,一不小心,一脚踏空,掉进了泥坑。第二天果然下了雨。有人讥笑哲学家知道天上的事,却看不见脚下的路。两千多年后,德国哲学家黑格尔诠释了这个故事,他说:"一个民族要有一些关注天空的人,他们才有希望;一个民族只是关心脚下的事,那是没有未来的。"黑格尔的诠释无疑是正确的,但他只讲了问题的一面。

我以为这个故事告诉我们:一个人要有理想,要有追求,要有点理想主义,甚至要有点完美主义。既要有大理想,也要有小理想,既要关注民族、社会、国家、世界、人类的命运,也要关注个人的长远发展和奋斗目标,追求健康、幸福、快乐的生活。千万不要因为碰到一点点困难、一点点挫折、一点点不顺心,就垂头丧气、丧失信心、自暴自弃,甚至放弃自己的生命。常言道:人生不如意事十之八九。不如意,正常!事事如意,反而不正常。但我们绝不因此放弃自己的理想和追求。但另一方面,我们又必须脚踏实地,老老实实地做人,认认真真地做事,不虚浮、不浮躁、不空谈、不好高骛远,一步一个脚印,把眼下、脚下的事情做到最好。

既仰望星空,又脚踏实地,这只是普通的常理,人人都知道。但常理就是至理,要做到、做好、做实并不容易。但我相信,大家在今后的生活和工作中践行了,努力去做了,你们离成功就不远了。

　　我送给你们的第二句离别赠言，就是"凡我在处，便是法大"。据说，这句话是我校郑永流教授的名言，我不妨在这里借用一下，转赠给大家。一个大学是由三种人组成的，即教职员工、学生和校友，三者共同构成一个大学共同体。我们看一个大学办得怎么样，办得好不好，不仅要看教师的学术水平，要看生源的质量，要看职员的管理和服务水平，更要看其校友在社会上的表现，看他们对国家的经济社会发展乃至对人类社会的文明所做出的贡献。同学们毕业后虽然离开了法大，但你们依然是我们法大的校友，我们有一个共同的名字，那就是"法大人"。不论你们明天身在何处，哪怕是在天涯海角，你们都将是法大的名片，代表法大的精神，体现法大的气度，展示法大的风采。法大的命运与所有法大人息息相关。所以说，凡我在处，便是法大。我真诚希望大家常回母校看一看，常到晓月河边转一转，继续关心、支持、爱护法大。法大不仅仅是你们度过三年青春年华的母校，更是大家身后的坚强后盾，更是大家永远的精神家园！

　　再见了，同学们！

　　再次祝福大家！祝大家幸福！祝大家平安而快乐！祝大家成功！祝大家一路走好！

　　谢谢！

# 要成为卓尔不群的法大人<sup>*</sup>

各位来宾、各位老师，亲爱的同学们：

大家上午好！

值此 2011 届本科毕业生的重要人生时刻，我们在这里隆重集会，举行毕业典礼，共同分享其中的喜悦、兴奋、激动、自豪和成功。在此，我谨代表学校，热烈祝贺 2011 届本科毕业生经过四年努力，跨越人生的重要阶段，顺利毕业！同时，我也要借此机会感谢大家，如果没有你们坚持不懈的努力，以各种方式促进学校的发展，也就没有学校今天的进步和成就。你们顺利毕业，既是学校之幸，更是学校之福！

同学们，四年前，你们进入法大，成为法大学子，给法大注入了新的活力。四年来，你们通过努力学习，成为优秀的法大毕业生，为法大增添了绚丽的光彩。四年后，你们将离开法大，成为法大校友，让法大依依难舍、无尽牵挂。四年的法大生活无疑是你们人生的重要阶段。这四年法大生活的耳濡目染，让你们和我们有了一个共同的名字，那就是"法大人"。从今往后，无论你们走到哪里，哪怕是天涯海角，哪怕是外层空间，法大人是你们永久的身份。

什么人才是"法大人"？大家可以简单地理解为在法大学习和工作过的人。但这还不全面。真正的"法大人"还应该是具有法大精神的人，有

---

＊　于中国政法大学 2011 届本科生毕业典礼的致辞。

法大气质的人。

法大 1952 年建校以来，至今已近一甲子。这么多年来，法大历经坎坷，但始终向前，在全体法大人的共同努力中，逐渐积淀了大家认同的法大精神：那就是"以人为本，尊重人权"的人文精神，那就是"实事求是，求真务实"的科学精神，那就是"自强不息，追求卓越"的学术精神，那就是"艰苦奋斗，坚忍不拔"的奋斗精神，那就是"和睦相处、和衷共济、和而不同、和谐发展"的团队精神，还有"经国纬政、法泽天下"的气度，"经世济民，福泽万邦"的情怀，"公平至上，正义优先"的价值观，"可夺法大名，不泯法大志""只向真理低头"的骨气，"凡我在处，便是法大"的身份文化认同，等等。这些精神可以说已浓缩在我校"厚德、明法、格物、致公"的校训之中。大家不难看出，法大的精神有大气、大度和大爱的特质。正是在这些精神的激励、支撑和传承中，我们法大走出了一条特色发展、内涵发展、创新发展、和谐发展、国际化发展、跨越式发展之路，融入国家高等教育主流，荣登国家法学教育之巅，成为近十年来中国进步最快的大学之一。

同学们，尽管你们在四年前入学时，可能对法大没有什么深刻的认识，但今天不同了，你们已经拥有了法大的背景，烙上了法大的印记，浸淫了法大的特质，今后还要承载起法大的荣耀。毕业典礼的结束，意味着你们要做出这样的选择，是仅仅背负"中国政法大学毕业生"的称号，还是融入传承和弘扬法大精神的"法大人"行列？我相信大家都会选择后者。法大精神是一面旗帜，现在这面旗帜到了你们手里。我希望大家能像一批又一批、一代又一代法大校友那样，扛起这面旗帜，恪守"家风"，无论你们走到哪里，无论你们身居何处，无论你们富贵还是贫穷，你们都要牢牢记住法大的精神，坚守法大的精神，做真正的法大人，成为卓尔不群的法大人。

要成为卓尔不群的法大人，需要终生学习，不断汲取知识，增长才干，智惠天下。大家知道，小学和中学阶段主要是学习启蒙知识，大学阶段主要是学习专业知识，而进入社会之后则主要是学习灵魂知识、接受灵魂的教育，这就需要你们在社会历练中"吾日三省吾身，为人谋而不忠乎？与朋友交而不信乎？传不习乎？"不断进行反思、积淀与扬弃。

要成为卓尔不群的法大人，需要常怀感恩之心、恻隐之心，仁爱天下。现在社会上，存在太多太多的"各人自扫门前雪，休管他人瓦上霜"的现象。这是因为他们不懂得，照亮社会的光明，不仅发自太阳，更来自我们的内心。希望大家今后不但要立足本职，脚踏实地，"独善其身"，还要以己所学，尽己所能，"兼济天下"。今天出席我们毕业典礼的著名公益律师、我校校友佟丽华，就是这方面的杰出代表。

要成为卓尔不群的法大人，需要珍视你们的天赋、品德，诚走天下。在同学们的四年法大生活中，由于我比你们晚上法大，你们是07级，我是"09级"，只与同学们相处了两年多，但我依然能从你们身上发现诚实、聪明、自强、勤奋、坚韧和开朗等优秀品质，这使我对你们充满信心。我细想过我所认可的伟大人物，没有一个人的身上不凸显这些光辉品质。正是这些品质，使他们成就了事业，赢得了尊敬，散发出迷人的魅力。同学们，我深信你们现在具有的这些优秀品质会帮助你们实现梦想，希望大家能将它们视为成功信条，坚守之，笃信之，践行之。

要成为卓尔不群的法大人，需要具有超群气度，勇闯天下。法大人的气度就是"天生我才必有用"的自信豁达，就是"任风雨来袭，我自岿然不动"的淡定从容，就是"只要给我一个支点，我就能撬起整个地球"的远大抱负，就是"三军可夺帅，匹夫不可夺志"的凛然意气，就是"违千夫之诺诺，作一士之谔谔"的浩然正气，就是"我不下地狱，谁下地狱"的无畏勇气。江平先生有句名言："只向真理低头。"大家耳熟能详。说得真好，法大人都应该有这种气度。

我国著名学者梁启超先生在戊戌变法失败后的1900年，写了一篇名为

"少年中国说"的散文，其中有两句话令人印象深刻："纵有千古，横有八荒；前途似海，来日方长；美哉，我少年中国，与天不老！壮哉，我中国少年，与国无疆！"他歌颂了少年的朝气蓬勃，寄托了对"少年中国"的热爱和期望。我把这两句话转送给大家，以此寄望大家成为卓尔不群的法大人。

卓尔不群的法大人，就应该超逸脱俗，气度不凡，学识出众。

卓尔不群的法大人，就应该相互激励、相互扶持，去帮助每个法大人追求更高境界的成功！

卓尔不群的法大人，就应该为国家鞠躬尽瘁，对人民死而后已，坚定捍卫法治精神，把知识和才华融汇于中华民族的伟大复兴征程！

卓尔不群的法大人，就应该把命运掌握在自己手里，勇攀高峰，努力在平常的生活中、在崎岖的道路上，成就充实而幸福的人生！

同学们，我想问你们：你们有这种信心吗？

同学们，今天，是你们人生的"独立日"，你们将从依赖走向独立，从校园走向社会。走出校门，你们就完成了人生的转换，什么都得靠你们自己了，要独自感受通胀、楼价带来的生活压力，人情世故导致的情绪变化，激烈竞争带来的事业困惑。但我想你们并不孤独，因为在你们的身后，有父母家人，有亲朋好友，还有法大及所有法大人。同学们，当你们奋力打拼的时候，请一定好好维系、呵护这些亲情和友谊，它们必将是你们无尽的宝藏。

同学们，今天，同时是母校的惜别日，母校对你们将从直接的关爱、教育与保护，转为遥望、思念与支持。四年的相濡以沫，我们共同渡过了"为一体，如胶结；同艰难，共欢悦"的宝贵岁月。今天过后，正如当年你们上法大时你们的父母送别一样，我们也将看着大家渐行渐远的背影。我想告诉大家的是：我和母校师生会想念你们，你们今后的一举一动，都会成为我与母校师生的挂念。我和母校师生会守望你们，见证你们，并及时为你们的幸福与成功喝彩。我和母校师生还会支持你们，无论你们遇到什么艰难困苦，法大及全体法大人始终是你们的坚强后盾。我和母校的全体师生都有一个强烈的愿望，就是和你们一起努力，用我们大家的双手，把幸福和荣誉的桂冠戴在你们的头上。请你们记住，你们今后不是一个人在奋斗。

可爱的、亲爱的 2011 届本科毕业生们，愿你们拥有最好的鸿运，活得充实，活得幸福，活得精彩！我相信这个天与地终将属于你们！让我们真情永在！

谢谢大家！

# 心存正义，脚踏实地*

尊敬的各位老师，亲爱的同学们，远道而来的毕业生家长和校友们：

今天，我们在这里欢聚一堂、露天集会，以简朴而隆重的方式举行中国政法大学2011届研究生毕业典礼。首先，请允许我代表学校，向圆满完成学业、即将走上人生新征程的各位研究生同学，表示最热烈的祝贺！向悉心指导研究生成长成才的全体导师，以及为研究生培养工作做出积极贡献的广大教职员工，致以诚挚的敬意！向前来参加毕业典礼的毕业生家长和校友们表示热烈的欢迎和衷心的感谢！

亲爱的同学们，穿上学位服的这一时刻，正是你们求学的历程将化成一段记忆的时刻，也是你们的身影被法大记忆的时刻。在这一刻，我们做了一个艰难的决定，不得不向你们话别了！

你们在法大生活了三年，三年的学习生涯对于你们，是一个打磨与跃升的过程：打磨自己的头脑、精神、气质、为人为学的方式，从一个还有点儿懵懵懂懂的青年跃变成为"只向真理低头"的人！在这三年之中，你们聆听过老师们的深刻声音，它们一次次敲醒你们的灵魂；你们体悟过学者们的人文坚持，它们一次次陶冶你们的心灵；你们感受过学长们的睿智博学，它们一次次破除你们的迷信。所有这些心智成长的历练经历都将化成点滴记忆，留存于你们内心深处，成为往昔生活的一首回荡的旋律！

---

* 于中国政法大学2011届研究生毕业典礼的致辞。

当然，三年之中，除了收获，也有遗憾。在这里，我要感谢你们对学校的理解和支持，我要感谢你们的胃，承受着食堂里变化不大的菜和饭碗里偶尔冒出的各种"珍奇异物"；我要感谢你们的眼睛，面对占座的人，你们已经从"视若粪土"到"视若浮云"再到"视若无人"；我要感谢你们的心脏，在面对论文打假日益严峻的形势下，你们仍有一颗坚强的心脏；最后，我要感谢你们的鼻子，你们在校期间，正是学校大规模建设时期，你们吸入了比平常更多的尘土，却把享受窗明几净的幸福留给了你们的师弟师妹！学校目前的条件的确亏欠了大家，让你们受委屈了！我要在这里表达校长的歉意。

同学们，在汉语中，"毕业"意味着学业圆满结束，而在英文中，"毕业典礼"（commencement）一词还含有"开始""开端"的意思。因此，我们可以说，毕业不仅仅是终点，更是起点。从今往后，同学们将扬起理想与希望的风帆，再次起航，开启新的人生航程！临别之际，作为你们的校长、老师和朋友，我有几句嘱托，与你们共勉。

我首先想说的是，你们应该明白：比知道自己拥有什么、获得什么更重要的，是知道自己欠缺什么。自己身上欠缺点儿东西并不可怕，因为道不远人、仁不远人、智不远人、勇不远人。欠缺什么就弥补什么、充实什么、完善什么，这是法大人的重要本领。我们要像冯友兰先生所说的那样："先成为人，成为真正意义上完善的人，再成为某种人，某种职业的人！"

对在场的大多数人同学而言，从事法律工作将成为你们安身立命的职业。法治就是我们每天洒扫应对的生活，就是人类生存的一种方式。但你们要知晓，法治背后陈列出了怎样的一种生活方式：我们何以如此、何需如此、何必如此！你们要知晓，中国的法律在编排中国人的生活逻辑时，是否合理，是否妥当，是否问天无憾、问地无悔！

你们要心存正义，把正义珍藏于心灵最深之处，安排在心中爱人位置的旁边，小心呵护，经常打扫，决不能让心中的正义沾染半点灰尘。你们可以不张扬它，可以不表现它，但不可以不珍视它！因为它是法大人的福祉、福音！法大人对什么都可以不信，但法大人一定要信奉公平正义。"这是必须的。"正是对公平正义的信奉，才使我们的存在变得有价值。今后，或许你不从事法律职业，或许你做了一辈子法律工作也没有触摸到法治的经络与穴位，但这些都不重要。只要你无愧于心中的正义，只要你在林林总总的法律规则面前站得直、立得住，你就是一个为中国法治做出自己贡献的人，你就是一个值得向你的子孙后代炫耀的人，你就是一个地地道道的法大人！

同时，你们还要脚踏实地，无过无不及，为人处事要适时、适宜、适度，不要故弄玄虚，不要浮夸潦草，不要永远是 Angry Young Men。实现心中正义的理想固然可贵，但举措与步骤可要三思而后行。既要大胆憧憬，又要小心踱步，这才是一个兼具感性与理性的人的应然作为。也唯有如此，我们法大人共同追求的"法治天下"的梦想才能变为现实！

三年时光，法大的精神气质已经注入到了你们的血液之中。作为法大人，你们应该知道，推动国家的法治昌明、政治民主、经济发展、社会进步和文化繁荣始终是我们法大的办学使命。因此，与我们的国家、与我们整个民族同呼吸、共命运、同甘共苦，是母校对法大学子的起码要求。其实，这本来就是法大人基本的行为方式！帮助那些需要帮助的人，担当国家的中流砥柱，在别人看来或许是义举、是权利，但在法大人眼里，这本来就是责任和义务！这是一种勇于担当的法大精神，一种在别人都蹲下、我们却敢于站出来的精神！这种精神，高贵、美丽、勇敢！面对不公，它微笑；面对冷落，它坚强！从中国政法大学走出的学子应当有更坚实的社会责任感、使命感与正义感！当然，这一路上，一定会磕磕绊绊，行行止止。但我相信，对公平正义的虔诚和信仰会支撑你们走上去，你们已经上路，唯有义无反顾！

　　走出校门，离开了母校的呵护，你们要善待自己。记住，生命只有一次，"伤不起"啊！你们要珍惜亲情，孝顺父母，孝行天下，想想刚入学报到时，亲人陪你们打扫宿舍、铺床挂帘的背影，那是多么真挚的亲情；你们要珍惜友情，数数三年里在"贵友酒家"留下的酒瓶，那是你们未来道路上可以信赖、相互支持的、"酒精"考验的友情；你们要珍惜爱情，想想晓月河边的漫步，那不怎么干净的河水见证过你们"史上最干净的爱情"！比起钱财，这些才是世间最珍贵的财富！请永远珍爱这些财富吧，这样，当你五十年后，坐在摇椅上和心爱的人一起慢慢变老的时候，你就有了幸福的话题。否则，如果你什么亲情、友情和爱情都想不起来的话，你就容易得"老年痴呆症"，这是我给你们唯一的医学忠告！

　　最后，母校当然希望你们一路高奏凯歌、奔向锦绣前程。即使那时你们来不及想起母校，母校也会默默为你们祈福，替你们高兴！但更重要的是，请你们记住：法大是你们永远的精神家园，当你们在未来漫漫征途中遇到挫折、困境，感到彷徨与艰辛之时，你们的母校、你们的老师和所有的法大人，始终会站在你们的身后支持你们，因为你们永远是法大的牵挂，法大永远是你们的坚强后盾！

　　亲爱的同学们，再一次道一声珍重，祝一声平安，祝你们好运！祝你们幸福！祝你们活得踏实而精彩！

　　谢谢大家！

# 做孜孜以求的创新者<sup>*</sup>

各位来宾、各位老师，亲爱的同学们：

大家上午好！

此时此刻，我同在场的所有人一样，非常高兴同你们——每一位2012届本科毕业生一起，共同见证你们的毕业典礼，分享毕业典礼给我们大家带来的喜悦、激动和快乐。

一个多月前，我们在这里隆重举行了中国政法大学60华诞庆典。当时，有来自海内外的一千多名校友齐聚法大，代表二十多万法大校友为母校的甲子华诞献上了祝福。可以这样说，他们——法大的校友——是法大最宝贵的财富。建校60年来，从第一批毕业生走出校门，法大的校友们便承担起了彰显法大风采、弘扬法大精神和传承法大文化的重任。他们或闻达于庙堂、推动社会进步，或坚守于讲台、传播文明理念，或扎根于基层、守望法治理想，无论身居何处，他们都在用自己的言行为"法大精神"作精彩的诠释。而从今天起，在座的2012届本科毕业生也将走出军都山下的校园，加入他们的行列。

四载军都、暑往寒来，四载耕耘、春华秋实。同学们，首先我要衷心地祝贺大家成功完成学业！大家知道，世界上有七大高峰，而人生则有更多的高峰，你们经过四年的努力，终于跨越了大学这座高峰，从此，法大

---

<sup>*</sup> 于中国政法大学2012届本科生毕业典礼的致辞。

必将以你们为荣！同时，我也要借此机会感谢大家，如果没有你们坚持不懈的努力，以各种方式，包括吐槽和拍砖，促进学校的发展，也就没有学校今天的进步和成就。你们顺利毕业，既是学校之幸，更是学校之福！

回顾四年前，同学们刚刚踏入法大，青涩和懵懂的你们可能无法想象自己会伴随法大经历跨越式的发展，但是，如果你们盘点一下你们四年的法大岁月，你们一定会为这四年与法大共度的光阴而倍感骄傲和自豪：2008 年，在你们刚刚进入法大之时，中欧法学院在法大成立，这标志着法大成为中国法学教育对外交流的桥头堡，为法大的国际化发展奠定了坚实的基础；2009 年，以法大学子为主体的"依法治国"方阵参加了国庆 60 周年游行，为共和国 60 华诞献上了一份厚礼；2010 年，在《国家中长期教育改革和发展规划纲要》出台之际，学校召开了第七次党代会，对法大未来五年的总体目标和主要任务作了全面部署；2011 年，法大抓住机遇，获准成为"985 工程优势学科创新平台"重点建设高校，这让法大迈上了中国高等教育的新台阶；今年，同学们又与法大共同迎来了建校 60 周年的喜庆日子，吴邦国委员长、温家宝总理代表中央充分肯定了法大 60 年取得的辉煌成就，给法大送来了真诚的祝福，对法大寄予了殷切的期望，那一刻，我们都为身为法大人而自豪。

同学们，四年来，你们用青春为法大注入了新的活力，伴随法大一路前行，同时也通过努力学习，成为优秀的法大毕业生，为法大增添了绚丽的光彩。你们在学校曾经获得过的成功、褒奖和真情，将成为你们人生旅途无尽的力量和无穷的财富。你们在学校曾经遇到过的不快、艾怨和失望，此刻也应该以你们风轻云淡、春风和煦的心情去消解、去淡忘。由于学校硬件的限制和管理服务不到位而给你们曾经带来的诸多不便和不尽人意之处，作为校长，我要在此向你们表示深深的歉意。

但是，你们仍然要庆幸自己可以在法大求学四年，或许，法大没有占地几千亩的校园，也没有巍峨的大楼，甚至无法为大家提供相当满意的学习生活条件，然而在这里，你们可以聆听大师的谆谆教诲，感悟他们高山仰止的人格魅力；在这里，你们可以与一大批杰出的中青年教师共同求学问道，接受最前沿知识的滋润和智慧的启迪；更为重要的是，在这里，你们获得了"厚德、明法、格物、致公"的高贵品格。没有足够大楼的法大给了你们大师和大爱的熏陶，你们身上已深深烙上"法大精神"和"法大标识"的印迹。

什么是法大精神？这是全体法大人在60年办学历程中，不断经历坎坷却矢志不渝、积淀而成的精神，那就是"法治天下，公平正义"的法治精神，"以人为本，尊重人权"的人文精神，"实事求是，求真务实"的科学精神，"自强不息，追求卓越"的学术精神，"艰苦奋斗，坚忍不拔"的奋斗精神，"和睦相处、和衷共济、和而不同、和谐发展"的团队精神。法大的精神有大气、大度和大爱的特质，这些精神已经浓缩在学校"厚德、明法、格物、致公"的校训之中，镌刻在一代代法大人的心底。

在法大精神的浸润下，法大人形成了独有的特质，那便是"经国纬政、法泽天下"的气度，"经世济民，福泽万邦"的情怀，"公平至上，正义优先"的价值观，"可夺法大名，不泯法大志""只向真理低头"的骨气，"凡我在处，便是法大"的身份文化认同。这种以民主法治，以经国纬政、经世济民为理想、信仰和目标的使命特质，已经成为鲜明的"法大标识"。

法大精神，应是我们全体法大人今后为人、为事、为学所应秉持和弘扬的精神，也应成为各位毕业生走向社会、体验生活、追求事业所应秉持和弘扬的精神。唯有如此，你们才能从一名"法大毕业生"成为一名真正的"法大人"。

同学们，你们是在母校的甲子华诞之年学成毕业的，在你们踏出校门那一刻，你们就将承载法大更多的期待、牵挂和托付，我希望你们不仅自己要成为法大人的标杆，还要努力使法大成为世界的标杆。近代以来，我们中国人一直在致力于实现中华民族的伟大复兴，这是一项前无古人的伟大事业。"振兴中华""中华复兴"的深意所在，不单单指经济实力的强大，更需要文化软实力，更需要"中国法治"的兴盛，"中国教育"的繁荣，以及"中国创新"的崛起。其中，创新是中华民族伟大复兴的不竭动力和源泉，法大要为振兴中华、中华复兴而创新，法大人更要做孜孜以求的创新者。

要做孜孜以求的创新者，就要做一个勤于思考和善于思考的人，做一个敢于讲真话，更敢于追求真理的人。这是在社会中探求新知、在事业上奠定根基所应有的心境。在现实中，最平庸和最深刻的东西可能都会被人嘲弄。有时候，坚持真理甚至是要吃苦头的。但是，要创新，就不能过分在意别人对你如何评价，关键是自己要"明明德"，要有自知之明。自己对自身缺点和不足应了如指掌，清楚自己已经拥有什么，并清楚怎样去争取新的拥有。这才叫真正的自信，也叫真正的自尊和自爱。

要做孜孜以求的创新者，就要做一个具备协同意识的竞争者。民国初年，有一个自然科学的学术团体的章程写道："当今之世，非竞争无以求生存，非合作无以求发展。"这就是说，人走向社会，难免会碰到竞争，但竞争并不等于你死我活的争斗，而应是公平竞争。而且，在资源稀缺的年代，只有以合作共赢的理念去看待竞争，让协作的竞争者共同进步，你才能获取更多的资源，你才能取得更大的成功。所以，我们在为人处世方面，要学会平和、宽容、融通，常怀平常之心、感恩之心、恻隐之心，仁爱天下。我们还要悦纳自我、珍重家庭，宽容他者、尊重他人，实现处事的通达、心灵的和谐与内心的安详，这其实也是担当社会责任、成就事业辉煌和度过平安人生的基点。

要做孜孜以求的创新者，就要坚守正确的理想信念。泰戈尔曾说："信念是鸟，它在黎明仍然黑暗之际，感觉到了光明，唱出了歌。"你们在国家和社会发展的关键时期步入社会，我希望你们能心怀梦想、坚守理想，永远保持对国家、对社会、对人民的忠诚、信念和责任，这是新一代中国知识分子应该持有的一种生活境界。作为法大的毕业生，你们要牢记入学誓词所言，坚守对民主法治和公平正义的信仰，用自己坚定的理想信念、宽广的视野胸怀、丰富的法律知识、过硬的专业本领，努力使自己成为社会主义法治精神的大力弘扬者、社会主义法治理念的忠实践行者、社会主义法治国家的积极建设者、中国特色社会主义事业的坚定捍卫者。

要做孜孜以求的创新者，就要树立终生学习的理念。人生有涯，而读书无涯。我希望你们不要把书橱里的书当摆设，除了继续深入研读所学专业的书籍之外，也要读点自己专业之外的书。大学阶段主要是学习专业知识，而进入社会之后则主要是学习灵魂知识，接受灵魂的教育。你们要把读生活这本大书，与读纸质书、读网络书结合起来，真正读懂生活这本无字大书。

要做孜孜以求的创新者，还要具备深邃的世界眼光和深刻的中国意识，拥有海纳百川的胸怀和熔铸百家的气度。当今世界，正值大发展、大变革、大调整时期，人际的交流与思维的通达，知识的广博与文化的交融，以及国际视野、全球观念、战略意识的具备，对人的发展尤显重要。世界眼光必然与坚实的国家和民族意识相连接，要以把握时代主题与深谙中国国情为根基，深切地认识国家的历史传统、自然状况、发展水平、社会矛盾等阶段性特征。既要仰望星空，又要脚踏实地，要把阳光种进泥土；既要开拓进取，又要勇于创新，要把卓越付诸实际。在追求实现自我的同时，在处置家事国事天下事时，永远不忘一个中国知识分子的良知和责任。

青春如舞，岁月如歌。同学们，四年的相濡以沫，我们共同度过了"为一体，如胶结；同艰难，共欢悦"的宝贵岁月。如今，军都山下四载生动的故事已经结束，这些故事会永远留在你们的记忆中，成为你们往后返校重聚时絮絮不断的话题。现在，整个世界已经实实在在地展现在你们的面前，你们就好比法大的种子，即将播撒四方。我想，无论你们走向何处，哪怕是天涯海角，只要深深植根于属于你们的大地，你们就会在那里生根、开花、结果。未来属于你们，更精彩的人生故事等待你们续写，而法大甲子华章的辉煌也等待你们去谱写崭新的乐章。人生有许多道路，我希望你们永远只走一条路——直路，而不是弯路；人生可以有无数梦想，我希望你们拼尽全力，至少实现一个梦想，而且是能改变世界、帮助世人的梦想。

同学们，天空是辽阔的，你们奋飞吧！你们翱翔吧！无论是祥云瑞日还是乱云飞渡，你们都不要折损翅膀。母校等待着你们平安、幸福、快乐、成功的佳讯。我为你们祝福，我们为你们祝福，中国政法大学永远为你们祝福！再见啦，"童鞋"们！

谢谢大家！

## 何以幸福：修身立世与修业济世<sup></sup>

各位来宾、各位老师，亲爱的同学们：

大家上午好！

今天，我们以"天下"为会堂，在这里隆重举行中国政法大学2012届研究生毕业典礼。同学们，你们是我来法大担任校长后迎进来的第一届研究生，又是法大建校60周年的毕业生，我们共同度过了三年时光，我们有特别的联系和感情，看到你们完成学业、顺利毕业、获得学位，我和你们一样，感到非常非常的高兴。首先，我代表学校和学校的全体老师，对大家表示最真诚、最热烈的祝贺！

同学们，在这依依不舍、挥手告别的时刻，我想起了一首诗：

从明天起，做一个幸福的人

喂马，劈柴，周游世界

从明天起，关心粮食和蔬菜

我有一所房子，面朝大海，春暖花开

这首我们耳熟能详的现代诗歌——《面朝大海，春暖花开》，是我校已故教师、当代著名诗人海子的代表作，它在一定程度上反映了当代人对幸福的向往。今天，借此诗句，我想与大家谈一谈这个时尚而又经典的话题——那就是"幸福"，作为对全体毕业研究生和全校师生的祝福与期望，

※ 于中国政法大学2012届研究生毕业典礼的致辞。

祝福大家一生一世与幸福永远伴随，希望大家成为幸福的法大人。

英国哲学家大卫·休谟说过："人类刻苦勤勉的终点就是获得幸福，因此才有了艺术创作、科学研究、法律制定，以及社会的变革。"的确，我们无论是对国家富强与民族复兴的追求，还是对民主法治与公平正义的追求，抑或是对财富与爱情的追求，其终极意义都是为了追求人的幸福。

当下中国，幸福感缺失问题引起了社会的普遍关注。事实上，在我国，幸福，已经超越了个人精神感受层面，进入到了国家公共政策领域，一些机构甚至推出了城市幸福指数排行榜，其内容涉及城市建设、生态安全、经济转型、公共政策等，幸福公民的内容也包括物质生活水平、身体健康、家庭和谐、自我价值实现等。许多专家学者都在给幸福下定义。幸福究竟是什么呢？"坐在宝马车里哭"就比"坐在自行车上笑"幸福吗？留在国家中央机关就比扎根西部服务基层幸福吗？做颠倒红尘的富律师就比做儿童公益的穷律师幸福吗？这些都不尽然。哈佛大学排名第一的视频公开课《幸福》的讲师泰勒·本－沙哈尔认为，幸福是"快乐与意义的结合"，在快乐中去做有意义的事情就是幸福。我比较认同他的观点。那么怎样才能"在快乐中去做有意义的事情"呢？我认为，有两点很重要，这就是我今天想对大家讲的两点：修身立世与修业济世。只有坚持修身立世与修业济世，我们才能得到长久的幸福。

我要讲的第一点是：坚持修身立世，感受生活中的快乐。

曾子的《大学》开篇就讲了"格物、致知、诚意、正心、修身、齐家、治国、平天下"的道理，特别强调修身是内明外用的关键，是齐家、治国、平天下的前提。所以，注意改变人性中不利于感受快乐的缺陷，提高自身修养，是我们处理好家庭关系、做好本职工作、参与公共事务的基础，更是我们在这个世界上幸福生活的基础。

修身首先要修境界，要活得踏实。任何人都会对周围的生活环境产生"情感的共振"，会在意周围的人对自己这样或那样的评价，并可能按照这种评价来行事。这就是生活环境会对人产生影响的原因，也是人的攀比之心的来源。我们的很多苦恼都源于这种人性带来的攀比，这就要求我们对生活环境有清醒的认识和判断，对尘世有独立的人格和自由的思想，不在名利场中迷失自我，不在沧浪之水中随波逐流。请记住孔子的两句话："内省不疚，夫何忧何惧。""君子居之，何陋之有？"

修身其次要修心态，要活得从容。同学们，你们进入社会以后，我不担心你们能否成功，因为我相信，法大的学子通过自己的努力，一定会拥有一份属于自己的成功。我所担心的恰恰是你们急于成功，以至于你们每天都忙忙碌碌，没有时间感受生活的细节和美好，甚至都没有时间抬头仰望一下星空。其实，成功并不等于幸福，急于成功反而是快乐杀手，急功近利可能欲速则不达。正如电影《饭局也疯狂》里谭大师的那句戏谑之言："幸福与贫富无关，与内心相连。"

修身也要修习惯，要活得自在。思维指引行为，行为渐成习惯，习惯养成性格，性格决定命运。亚里士多德曾说："我们的习惯造就了我们，卓越不是一次行为，而是一种习惯。"这里讲的习惯，不是别人点拨你的为人要有城府，而是深浅由性，待人真诚；不是别人让你羡慕、模仿的夸夸其谈，而是言之有物，言行如一；不是热衷于参加各种中国式饭局，而是给自己固定的时间去运动、读书和保持业余爱好。这里讲的习惯，是从我们本性出发，获得我们内心认同，能够给我们带来快乐的习惯。

我要讲的第二点是：坚持修业济世，追求生活中的意义。

英国哲人亚当·斯密在《国富论》和《道德情操论》中分别阐述了人在经济上的利己性和在伦理上的利他性，并指出伦理上的这种"利他"的道德情操永远地根植于人的心灵深处，这是自我价值的产生原因，也是人生意义的原始来源。幸福人生只有快乐还不够，还需要有意义，还需要实现自我价值，还需要经国纬政、经世济民，有所贡献，这是人的本性所决定的。

　　修业首先要修社会公德，践行公序良俗。中国近代思想家梁启超在我国最早提出公德与私德之分，他讲，公德是人人相善其群，私德是人人独善其身。人生活得是否快乐主要取决于私德，人生活得是否幸福还需要公德。同学们踏入社会以后，尤其是进入公权力部门的同学，你们或掌握当事人一生的命运，或决定一个行业的发展，或影响一方群众的生活，这就需要我们加强公德修养，尽自己的努力，升华社会公共生活，完善社会公共秩序。古代晋国执政者范宣子问鲁国大夫叔孙豹："古人有言曰'死而不朽'，何谓也？"叔孙豹回答："豹闻之，太上有立德，其次有立功，其次有立言，虽久不废，此之谓不朽。"立德、立功和立言，是中国古代读书人的人生理想。在这"三不朽"之中，最高层次是立德，立德对社会的贡献要远远大于立功、立言。可以这样说，在公共事务与公共生活中树立公德，既是职业道德的要求，也是对社会的实在贡献，更是自我价值的高度实现。

　　修业其次要修社会责任，发扬"照一隅"精神。我曾在多个场合讲过"照一隅"精神。那是数年前，我访问韩国的一所大学，他们校长送我一本书，名为《照一隅》，"照一隅"的意思就是照亮一个角落，他介绍这是他读中国《史记》得到的启示，"照一隅"是他的人才培养观，他希望他们大学培养出来的学生都有"照一隅"精神。照亮一隅，其实就是人生意义所在。如果将来你是一名法官或检察官，公正审理手里的每一个案子就是意义；如果将来你是一名律师，依法维护当事人的权益就是意义；如果将来你从政，造福一方百姓就是意义；如果将来你经商，对你的客户诚信服务、对你的员工负起责任就是意义；如果将来你为学，潜心治学、教书育人就是意义。无论你是居庙堂之高的贤达，还是处江湖之远的白丁；无论你是阳光，是星光，还是月光，或者是烛光，只要你有一分热、发一分光，照亮了一隅，履行了自己的社会责任，那你就找到了人生的价值、生活的意义。

修业最后要修社会理想，为法治天下、公平正义而努力。中国现正处在一个转型发展时期，经济的可持续发展、政治的文明进步、社会的管理创新、文化的繁荣灿烂、国家的民主富强和中华民族的伟大复兴，还需要我们一代又一代中国人不懈努力。我们研究生身为读书人、知识分子、社会精英，要有读书人以天下为己任的境界和情怀，关心国家的发展、社会的进步和人类的文明。推进国家法治昌明、政治民主、经济发展、文化繁荣、社会和谐，不仅是法大的历史使命，同时也是我们每一位法大人的历史使命。同学们步入社会以后，既要埋头拉车，踏踏实实地做好本职工作，也要抬头看路，尽己所能推进国家法治建设和社会公平正义，在实现人类美好理想的过程中实现自我价值，收获人生的意义。

电视剧《士兵突击》里的许三多有句名言："好好活就是做有意义的事情，做有意义的事情就是好好活。"二千多年前，罗马帝国的恺撒大帝在登上梦寐以求的权力顶峰后，也曾说过一句著名的话——"这一切原来是如此空虚和无聊"。这两个时空、两种身份的两个人，说的两句看似毫无关联的话，却道出了人生的真谛：没有幸福，"神马都是浮云"；人生的意义在于你是否生活幸福。其实，正如"道不远人"一样，幸福也不远人，幸福就在我们身边，幸福就在我们内心。今天，就在你们中间，有一位来自韩国的博士毕业生，他叫金英俊，师从张晋藩先生。他入校时67岁，今年已70高龄。他曾任韩国高级检察官、律师，退休后来中国学习汉语，研究中国法文化。他学习认真刻苦、研究潜心致远，模范遵守校纪校规，在学生中堪称楷模。真可谓"发愤忘食，乐以忘忧，不知老之将至"。他攻读中国法制史博士学位，没有任何功利考虑，只为实现其从事中韩法文化交流的夙愿。我想，金英俊同学就是在追求幸福，他就是一个幸福的法大人。据说，他还希望在法大继续从事博士后研究，情意甚切。金英俊同学的事例告诉我们，我们既不要醉生梦死的虚无主义，也不要忙碌奔波的功利主义，而要在快乐中体会生活，在快乐中帮助别人，在快乐中做好工作，在快乐中实现人生价值，在快乐中寻找人生意义，做一个高在境界、富有才华、帅在洒脱的"高富帅"，做一个白在行止、富有才情、美在心灵的"白富美"，做一个幸福的法大人。

做一个幸福的法大人！这就是我在同学们离校之前最想对大家说的话。

谢谢大家！

# 尊严：心怀信仰，坚守底线<sup>*</sup>

尊敬的各位来宾、各位老师，亲爱的同学们：

大家上午好！

今天，风和日丽，雾霾尽除，是北京近日难得的好天气，可以说为我们在这里举行中国政法大学 2013 届本科生毕业典礼增添了喜气。我非常开心与穿着学士服的你们共享毕业的喜悦和自豪。作为这一切的见证人，首先，让我代表学校和全体教职员工，对所有应届本科毕业生顺利完成学业，表示最热烈的祝贺！

这一刻刻骨铭心，这一刻难以忘怀！

作为校长，我对你们今日的成长成才深感欣慰，为你们明日的鹏程万里充满期待；作为一名老师，我对今天的离别也感到依依不舍，为你们即将踏上新的漫漫征程而满怀牵挂。四年前，我是和你们——2009 级的同学们，在同一年加入到法大这个温暖的集体中的，四年来，我们一起接受法大精神的洗礼，一起接受法大文化的熏陶，一起建设美丽法大，一起见证法大的快速发展，一起与法大共同成长。感谢我们共同选择了法大，这来自五湖四海的缘分弥足珍贵，这凝聚四年的师生情谊此生难忘。

四年时光如同白驹过隙，悄然逝去，如今，小蝴蝶已经变成了小地球，919 也变成了 886，真是韶光易逝，旧时难回！但是，当我们看到你们

---

* 于中国政法大学 2013 届本科生毕业典礼的致辞。

经过四年的砥砺，一个个男生都成了高在品格、富有才华、帅在行动的"高富帅"时，一个个女生都成了白在品质、富有才情、美在心灵的"白富美"时，作为师长，作为长辈，我们甚为高兴，无比欣慰，那种"得天下英才而教之"的幸福感油然而生。

今天的毕业典礼，是学校郑重向你们告别的时刻，这既是离别伤感的一刻，更是成功喜悦的一刻。我知道，更加美好的明天、更加多彩的世界、更加成功的未来就在不远处等待着你们，但也有许许多多艰难困苦在虎视眈眈地盯着你们。其实，我们老师同你们一样，对你们的未来既充满着期待和憧憬，又惴惴不安。"生行千里师担忧"正是我们此时心境的真实写照。我们现在唯一应该做的就是说一声珍重，道一声平安，鼓励你们勇敢地走向社会，走向世界，走向未来。

各位同学，接下来，你们将要面临的是新的机遇，但同时也是新的挑战。过去四年，在军都山下这个小小的法大校园里，你们看惯了同学们无忧无虑的欢乐和笑脸，走出校园后，你们能否经受住社会上那人情世故的考验和势利的冷脸？你们在这里闻惯了窗外玉兰的芬芳，走出校园后，你们能否抵制住那世俗而美艳的毒花的诱惑？你们在这里听惯了老师的谆谆教诲，走出校园后，你们能否听进那逆耳的忠言？你们走上社会后就会发现，工作加班加点可能远过于期末考试前的刷夜；无论前一日工作有多累，第二天你们依旧得拖起疲惫的身躯再次挤上第一班地铁去上班；单位的前辈对你们的批评可能比老师批评你们更加严厉，更不留情面，而且你们根本顾不上流眼泪，你们的眼泪只能在眼圈里打转。但无论如何，我希望大家在未来前进的道路上，必须学会坚强，要带上你们学习到的知识和本领，心怀梦想，坚守底线，尊重规则，心存世情关怀，在生命中的任何场景和时光下都要做一个有尊严的法大人，别让人低瞧了咱们法大人的干事能力和铮铮铁骨。

关于做一个有尊严的法大人，我有如下三点建议送给同学们，与大家共勉：

一是要做到"理性平和，坚守底线"。法大的"厚德、明法、格物、致公"校训中，"格物"就有对法大人的理性要求。理性平和，就是冷静、自信、勇敢和实事求是的立场和态度，就是为人处事、处理问题时遵循事物发展的规律，就是全面认识和深入分析人和事，理智地处理问题，不冲动、不偏激、不感情用事。合格的法律人一定是理性的人，真正的法大人必定是理性的人。"无厘头的愤青""约架""谩骂""打小报告""写网络大字报""张贴小字报"等，永远不应是我们法大人的选择。今后，无论你们做什么工作，都要把"坚守底线"作为人生的信条，人可以不高尚，但不能没有底线；人可以有私心，但不能没有理性。底线是生命线，不能旦夕失守。坚守底线就是坚守法律的底线和道德的底线，守住求真向善至美的人生价值。

二是要记住"信仰法治，守护正义"。我们的法大是"中国法学教育的最高学府"，是法科强校。法学教育在法大占半壁江山。在这里，法治天下的精神始终是法大的精神，弥漫和浸润着这座校园，即使其他学科专业的师生也或多或少"耳濡目染，不学以能"。查士丁尼的《法学总论》开篇曾说："法学是关于正义和非正义的科学。"所以，我们可以说，法学教育的使命就在于培养人们对法律的信仰，就在于提升人们对正义的认知水平，拓宽社会的正义之路，搭建通往社会正义的阶梯，培养社会正义的守护者。但在当下，我们时常看到，民主因不能制约权力而不畅，法治因屡屡背弃而不彰，正义因难以实现而不扬，党政干部、社会精英和学法律出身的人违法乱纪时有发生。一个法律人不信仰法律，不遵守法律，对法治的戕害可以说无以复加。我真诚地希望，从法大走出的每一位学子，无论你居庙堂之高，还是处江湖之远，都要信仰法治、守护正义，不以物喜，不以己悲，凭借你们的智慧与理性、勇气与良知，搭建社会正义之梯，让社会中的每个人都能登上公平正义的高地。

三是要践行"凡我在处，便是法大"。"凡我在处，便是法大"这句话是我校中欧法学院郑永流教授的名言，我不妨在这里借用一下，转赠给大家。这句话讲的是法大人对法大文化的认同，法大人对法大人身份的认同，以及法大人对法大的使命感和责任感。一所大学是由三种人组成的，即教职员工、学生和校友，三者共同构成一个大学共同体。我们看一所大学办得怎么样、办得好不好，不仅要看教师的学术水平，要看生源的质量，要看职员的管理和服务水平，更要看其校友在社会上的表现，看他们对自己家庭、所在机构、自己的祖国乃至对整个人类社会的文明所做出的贡献，特别是在思想、制度、文化、科技等方面所做的贡献。一所大学校友的社会表现实际上就是这所大学办学质量和水平的体现。同学们毕业后虽然离开了法大，但你们依然是我们法大的校友，我们有一个共同的名字，那就是"法大人"，一个个有尊严的法大人。不论你们明天身在何处，哪怕是在天涯海角，你们都将是法大的名片，代表法大的精神，体现法大的气度，展示法大的风采。法大的命运与所有法大人息息相关。所以说，凡我在处，便是法大。

送君千里，终须一别。今天，我们在咱们最初相聚的地方话别，别有一番滋味在心头。不知道很多年后，现在的你们会是哪般模样，有着怎样的际遇？隔了距离，隔了时间，我们也许会变成另外一副样子，但永远不变的是在法大这段美好的记忆。同学们，再见了！我真诚希望大家常回母校看一看，常到军都山下转一转，再回来看看我们可爱的法大，这所在我们生命中镌刻下深深印记的法大，这所并不宏伟壮观但亲切可爱的法大，这所并不广阔瑰丽但真实温暖的法大。"一枝一叶总关情，沃土繁花别样红。鲲鹏展翅九万里，直上云霄摘月星。"法大不求你们闻达于庙堂、富甲于一方，但祈祷你们平安、幸福，要活得有尊严。当你们在外累了、倦了，碰了壁、吃了苦，请再回来嗅一嗅法大草地的清香，抚摸一下法大斑驳的老墙，因为法大不仅仅是你们度过四年青春年华的母校，更是大家身后的坚强后盾，更是大家永远的精神港湾和家园！

再见了，同学们。祝你们一路、一生平安而快乐！

# 在平凡中追求卓越<sup>*</sup>

尊敬的各位老师，亲爱的同学们，还有远道而来的学生亲友们：

大家上午好！

今天，我们齐聚新一楼前，隆重举行中国政法大学 2013 届研究生毕业典礼。首先，我谨代表学校对顺利完成学业、即将毕业的研究生表示最热烈的祝贺！同时向所有为法大研究生教育呕心沥血、辛勤耕耘、默默奉献的导师和教职员工们表示衷心的感谢！

同学们，三年来，你们孜孜以求、刻苦学习，不负亲人、学校、国家和社会的期待，尤其是克服学院路校区正在改造建设给你们带来的种种困难，圆满地完成了各项学业，实属难能可贵！法大研究生教育办学质量和水平的提升，有你们的亲历、见证和参与；学院路校区办学条件的日益改善，有大家的理解、支持和付出。同学们，你们是好样的，谢谢你们！

记得三年前的 9 月，我同样是站在这儿，新一楼前的露天广场上，为你们举行开学典礼。当时，同学们一个个青春飞扬、风华正茂，对研究生生活充满着向往与期待，当时的场景至今历历在目。光阴荏苒，三年转眼就过去了。今天，我又站在同样的位置，和一个个可能叫不上名字、但面孔很熟悉的大家相聚在一起举行毕业典礼，此刻，我的内心心潮澎湃，充满激动！三年时光，我们一起接受法大精神的洗礼，一起接受法大文化的

———————

\* 于中国政法大学 2013 届研究生毕业典礼的致辞。

熏陶，一起伴随法大共同成长：2010 年，学校全面部署了未来五年的总体目标和发展规划；2011 年，学校获准成为"985 工程优势学科创新平台"重点建设高校；2012 年，学校迎来六十华诞；2013 年，学校牵头组建的司法文明协同创新中心又首批进入国家认定的 14 个协同创新中心之一。三年时光，我们还共同见证了你们的成长和进步，见证了法大这所具有浓郁人文气息和深厚法治底蕴的大学在你们骨子里留下的烙印，即我们所有法大人秉承的"厚德、明法、格物、致公"的校训精神。我想正是因为法大校训精神融入贯穿于你们和我们的血液，我们师生两千多人才有可能在今天齐聚在新一楼前，举行这个简朴而又神圣的毕业典礼。我们今天的毕业典礼是一种精神的图腾和信仰，即使你们毕业多年后，新一楼前的这场聚会仍会是你我人生中不可磨灭的记忆！

同学们，从今往后，你们是真正的"法大制造（made in CUPL）"了，无论你们走到哪里，不要忘记你们是法大的校友，你们永远是法大人，你们还是法大的名片和法大继续发展的坚强后盾！相聚时难别亦难，在你们即将远行、踏上新的征程之际，作为校长，我想送给你们发自内心的嘱托：那就是"在平凡中追求卓越"。"在平凡中追求卓越"就是我今天演讲的主题。

在平凡中追求卓越，首先要心怀理想，志存高远。对个人而言，理想并不神秘，就是对未来事物的美好想象和合理希望，说得直白一点，就是希望能够做自己想做的事，过自己想过的生活。自古以来，中国读书人都是忧国忧民也忧己的，曾子就说过："士不可以不弘毅。"古代读书人还有"立德、立功、立言"三不朽的理想。宋代读书人的理想特别崇高，令人感佩，如张载的"横渠四句"："为天地立心，为生民立命，为往圣继绝学，为万世开太平。"范仲淹的"先天下之忧而忧，后天下之乐而乐"。当下中国的读书人，实应挺起脊梁，大声说出我们的抱负、我们的志向，以及我们将做出的贡献。我们每个法大人也有自己的理想和"法大梦"，在我看来，那就是通过卓越的人才培养、科学研究和社会服务来推动国家的"法治昌明、政治民主、经济发展、文化繁荣、社会和谐、生态文明"，实现"经国纬政，法治天下"的"法治梦"，实现"经世济民、福泽万邦"的"幸福梦"。"法大梦"是所有法大人的理想，我希望她能像指路明灯，一直照亮你们脚下的路。在这里，我给大家讲一个发生在身边的故事：我校有一位校友叫尹贺，他在法大研究生毕业后，留在了北京，令人羡慕地在一家大银行工作，但他在京工作一段时间后，经过深思熟虑，毅然决然地放弃了在首都的前程似锦的职位，选择到世界屋脊——西藏工作，因为他"思念弥漫我梦在西藏"，他愿意把青春奉献给雪域高原。这个故事印证了人本主义哲学家马斯洛说过的话："我们探究人究竟想从生活中获得什么时，我们就接触到了人的本质。"我们的人生应该追求什么？青春是一笔巨大的追梦资本，年轻人不应瞻前顾后。物质生活是一种享受，但也是一种禁锢。你只有勇敢地走出来，才可以收获更多的人生阅历、实践经验和成长思索。我希望大家能够勇于接受基层的锻炼、实践的检验，在平凡的岗位上绽放青春、成就梦想。

在平凡中追求卓越，还要踏实努力，从小事做起。这既是一种态度，更是一种精神。老子有句名言："天下难事，必作于易；天下大事，必作于细。"因为泰山不拒细壤，故能成其高；江海不择细流，故能就其深。人生又何尝不是如此呢？大家走上社会以后，千万注意：小事不可小觑，细节决定成败；做事既要脚踏实地，又要敏思善行；既要大处着眼，又要小处着手。你们能把简单的事情做好就是不简单，把平凡的事做好就是不平凡。今后，无论你们是政府机关工作人员、公检法司从业人员、企事业单位职员，抑或自主创业；无论你们身处北上广一线城市，抑或投身西部、扎根基层；无论你们身居要职，抑或处于一线岗位，请你们都以谦卑的心态、踏实的作为，向实践学习，向群众学习，向同事学习，持之以恒地学习；静下心来，自我沉淀，立足平凡，从小事做起，追求卓越。这绝不是应对"最难就业季"的权宜之计，而是每一位走上工作岗位的从业者的必经历程，更是有志于从事"公共服务"的法大人的必备品质！让青春在平凡岗位上闪光，只要与时代共脉搏，和祖国同呼吸，平凡亦能托起伟大。当然，从小事做起，又要不拘泥于小事，不要为小事生气，不要因小失大。

在平凡中追求卓越，也要积极向上，奋斗不息。积极健康的人生态度对每个人都至关重要，它是我们收获人生幸福的基础。现在热议的所谓"中产阶层陷阱"，其实就包含着这种人在稍一富裕后所表现的安于现状和懒于奋斗的心态。我们年轻人有时候对社会和他人的期许和要求较高，而对自己的期许和要求较低；对家庭和父母的依赖较高，而对自我奋斗的依赖较低。个人奋斗实则是构成社会活力的基础细胞，也是社会前进的不竭动力。我们永远都应该保持这种孜孜以求、不懈奋斗的精神状态，我相信你们每个人都有能力在自己擅长和喜欢的领域取得成就。我校潘汉典先生，年高九旬，仍然教书育人、关爱学生、钻研学问、笔耕不辍。前一段，他老人家日复一日地审校他1947年翻译的博登海默的《法理学》（第一版），以致因太劳累生病住院，但他病刚刚好，又投入工作，终于在近日完成了校审，付梓出版。我校终身教授张晋藩先生，高寿八十有三，克服眼疾，以坚忍不拔的毅力，刚刚完成了鸿篇巨制——《中华法制文明史》。二老是我们身边的学术大家，更是生命不息、奋斗不止的典范。我们当代法大人需要保持这种奋斗精神，需要更多的努力和担当。

在平凡中追求卓越，更要自信豁达，充实快乐。美国盲聋女作家海伦·凯勒曾说："坚定的信心，能使平凡的人们做出惊人的事业。对于凌驾命运之上的人来说，信心就是生命的主宰。"在人生的道路上，我们难免会遇到这样或那样的磕磕碰碰。没有哪个人一辈子是一帆风顺的。褚时健大家知道吧？他的逆袭，值得我们深思。褚时健曾经是云南红塔集团的董事长，中国赫赫有名的"烟草大王"，全国"十大改革风云人物"。就在他一手将红塔集团打造成国内知名大型企业，使"红塔山"成为中国知名品牌，登上他人生的巅峰之时，却因贪污被判刑，成为中国最具有争议性的财经人物之一。2002年，他74岁保外就医后，与妻子承包2000亩荒山开始种橙子，重新创业。2012年，他84岁，他的果园年产橙子8000吨，利润超过3000万元。王石评论称："衡量一个人的成功标志，不是看他登到顶峰的高度，而是看他跌到低谷的反弹力。"这个故事告诉我们：人，就得以自信的态度直面人生的高潮与低谷，以豁达的心态对待人生的失落与坎坷，用我们的努力来成就属于自己有意义、有价值、有创造的未来。我曾在微博中看到被人疯传的一段话："你的一生会遇见很多人。有人爱你，有人忌妒你，有人把你当作宝，有人不把你当回事。你痛了，你累了，你失落了，你错过了，这些统统与人无关，你的未来，统统要你自己负责。"所以，我们必须对自己的人生负责，因为人生没有彩排，每天都是直播，我们必须充实快乐地度过每一天！

亲爱的同学们，你们即将离开学校走向社会、走向世界、走向未来，今天的这场离别颇有几分为出征战士送别的味道。二十年寒窗苦读，你们在德才学识方面已羽翼丰满，正是走向社会这个大舞台实践锻炼自己的最佳时刻。"天高任鸟飞，海阔凭鱼跃。"请你们尽情地展现自己，发挥你们那穷极大海之角、翱翔九天之涯的潜力！做一个在平凡中追求卓越、年轻无极限的向上青年！我坚信，法大的每一位毕业生都是一个怒放的生命，都是一个充满活力的正能量！

同学们，"莫愁前路无知己，天下谁人不识君"！扬起你们生活的风帆，勇敢地起航吧！我在这里为每一位法大2013届毕业研究生送上真诚的祝福！

再见了，同学们！

# 牢记法大人的使命*

尊敬的各位来宾、各位老师，亲爱的2014届本科毕业生们：

大家上午好！

对一所大学来说，毕业典礼是她必不可少的神圣仪式。今天的北京，阳光灿烂，一派生机；今天的法大，笑声朗朗，一片欢乐。在这样一个美好的日子里，我们欢聚一堂，隆重举行中国政法大学2014届本科生毕业典礼，共同见证2091位同学顺利完成学业，分享同学们收获的喜悦和成长的快乐。首先，我代表学校和全体教职员工向2014届本科毕业生致以最热烈的祝贺和最美好的祝愿！向所有为同学们的成长付出辛劳、默默奉献的老师、亲友致以崇高的敬意和衷心的感谢！对荣获第一届"中国政法大学杰出校友"称号的所有校友表示真诚的祝贺！

每年的毕业季，都是无法忘怀的时刻，大家既充满学有所成的喜悦，又伤感难以割舍的离别。法大的四年，凝聚了我们太多的共同记忆。那些师生一道探讨学问、教学相长的时光已渐行渐远，那些同窗之间共同成长、情同手足的岁月也已成为过去，那些刻骨铭心的爱、那些撕心裂肺的痛，也随着嘴角的淡然一笑，在成长的路上随风飘散。但四年的点点滴滴，又恍如昨日，尽在眼前。

这四年，法大发生了巨大的变化，我们在各个方面都取得了不凡的成

* 于中国政法大学2014届本科生毕业典礼的致辞。

绩。比如，学校获批成为"985 工程优势学科创新平台"建设大学；分别与英国班戈大学、罗马尼亚布加勒斯特大学共建了两所孔子学院；牵头共建的"司法文明协同创新中心"成为国家实施"2011 计划"首批认定的14 个协同创新中心之一。

还要提到的是：这四年，昌平校区的逸夫楼投入使用，教室全部装上了空调，卫生间放置了厕纸；奶茶大叔也曾入选"感动法大人物"；还有，北门关了又开了，开或者不开，地下通道就在那里，不舍不弃。

你们是这些变化的见证者、亲历者和创造者，这些，都将会和你们2014 届毕业生一样，永载法大史册。

此时此刻，让我想起 1397 天之前，那是 2010 年的 9 月初，你们首次来到昌平校区，学校敞开怀抱迎接你们，欢迎你们加盟法大，成为法大的一员。四年后的今天，相同的地方仍在，相同的我们仍在，可心境已全然不同。四年里，你们都在成长，变得更加成熟、更加稳重、更加睿智，可谓风华正茂，而我及在座的各位老师都在慢慢变老，两鬓更加斑白，头发越来越少，我们不得不感叹光阴飞逝，"时间都去哪儿了"。四年，只是历史长河中微不足道的片断，但对于我们来说，有一个四年，是在军都山下一起度过的，已成为彼此共同的珍贵记忆。

最近，我一直在思考，在本科生毕业典礼上和同学们说些什么。每到这个时候，我的心情是复杂的，既希望你们走向社会，接受历练，又担心你们是否做好走向社会的准备。上周五，我在研究生毕业典礼上寄语研究生同学们："将法大的印记珍藏心底。"今天，在这个惜别的时刻，作为你们的校长、老师和朋友，我想对你们说："牢记法大人的使命。"

什么是法大人的使命？我以为，法大人的使命就是法大的使命，法大的使命就是法大人的使命。可以用两句话来概括：一是"经国纬政，法治天下"，二是"经世济民，福泽万邦"，也就是说，法大人要用自己的德才学识、聪明才智去推进国家的法治昌明、政治民主、经济发展、文化繁荣、社会和谐以及生态文明，造福人类。

法大人的使命是宏大的、是神圣的、是"高大上"的，但也是"接地气"的，它的实现在于我们每个法大人的侧身践行，要从我做起，从现在做起，从一点一滴小事做起。

法大人要牢记自己的使命，必须做到"三个坚持"，首先要坚持戒骄戒躁，脚踏实地干实事。

民国时期，湖南大学校长胡庶华先生曾告诫毕业生远离五个缺点——自视太高、欲望过奢、经验欠缺、责任心薄、学业荒废。这五个缺点是当时社会对彼时部分大学毕业生的形容，时隔八十余年，这些缺点依旧在我们这些学人身上若隐若现。这些警醒之言好像高悬在我们头上的达摩克利斯之剑，时刻在提醒着我们："吾日三省吾身。"

大家可能知道，自然界有一种神奇的植物——毛竹。毛竹在最初的 5 年里，几乎观察不到它的成长。但是，当第 6 年雨季到来时，毛竹终于钻出地面，然后像施了魔法一样，以每天 50 厘米左右的速度生长，并在短短几周内迅速到达 20 多米的高度。其实，早先看上去默默无闻的毛竹并不是没有生长，而是一直在以一种不易被人发觉的方式将根在土壤里延伸了数百米！可见，毛竹的快速生长正源于其长达 5 年的深深扎根。同样，做人亦是如此，只有长久积淀，才能厚积薄发！作为天之骄子的你们，走向社会后一定很想尽快得到认可和成功，我也相信同学们在付出努力后也会实现自己的梦想。但大家要记住，有的时候，即使我们拼了命地努力，也可能没看到想要的成果，没达到想要的成功。在这种时候，我希望你们能够想一想毛竹的故事，静下心来，丰富自己，坚持扎根，坚持到底。中国历史上，文王拘而演周易；仲尼厄而作春秋；屈原放逐，乃赋《离骚》；左丘失明，厥有《国语》；孙子膑脚，《兵法》修列，讲的也就是这个道理。挫折与困难是对人生的考验，只要牢记自身的使命和责任，始终保持积极健康向上的心态，坚忍不拔，自强不息，你们就一定能够登上自己事业的巅峰!

法大人要牢记自己的使命,也要坚持终身学习,品味人生的充实快乐。

我读过著名作家毕淑敏的一篇短文,她说:无论世界变得如何奢华,她还是喜欢俭省。但她又认为,人生有三件事不能俭省,那就是学习、旅游和锻炼身体,不能俭省的第一件事就是学习;要把人生当作课堂,向一切人学习;而且,"机遇是牵着婚纱的小童,如果你不学习,新娘就永远不会出现在你人生的殿堂"。所以,我要对你们说,完成大学学业不是学习的终止,而是另一种学习形式的开始,终身学习不仅是人生自我实现的通行证,而且是现代人的生活方式。在我校老一辈的拓荒者中,有一位王名扬先生,他已故去多年,但我们还记得,他在古稀之年仍笔耕不辍,撰写了"外国行政法三部曲",填补了国内关于外国行政法研究的空白,开创了中国行政法学研究的"王名扬时代"。晚年的王老坚持每周去国家图书馆,阅读最新版的外文图书,搜集最新的外文资料,身体力行,坚持不懈。王老曾说自己一生的治学心得是"勤写、勤思",他教育学生亦常讲:"多学、多思。"王老这种钻研学术之态度,淡泊名利之境界,老骥伏枥之精神,令人肃然起敬。王老就是我们的"活到老、学到老"的榜样。

大学生毕业走向社会后,常常容易抛弃学生时代的理想的人生的追求,也容易抛弃学生时代的求知识的欲望。我希望大家持有终身学习的理念,时时寻一两个值得研究的问题,结合自己的生活与工作,不断学习,在学习中充实自己,在收获中体味快乐。要把读生活这本大书,与读纸质书、读网络书结合起来。如果你真正读懂了生活这本无字书,你可能就是一个"低调奢华有内涵"的法大人了。

法大人要牢记自己的使命,还要坚持法治信仰,做法大最好的名片。

"凡我在处,便是法大。"这是法大人对法大深厚感情的真实表达。这句话讲的是法大人对法大文化的认同,法大人对法大人身份的认同,以及法大人对法大的使命感和责任感。这句话就是说，同学们走出校门，你们每一个个人就是整个法大。我曾在微信中看到这样一个故事：三年前，她和你们一样带着对四年的回忆，离开了法大，进入某基层检察院工作。她是该院成立几十年来唯一一位法大毕业生。工作中，她经历了无数次的熬夜加班，彻夜不眠；也经历了为不做违反法律规定的事而和分管领导拍桌子吵架时的愤怒。学校60周年校庆时，她把电脑桌面换成了"四年四度军都春，一生一世法大人"的图片。工作至今，她面对多次的挫折和委屈，但她用"自己可以丢人，法大丢不起这人"来捍卫法大。看了她的故事，令人感佩，我很心疼，但又很骄傲。经过多方打听，我得知她叫高敏，是2011届刑事司法学院的毕业生。

希望大家能够像高敏同学那样，恪守法治信仰，追求公平正义，做人群中最好的示范，做法大最好的名片。在法大校园塑有其铜像、原最高人民法院院长谢觉哉先生曾说过："活着，为的是替整体做点事，滴水是有沾润作用，但滴水必加入河海，才能成为波涛。"他讲的是如何处理好个体和整体的关系。我们正处在"差序格局"的社会之中，隶属于多个团体和多重圈子，这决定了我们不仅要成就自我，更要肩负起社会责任与时代使命，去实现自己更大的社会价值。所以，同学们走向社会以后，不仅要脚踏实地、仰望星空，让阳光普照大地，还要开拓进取、勇于创新，把卓越付诸实践，把自己的"成才梦"融入实现中华民族伟大复兴的"中国梦"之中，并为之不懈奋斗。

同学们，属于你们的军都山下四载生动的故事已经画上了句号。虽然我们都依依不舍，但不得不挥手道别。你们是羽翼已丰的雏鹰，你们未来的天空既有风和日丽，也有阴云雾霾，更有狂风暴雨，但是，你们是法大人，有法大人的使命、责任和担当，你们必须奋力拼搏，展翅翱翔。当你们挫败了、落拓了、颓废了、消沉了，在星月浓时、夜半阑时，你尽可长歌当哭，但天亮后，你要谨记：奋斗是青春的底色，行动是最好的传承，你的人生还要自己书写，法大期待你的凯旋。

　　同学们，我想再对你们说一遍：法大人的价值不在于权位高低、富足与否，而在于你们追求公平正义、止于至善的内心！聚是一团火，散是满天星，法大永远是你们温暖的家！

　　再见了，同学们。说再见不易，今后再见也不易，且行且珍惜！母校始终爱你们，希望你们一生平安、幸福！

　　谢谢大家！

# 将法大的印记珍藏心底 *

尊敬的各位来宾、各位老师，亲爱的同学们：

大家上午好！

三年前，我们在这里以天为幕、以地作台，迎接中国政法大学2011级研究生入学。今日，我们再次与天地同庆，在这里举行中国政法大学2014届研究生毕业典礼，共同见证二千多位同学完成学业，开启人生的新征程。在此，我代表学校和全体教职员工，对所有应届毕业研究生顺利完成学业，表示最热烈的祝贺！

同学们，当你们感怀法大三年"时间都去哪儿"的时候，也是我要问"你们都去哪儿"的时刻。我每年最幸福的是九月，最感伤的是六月。这么多年了，我早已习惯了九月，也以为习惯了六月，但今天我站在这儿，才发现还是不习惯与你们挥手离别！这也许是我与你们很多人最后一次相见，试问东流水，别意谁短长，这让我想起这三年中你们的点点滴滴。

这三年，我看到你们当中，有人叫喊了三年的"减肥"，却一路飙肥，如今依然是"吃货"一枚，对于那些口头减肥爱好者，我的建议是：诚实地对待自己吧，很多时候，"吃"才是民法上所讲的"不可抗力"，可见，民法你们还没有"吃"透。

这三年，我看到你们当中，有人在如此狭小的校园里，却能找到如此

---

* 于中国政法大学2014届研究生毕业典礼的致辞。

多的谈恋爱的无人角落，彼此倾心，互诉衷肠，主观故意，不当得利，交换着学习婚姻法的心得，议论着婚后财产的归并。

这三年，无论经历了什么，你们都成长了，知识的滋养、友情的铺展、师长的呵护，让你们年少轻狂少了几许，成熟稳重多了几分，从你们意气风发的精气神中，我感受到你们此刻平和而喜悦，萌动而阳光。

同学们，今天之后，你们将走出校园，离开学校这个小世界的庇护，投入大社会的汪洋。未来，对你们来说，理想将遭遇现实，晓月河畔的绿荫可能不再，你们将遇到生活的难、事业的坎儿，各种竞争扑面而来，压力山大。然而我相信，这些生活的困境，很快会随着你们生活的稳定、工作的展开、经验的积累而一一克服，烟消云散。我相信法大学子有这样的实力！

但随之而来的是，你们将要走向的社会，在很多角落都被娱乐化解构，被私欲与诱惑所充斥。你们将会看到明显的不公，遇到诸多的引诱，感受偶尔的伤痛。这一切，会风化你们的灵性，拷打你们的灵魂，动摇你们的信仰。今日你们所拥有的，很可能会渐渐被人剥夺、被你们自己放弃。那时，你们将面临前所未有的心灵困境与精神匮乏，而这才是会真正困扰你们一生、让你们从此陷入不堪与不幸的沼泽。母校怕你们沉沦，老师为你们担忧啊！

同学们，作为法大学子，你们在法大三年，耳濡目染，法大的精神、传统和文化，在你们身上已经打下深深的烙印。今后，无论你们身在何处、位居何职，我希望你们将法大的印记珍藏在心底。

你们要珍藏的第一个法大印记是伸展人性的光辉。

不错，法大是一所法科强校，具有法治精神是法大人的特质。但缺乏人文精神和科学理性滋养的法治精神是残缺的。所以，我们十分注重培养学生以人为本、尊重人权的人文精神和实事求是、求真务实的科学理性。我们希望法大学子成为冯友兰先生所说的"真正意义上完善的人"，"先成为完善的人，再成为某种人，某种职业的人"。我们法大学子应该怀揣一种真挚的人文主义关怀之情与人道主义关爱之心。大家要记住，比获得成功更有价值的是始终拥有一个敞亮的人生、一颗充盈而富有灵性的内心、一个闪烁着生生不息的人性光辉的灵魂，因为这些决定着一个人超越成败而享有幸福的能力。

当然，努力保持人性的洁净并不是一件容易的事，它需要你们在纷繁喧嚣、极度浮躁的社会中，自造一方精神自由、内心安宁的天地；需要你们在枯燥反复的生活中，挖掘出持久的温暖与感动，给予爱与宽容；需要你们在毫无生机的地方，突破时空的局限与物质的束缚，拓宽精神疆域，努力寻找美好来滋润荒芜的生活与干涸的心灵。保有这份人文的光彩，正是母校留给你们的第一份礼物。心怀对人的最深沉的尊重与关爱，尽可能地表达体贴与理解，富有人情味与悲悯心，会让你活得平和而踏实，会使你成为一个真正有灵性的幸福之人。

你们要珍藏的第二个法大印记是保持奋斗的本能。

古人云："生于忧患，死于安乐。""故天将降大任于斯人也，必先苦其心志，劳其筋骨，饿其体肤，空乏其身，行拂乱其所为，所以动心忍性，曾益其所不能。"这是大家从小耳熟能详的至理名言，但真正做到并不容易。这三年，你们一直在为学业而奋斗，你们聆听了许多有力量的声音，德才学识，与日精进，你们依靠自身的综合素质赢得了尊重，用自身的聪明才智创造了神奇。你们今天毕业意味着一个奋斗阶段的结束，但同时意味着另一个奋斗阶段的开始。未来，奋斗将伴随你们终身。不辛苦劳作、不持久打拼、不触动点人的疲惫神经、不空乏几次肉身，人是打不开的。要知道，奋斗是件苦差事，要奋斗就会有牺牲。法大学子应该具有这样的本事：揪着自己的头发把自己从泥地里生生地拔出来。未来，如果在世事沧桑、人生寂寞之时，你还能够把持续的奋斗作为一件快乐的事，那你真的是地地道道的法大人。请相信我，苦尽了，自然也就甘来了，怕只怕，苦也不尽，甘也不来。

你们要珍藏的第三个法大印记是恪守法治的信仰。

法治是现代文明人的生活方式。在法大，无论你是法学生还是"非"法学生，法治都是我们共同的信仰。这三年，你们追寻法治的精义，探寻法治的良方；这三年，你们确立了做人的原则，懂得了做事的理性，看清了自由、平等、公正、民主的面孔；这三年，在你们的心底，"法治天下"的理想渐渐生根，饱受法治文明所滋养的心灵慢慢放射出了正义之光。这是法大给你们最特别的烙印，标志着你们从此有了现代文明人的共同信仰。

未来，当你们看到，人间道义在动摇、社会良知在消退、道德伦常在侵蚀、金钱权力在嚣张之时，请你们不要忘记，你我都曾在、也一直在追求文明、秩序与进步，你我都曾在、也一直在追求对尊严的捍卫、对自由的渴望、对权利的保障。这些推动人类车轮滚滚前进的力量，其实就是你我终身事业的命脉，也是你我终日追问的命题。对于法大学子，你们身负的责任更重，你们将是"法治天下"的缔造者与守护者，你们对于这一使命责无旁贷，你们的肩膀要做好准备，会酸、会疼、会累，也终会有幸福。正如德国哲学家费希特在《论学者的使命》一书中所说："你们都是最优秀的分子，如果最优秀的分子丧失了自己的力量，那又用什么去感召呢？"所以，母校希望你们不忘初心，守护着"公平正义"这个法治最坚韧的磐石，不要让世俗糟粕伤及你生命中最值得珍视的价值。不昧良心，恪守法治，这不仅是一种意志，更是一种境界，一种与身外周遭保持距离的智慧和超越尘世遭遇的信仰。

同学们，从法大走出去，你们并非一无所有，而是财富满满。这些财富是人品的财富、知识的财富、能力的财富、智慧的财富和精神的财富。这些财富就是你们身上的法大印记。对人性之光辉的呵护，对奋斗之不懈的追寻，对法治之信仰的坚守，就是这些财富的重要部分。如今毕业了，你们可以卖掉教科书、扔下破床单、砸毁旧水壶、弹断吉他弦、唱尽离别曲，但我希望你们能珍藏法大的印记，终身携带。因为这些印记是你们抵御一切风暴、面对世间难题、追问人生意义的开山斧；是你们与"中国政法大学"这六个字血脉相连的红绸带，是母校"刻在你脚底板的三颗痣"，它会让你精神有根基，心灵有源头，情感有安放。如果不去坚持与呵护它，你就愧为"一生一世法大人"；如果你小心珍藏与爱惜它，"凡你在处，便是法大"。

同学们，"此地一为别，孤蓬万里征"。终身珍藏法大的印记吧，这就是母校给你们的所有，也终将成为你们回馈母校的所有。

同学们，你们永远是母校的"花儿"，你们永远是母校的"少年"，我真诚祝愿你们一生幸福平安！万事如意！

# 勿忘初心，久久为功[*]

尊敬的各位老师，亲爱的同学们：

又是一个灿烂的夏季，又是一年毕业的时节。前些天学校毕业大戏《下一站，起飞》还在耳边萦绕，今天，我们齐聚于此，举行中国政法大学2015届本科生毕业典礼，为最好的你们饯行、壮行！在我看来，这更是一场真正意义上的成人礼，学校为你们加冕，宣示你们化茧成蝶的成功和特立独行的开始！在此，我代表学校向全体毕业同学和你们的家人表示最热烈的祝贺！向辛勤培育你们的老师们致以最崇高的敬意！

四年时光转眼即逝，还记得在你们的开学典礼上，我给大家介绍了法大区别于其他大学的特别之处：在于她的办学使命，在于她的文化传统，在于她的精神特质。在四年的大学生活中，你们见证了法大校园之小，她还不能充分满足你们的学习、生活之需，我听说，在法大对门的校园里，石油大学的同学一眼就能看出你是政法的，他们的眼神会说："来蹭自习的吧，还借我们的澡堂。"但你们更见证了法大之大，大师云集、大道学术、大气磅礴、大爱无疆；见证了逸夫楼的启用、教室空调的全覆盖，以及学校不断发展的点滴变化；也见证了你们的老师因辛劳而"颜值爆表"，有的鱼尾纹增，有的已两鬓如雪，有的更是"绝顶聪明"。今天早上，下着大雨，我们还是冒雨在法渊阁前照了毕业合影。我不得不说，法大师生也

* 于中国政法大学2015届本科生毕业典礼的致辞。

是蛮拼的！德高望重的终身教授、兢兢业业的法大老师、善于笔墨的环阶大爷、青春无限的 Cupler 合唱团、国际航空法模拟法庭竞赛的世界冠军，这些都永远定格在你们的记忆中！请你们记住母校的这些良师益友、这些难忘瞬间、这些感动遗憾，还有那些你们收养在校园里的流浪猫和流浪狗，你们在这里健康成长，你们在这里放飞梦想，你们在这里扬帆起航，法大永远是你们的家！

尽管依依不舍，今天在这里我们还是不得不同你们话别。这些天我一直在思考要对即将踏上人生新征程的你们说些什么。《论语》有言："为仁由己，而由人乎哉？"说的是做一个什么样的人，主动权完全掌握在自己手里。我今天要讲的是，希望在前进道路上的你们，身处实现中华民族伟大复兴中国梦的伟大时代，能够"勿忘初心，久久为功"，做一个有理想、有担当、有责任、有毅力的人，用自己的理想、智慧、努力和坚持在飞扬的人生中留下奋斗的足迹。

**我希望大家能够"勿忘初心"。**

"勿忘初心"，就是希望大家不要忘记我们出发时的理想信念。理想信念是一个国家和民族的精神支柱，也是一个人成长进步的精神源泉。同学们大学四年接受了学校人文情怀、科学精神、法治文化的熏陶，今后走向社会无论从事什么工作，我真诚希望你们能够始终秉承"厚德、明法、格物、致公"的校训精神，心怀梦想，追寻大道，肩负起对国家、对民族、对社会、对人类未来的责任。托尔斯泰说过："理想是指路明灯。没有理想，就没有坚定的方向，而没有方向，就没有生活。"梁启超在家书中叮嘱子女"要在社会上常常尽力"，"人生在世，常要思报社会之恩，因自己地位做得一分是一分"。电影《美丽心灵》主人公的原型、今年 5 月刚刚去世的美国数学家、经济学家约翰·纳什，用他传奇的人生经历告诉世人：生命的意义不在于对生活苦难的规避和对物质享受的追求，而在于精神理想的高远和对美丽心灵的向往。我想，当代大学生走向社会不应该是一个精致的利己主义者，而应该站在国家、民族、社会、人类未来的视野中去思考问题和付诸行动，应该生活在广阔而深邃的时空格局中，做"中国的脊梁"，做一个真正对社会有意义的人。

"勿忘初心"，就是希望大家不要忘记我们内心的道德法则。道德不是花哨的标签，不是看你说得多么美好，而是看你的实际行动。在未来的生活中，你们难免会遇到这样那样的挫折和苦难，会遇到名利的羁绊，会遇到流俗的诱惑，甚至会遇到情感的背叛。这时候我们该如何选择和坚守呢？我相信，法大人无论何时何地都不会忘记我们的良知和理性，不会忘记我们遵循的道德法则，不会忘记我们身上肩负的使命和责任，而会始终保持追求公平正义、止于至善的内心。我校1991级校友马新明、孙伶伶伉俪持续援藏多年，造福藏地百姓，用自己的行动续写了一段雪域高原情。他们，就是我们的榜样！的确，我们无法延长生命的长度，但却可以把握它的宽度和厚度，让自己的生命变得更加多姿多彩和厚重。亚当·斯密在《道德情操论》中讲到"如果头顶三尺真有神明的话，那就是根植于我们内心深处的道德"。对于你们这些即将投身于社会公共事务，特别是政法行业的人来说，对于法治精神和道德法则的坚守更是尤为重要。因此，我希望同学们今后遇到任何问题都能够独立思考和理性判断，慎思之、明辨之、笃行之，不骄纵、不盲从、不媚俗，不仅具有批判性思维，更应具有建设性思维，能够一步一个脚印地去实现自己的理想，肩负起实现中华民族伟大复兴中国梦的历史重任。

**我希望大家能够"久久为功"。**

"久久为功"，首要是持续学习，修身正己。毕业，不是学习和修为的终结，而是新的学习和修为阶段的开始。工欲善其事，必先利其器。事有所成必是学有所成。只有不断读书、不断学习、不断思考、不断修炼，才能为我们的思想和智慧注入源源不断的活力。培根在《谈读书》中讲到"读书足以怡情，足以博彩，足以长才"，"读史使人明智，读诗使人灵秀，数学使人周密，科学使人深刻，伦理学使人庄重，逻辑修辞学使人善辩：凡有所学，皆成性格"。在现代生活中，持续学习是一种健康的生活方式。我想，当你每次觉得困惑迷茫、空虚寂寞的时候，也许正是你很久没有读书学习思考的时候。好学才能上进，好学才有本领。只有通过学习提升，你才能克服"知识恐慌""能力恐慌""德位恐慌"，你才能成为"专家型""智慧型""创新型"的优秀人才。因此，我希望同学们走向社会以后能够坚持读书学习，不断修身正己，为幸福生活添彩，为美好梦想助力。

"久久为功"，关键是持之以恒，坚忍不拔。人最先衰老的，往往不是你的容颜，而是你那份不顾一切的闯劲和坚持。人生不是百米冲刺，而是一场马拉松。在很多情况下，一个人的成功不是取决于他水平有多高、力量有多大，而是在于他能不能坚持到底。"绳锯木断""水滴石穿""十年磨一剑"讲的就是这个道理。西汉时期的司马迁，正当他撰写《史记》进展顺利的时候，因"李陵事件"的牵连而遭受宫刑。面对如此奇耻大辱，他不是叹息、沉沦，而是锐意进取，"幽而发愤"，含冤蒙垢数十年，终于写出了"通古今之变，成一家之言"的《史记》，从而流芳百世。今年是反法西斯战争胜利 70 周年，77 年前，在中国抗日战争最困难时期，毛泽东主席发表了著名的《论持久战》，其中有句我中学时期就喜欢的名言："最后的胜利，往往存在于再坚持一下的努力之中。"苹果公司创始人乔布斯也说过："伟大的工作只会在岁月的酝酿中越陈越香，在终有所获之前，不要停下寻觅的脚步。"Facebook 创始人扎克伯格在回答"对于创业者什么最重要"的问题时，他不假思索地回答："不要放弃！"因此，我希望大家在挫折、彷徨、消极的时候能够在正确的道路上坚持走下去，把自身的潜能充分调动、发挥出来。你们在今后平凡的生活中千万不要忘记"诗与远方"，没有比脚更长的路，没有比人更高的山，没有比心更大的世界。"既然选择了远方，便只顾风雨兼程。"将来的你，一定会感激不断拼搏的自己，成功终将属于能够坚持到底的人。

同学们，回首四年，当你们从入校时的"小鲜肉"变成了今天以"大叔"自居的毕业党，才惊奇地发现，原来时间不只是个偷走光阴的贼，它手里还拎着一把锃亮的"杀猪刀"呢！你们在感慨岁月无痕的同时，也感激法大四年所给予的成长，你们在这里学会了包容与付出，懂得了责任与担当，养成了坚强与自信，收获了情谊与知识，这些都将是你们人生中最难忘的经历和最宝贵的财富！

自古人生伤别离，犹在更鼓催行时。同学们，在告别母校的时刻，请自豪地再说一次："我是法大人，我是昌平人，We are champions。"记住法大四年的那些人、那些事、那些感动、那些遗憾，其实那都是幸福满满的画面。再看一看身边熟悉的同窗吧，今天的他或她是否比初见时更加"萌萌哒"、更加"帅呆呆"、更加难以忘怀了呢？感谢他们出现在自己最灿烂的年华里！今天，我们，就是你我组合的"我们"，在这里挥手告别，但无论你我奔走在天南海北，我们永远不变的身份是法大人，我们情系法大，心心相印，只因那一句刻骨铭心的"四年四度军都春，一生一世法大人"！

"青春须早为，岂能长少年。"亲爱的同学们，世界那么大，你我都想去看看，你们准备好了吗？载着你们的梦想，勇敢地飞翔吧！衷心地祝福你们前程似锦、一生幸福！

谢谢大家！

## 你就是法大的火种*

尊敬的各位老师，亲爱的同学们：

大家上午好！

2012 年，你们来到晓月河畔的中国政法大学，成为新一届研究生。时隔三年，今天，我们相聚于此，在这里举行中国政法大学 2015 届研究生毕业典礼，祝贺你们学业有成，见证你们迈向人生的新征程。在此，我代表学校和全体教职员工，对所有应届毕业研究生顺利完成学业，表示最热烈的祝贺！对辛勤培育你们的老师们，表示衷心的感谢！

同学们，三年来，我见证了你们点点滴滴的变化：入校时有些人还是"小鲜肉"，洗去了三年的"小"和"鲜"，如今离校，你们带走的是什么呢？我想是自信、学识、本事、睿智和意气风发，听说你们有的已是"森男"，有的成了"清汤挂面女"，但我知道绝对没有"矮穷矬"。

三年前，你们彼此陌路，三年中，有些人却已成双入对、修成正果。我弱弱地问一下："何以笙箫默？"毕业后谁当大律师扮成何以琛，谁挑起赵默笙的角色？

三年中，你们不是"拼了"，就是"醉了"，如今却要"别了"。此去一别，母校在这儿，而你在远方，咫尺天涯，羁旅孤独，这儿就成了你的相思，你就成了母校的牵挂，彼心意芊芊，此情意绵绵。这里不一定有你

＊ 于中国政法大学 2015 届研究生毕业典礼的致辞。

最多的浪漫、最大的收获、最美的幸福，但在将来，一定会有你最深的眷恋与思念。永逝不返的，是流淌了三年的岁月；永志不忘的，是雕刻了三年的时光。

如今，同学们将打包上路、挥别远行。生行千里，母校担忧。母校有泪，却不能面对而流，唯有一份特别的礼物，今天在这里当面送上，请你们收下，那就是一枚法大的火种。请带上法大的火种前行！

**这是一枚知识的火种，母校需要你有智慧之火。**

今天，你们戴上了硕士帽和博士帽，摆弄着各种稀奇古怪的 pose，秀着朋友圈里的"九宫图"，可是不要忘了，帽子是借来的，迟早是要还的，只有帽子下面的才是你自己的，头脑很重要，记得随身携带。

法大的三年，你们丰满了知识，熟稔了观念，升华了思想，增长了智慧，但需要提醒你们的是，经过三年的系统学习，看似完整的知识板块，很可能早就布满细密的裂痕，甚至有拆解智识的断层。不要拿学位这支弥合剂作为安顿自己的心灵鸡汤，要用有趣的问题来诘问自己，用反思的话语来调侃自己，用刁钻的难题来威胁自己，哪怕在最贫瘠的生态中，也要为自己搭建一座随身携带的图书馆，这样，你的智慧才不会休克，你的才华才不会委屈，你的智识生活才不会寿终正寝。

所以，你们需要频频呵护智慧的火种，将对旧识的不倦、对新知的渴求长存于心，将"有用"小心翼翼地存盘，将"无用"大大方方地清空，并保持经常性刷新，否则平生所学就会遭遇未来环境适应上的滑铁卢。唯有知识之光长明、智慧之火不灭，你们的灵魂才能闪亮而不灰暗，职业生涯才能登陆一个又一个的诺曼底。

**这是一枚理想的火种，母校需要你有梦想之火。**

思者无涯，梦者无疆。据说，波罗的海边的哥尼斯堡城头置放着一座铜碑，上面镌刻着一个一生在城堡中度过的智者的话："有两样东西，我们愈经常、愈持久地加以思索，它们就愈是使心灵充满始终新鲜且有加无已的赞叹和敬畏，那就是：头上的星空和内心的道德法则。"梦想，就是你头上的星空，梦想越发达，人心越强大。同学们，你们步入社会后，当一切磨难、焦虑、彷徨和纠结浇透你们全身时，头上的星空正是你校准正义法则、框定精神谱系的坐标。仰望星空，你看到的不会是鼠目寸光的风景，听到的不会是叮当乱响的风声，领略到的不会是鸡毛蒜皮的风情。实现中华民族伟大复兴的中国梦，就是当下中国人的共同梦想。母校希望你们是中国梦的追梦人，要在实现中国梦的生动实践中去放飞青春梦想，不仅成为实践上的"农耕者"，面朝黄土背朝天，"一粒一粒地种，满仓满仓地收"；而且，要成为精神上的"游牧者"，在混沌、盲目、浮躁的世间，多点理想、多点信念、多点精气神，少点指责、少点抱怨、少点"吐槽"，以梦为马，捧着精神的火种，逐水草而居，开拓无限的精神疆域。"谁终将点燃闪电，必长久如云漂泊。"

如果有一天，这理想的火种渐行渐灭，请你们把酒问心，对月三省，抛弃那忙忙碌碌的世事，查看这曲曲折折的人心。请你们仰望星空，遥望蓟门，在此间与彼间流连往返，去破解善与恶的拷问，去击退黑与白的挣扎，将精神的冲刷、心灵的洗涤与人性的净化化作干柴，重燃烈火，重拾处世之心性，重振旷世之情怀。

**这也是一枚法治的火种，母校需要你有正义之火。**

世间虽有千万条路，但法大的三年将你们引上了通往长安大道的"正义路"。这条路，很沧桑。走出校门，会有很多的路口，你要看清路标与信号灯，你得分清什么是指引和召唤，什么只是引诱与迷惑。其实，概而言之，在你们面前通常会有两条路：一条关乎金钱与名利，另一条关乎理想与情怀。选择堕落可能暂时不需要成本，而选择进取却一开始就需要付出对价。希望你们跨出校门之后，高擎法治的火炬，始终走在正义之路上，哪怕道路险峻坎坷、崎岖不平。

同学们，今天的我们适逢全面建成小康社会、全面深化改革、全面推进依法治国、全面从严治党的战略机遇期，同时又遇到了转型社会与变革时代的雾霾期。在当下，有不少带着精致口罩、匆匆路过的利己主义者，有不少"看热闹不嫌事大"的"打酱油者"，有不少表情麻木、只习惯挤出一句"呵呵"的无动于衷者。当崇高遭遇鄙夷、文明倍受践踏、冷漠成为高雅、愚昧变作时尚之时，请记住，那正是法大最需要你、也是你最需要法大的时刻。站出来，有作为，敢担当，用法治和正义的火光照亮一隅，哪怕是一缕微光，也要穿透黑暗。

正如村上春树所言，在鸡蛋与高墙的对抗中，要选择站在"鸡蛋的一边"。法大人更应如此，选择与弱势群众、与老百姓、与人民站在一起，在食腐动物面前，为弱者说不；在倾斜的天平上，为正义加码。要知道，为自由、平等、公正、法治而呐喊，正是你我存在的意义。母校乐于听见这样的呐喊，因为在不公面前，沉默与失语，就是对恶的默许与认可。为刀俎辩护的鱼肉，最终只会成为肉酱；为饿狼开脱的羔羊，最终只会剩下骸骨。所以，请让正义的火炬为你指路：当遭遇怒眉与冷眼，如果你能报之以倔强；当经受指摘与偏见，如果你能报之以坦荡；当面对柔弱与苦难，如果你能报之以温存与善良，那么，你的存在本身，就是对法大的点赞。

同学们，走出校门，这一生肯定会经历很多挫折、很多委屈、很多苦难。当然，也会有很多幸福时光。但要记住，如果你脑里有智慧、眼前有梦想、心中有正义，那么你的苦并不一定会变少，有可能会更多。别以为法大不心疼你们的苦，哪个母校会不心疼孩子们的苦？可是苦不尽，甘怎么来？如果我们不苦，这个社会就有人受苦，如果堂堂中国政法大学的学子不负责任，不敢担当，不去追求法治、正义、文明与秩序，让谁去追求？所以，请你们从今天起，点燃法大的火种，来温暖自己，去照亮他人。

同学们，在这个气喘吁吁的浮躁时代，个人的力量也许微小，不足以与邪恶抗衡；人的内心也许柔弱，遭受创伤便难以自愈。但只要你勿忘初心，久久为功，哪怕火种在风雨飘摇中散尽余热，你也可以随时回到母校的怀抱。无论何时，母校都会为你疗伤，为你打气，为你重燃薪火。但母校只有一个要求，你可以不去照亮别人，但不能吞噬自己。未来，无论你闲得百无聊赖，还是忙得活色生香，都不准亲手掐灭火苗、丢弃火种。因为这火苗中，闪烁的是六十三年来法大人的追寻与守望，升腾的是法大的灵魂、血脉与传统，涌动的是法大所有不同凡响的力量。

掐灭火苗、丢弃火种，是要付出代价的。如果你因为太费劲、很受伤、极生气，就被怨怒与愤懑所控，成为名利的代价与复仇的工具，主动放弃、落入黑暗，那么你就是否定了自己生而为人、生而为法大人的存在价值，这是母校所不能原谅的。当你的作息得参看大人物的怀表，当你的命运得依赖权贵者的眉角，当你的前途得凭借你的表演与乖巧，母校就会把你拉黑。

同学们，倘有星星之火，何愁燎原之势。六十三年来，我们看到，这样的星火在法大从未熄灭，代代相传。今天，法大把关于智慧、理想与正义的火炬正式交接给你们，今后，你们就是法大的火种。只要你们立于天地之间，智慧、理想、正义之火就不会熄灭。母校相信定会有更加明亮的光彩闪烁在未知的前路，因为你们当中，一定会有人用一生去点亮，去散播，去发光发热。

同学们，今天是我们中华民族离伟大复兴最近的时候，也是离法治天下的梦想最近的时候。如果说共和国的命运与法律人的命运共同书写了中华法治史的话，那么中国政法大学就是这部史书的书脊！我们理应成为法治的追梦人、正义的守望者。我们别无选择，因为我们没有别的精神家园，法大就是我们共同的家园，我们没有别的梦想，中华民族伟大复兴、法治天下就是我们共同的梦想！

同学们，从今之后，你我便成了"我们"，法大不再是以前的法大，法大是有"你"的法大；你不再是以前的你，你是有"法大"的你，你就是法大的火种！我真诚祝愿你们一生平安，永远幸福！

谢谢大家！

# 功不在我，功不唐捐<sup>*</sup>

尊敬的各位来宾、各位老师、各位学生家长，亲爱的毕业生同学们：

大家上午好！

四年光华，抵挡不住离别一夏。人生匆匆，又到了离别的时刻。今天，我们在这里隆重举行中国政法大学 2016 届本科生毕业典礼。这一光荣时刻属于在座的所有 2016 届毕业生。首先，我单方面宣布，你们毕业了！我不得不说，这就是璞玉成璧，破茧成蝶！你们毕业是个奇迹，因为你们本身就是奇迹！你们在这儿这么帅萌，我想问："你家里人知道吗？"

在此，我代表学校向你们致以最热烈的祝贺和最美好的祝愿！向辛勤培养你们的家人致以最崇高的敬意！向精心培育你们的教职员工表达最衷心的感谢！

四年前，你们来到祖国的心脏——北京，从此之后，你们就一直驻扎在首都的边疆——昌平。四年来，你们以梦为马，不负韶华。在这个"小而美"的校园里，你们收获了知识，增长了才干，树立了志向，砥砺了品行，建立了情谊，完善了人格。此外，你们还感受到了夏日宿舍空调的清风，目睹了主楼和端升楼的美容，体验了课堂上的多元与包容，察觉到了学校争创一流的大气与新风。对了，还有图书馆的占座系统，更是让拂晓狂奔的占座成为一去不返的校园神话。作为校长，我想说，学校是我们共

---

* 于中国政法大学 2016 届本科生毕业典礼的致辞。

同的家园，学校四年来的变化和发展，你们是见证者，也是创造者，学校因为你们才变得更加美好。啊，"那画面太美，我不敢看哈！"

今天，在与你们话别之际，我忍不住想，大学到底能给你们提供什么？在你们走向社会之后，大学四年的教育，还能留下什么？德国哲学家卡尔·雅斯贝尔斯曾说："教育的本质意味着：一棵树摇动另一棵树，一朵云推动另一朵云，一个灵魂唤醒另一个灵魂。"对于一所大学而言，具备不具备启蒙的能力很重要，但对于你们而言，就像康德所说的，能不能自主和自由地运用自己的理性更为重要。在这里，我要对大家提三个希望，与大家共勉！

**首先，我希望你们做一名坚守"法治天下"理想的闻道之士。**

法大之大，在其情怀。"经国纬政，法治天下"就是我们教育的大道。对于道理，人们在知晓之后，往往有三种态度，《道德经》上说："上士闻道，勤而行之；中士闻道，若存若亡；下士闻道，大笑之，不笑不足以为道。"显然，我们应该做上士，闻道之后，虽百折千回而不改其志！"凡我在处，即是法大。"说的就是对道的坚守，一种慎独的功夫。但是"上士闻道，勤而行之"，光我们自己坚守还不够，我们还要努力，让法治的理想成为社会的共识，让法治成为这个大时代的价值诉求，让法治成为中国人的生活方式。清华大学的何兆武教授在《上学记》中曾经说，要想实现幸福，必须满足两个条件，"一个是你必须觉得个人前途是光明的、美好的。另一方面，整个社会的前景，也必须是一天比一天更加美好，如果社会整体腐败下去，个人是不可能真正幸福的"。所以，我们必须团结更多的人共同奋斗。

去年热播的电视剧《琅琊榜》，想必很多同学都看过了。剧中，"赤子之心"被反复强调。毫无疑问，当下的你们，都怀揣一颗赤子之心。可是在走出象牙塔之后，你们是否还能够保持这份情怀？我并不打算向你们兜售冠冕堂皇的东西，只是希望你们能够记住，"经国纬政，法治天下"不仅仅是一句被印在校园纪念册上的话，而应当镌刻在每一位同学的心里。或许在你们踏入社会的很长一段时间内，你们会直面理想和现实之间的鸿沟，你们会遭遇法治信念受到挫折的窘境，甚至你们会觉得这句话虚空缥缈，我无法要求你们永远"伟光正"和"高大上"，但是，我期望你们能够勿忘初心、久久为功，坚定法治信念，坚守法律底线。如能够做到这两点，你们就算坚持住了一颗九死不悔的赤子之心。

**其次，我希望你们做一名"困而知，勉而行"的栋梁之材。**

《中庸》上说："或生而知之；或学而知之；或困而知之：及其知之，一也。或安而行之；或利而行之；或勉强而行之：及其成功，一也。"大家今天毕业，做到了生而知之，学而知之，未来走向社会，还要在改造世界的过程中去体察以往知识经验的利弊，更要在失败和挫折中，去感受老师们教给你们的东西有用与否，去体会坚守理想和真理的代价与可贵。《赵州禅》里有这样一个故事，一位学禅的僧人问赵州禅师："如何是道？"赵州指着寺墙外面说："墙外便是！"学僧忙回应："问的不是这个。"赵州故意反问："问什么道？"学僧很认真地说："大道。"赵州回答说："大道通长安。"诸位可曾明白赵州禅师的点化？学校所传之道与麦当劳胡同的道其实是相通的，不明白这个，是到不了长安的！

同样，大家在"勉而行"的过程中，要有"自拔于流俗"的志气；要有"成功不必在我，而功力必不唐捐"的心胸；要有"咬得菜根，百事可做"的态度；要有"不求近效，铢积寸累"的耐性。这样坚持下去，则一定会有一番成就来回馈社会。有一部日本电影叫《寿司之神》，讲的是小野二郎制作寿司的事情。寿司看起来很简单，鱼肉、米饭，加上醋、盐、酱油而已，但小野二郎能成为寿司之神，却是将简单的东西做出一种别样的味道。他的寿司体现出一种"职人精神"。所谓职人，在日语中是对拥有精湛技艺的手工艺者的称呼。所谓职人精神，就是不仅要将自己的工作做得完美，每一个环节都尽心尽力，而且要将自己的工作成果当成自己人格的寄托。"职人精神"代表着精益求精、坚忍不拔和守护传统。我们今天的社会需要的正是这种职人精神。无论你们以后走向哪个工作岗位，从事怎样的工作，我都希望，你们能够秉持职人精神，做好自己的工作。将工作真正作为自己的事业、注入自己的人格，而非简单的"搵食"。这对你们的职业发展是极为重要的。

**最后，我希望你们做一名知道"有无之用"的睿智之人。**

近些年来，对于大学教育的价值有着方向性的争议，是要更多地跟社会需求靠拢，还是要坚持大学形塑心智的定位，似乎没有明确的结论。这里，让我们重温一下美国哲学家、教育家杜威关于教育的定位吧，他说："学校即社会""教育即生活"。由此看来，大学教育不仅是为着未来生活做准备，它本身就是社会生活，就是生活的历程。我们的教育既要关注日常生活，也要在意非日常生活，更要构建可能的生活。这也是我们法大这些年来专注于"专、实、博、雅"本科教育教学创新实践的立意所在。顺着杜威的意思来说，社会即是学校，生活当然是每个人都要去读的无字之书。

如此说来，大学教育的价值争论何尝不是生活选择的困惑。老子曾经智慧地指出二者的辩证关系，他说："三十辐共一毂，当其无，有车之用。埏埴以为器，当其无，有器之用。凿户牖以为室，当其无，有室之用。故有之以为利，无之以为用。"这就是说，无用之用，是为大用。我们生活选择的每一步不能简单地以有用与否、回报多寡作为依归。史上有一个关于庄子的故事，讲的是庄子与弟子走到一座山脚下，看见一株大树枝繁叶茂，耸立在大溪旁，特别显眼。庄子忍不住问伐木者："请问师傅，如此好大木材，怎么一直无人砍伐？以至独独长了几千年？"伐木者似对此树不屑一顾地说道："这何足为奇？此树是一种不中用的木材。用来作舟船，则沉于水；用来作棺材，则很快腐烂；用来作器具，则容易毁坏；用来作门窗，则脂液不干；用来作柱子，则易受虫蚀，此乃不成材之木。不材之木也，无所可用，故能有如此之寿。"听了此话，庄子对弟子说："此树因不材而得以终其天年，岂不是无用之用，无为而于己有为？"弟子听了恍然大悟。庄子感叹道："人皆知有用之用，却不知无用之用也。"这些年，我常常看到很多走出校门的人，或者喜欢放言高论，恃才傲物，最后无所成就；或者勤勉刻苦，精明强干，但最后受制于格局而遭遇事业天花板。所以，希望大家能真正体察有无之用，开创自己事业的王道。你们今后人生的道路难免坎坎坷坷，当囿于困境时，倘若你能自强不息，勇于爬坡过坎，我也敬你是条汉子。

我知道，"重要的事情说三遍"。但我对大家提的三点希望只讲一遍，免得你们的内心"几乎是崩溃的"。讲一遍能对大家有所启发，我就心满意足了。

"门外若无南北路，人间应免别离愁。"同学们，这是唐朝诗人杜牧的送别诗，他的意思是说，门前若没有路可以供人们南来北往，那么大家一直待在一起，也就可以免除别离之愁苦了。杜牧的情感是真挚的，但未免有些消极。我想给它改成"门外纵有南北路，人间当免别离愁"。在这样的大时代里，你们应该走向社会，去一展所长，方能不负所学。聚是一团火，散是满天星。四年前，你们带着行李和梦想，从五湖四海而来，聚集在昌平这一方天地里。四年倏忽而过，如今，你们又将带着行李和梦想，从这里出发，奔向五湖四海，奔向未来。

前几天，英国脱欧了，真是"友谊的小船说翻就翻了"，但据说第二天就有二百多万英国人后悔了。这引起我对离别的再思考。其实，学生毕业离别母校是世间最美丽的离别，对学校和老师而言，既有不舍，但更满怀期待相送；对同学们而言，既有淡淡的伤感和离别的惆怅，又有离家的兴奋和对未来美好的憧憬、向往。

同学们，今天，你们毕业了，离校了，但你们不可能像英国脱欧那般"脱法"，你们是法大的种子，你们是法大的火种，你们是法大的春夏秋冬。

同学们，请你们记住，不管走到哪里，你们都代表着法大，你们就是法大；母校心里始终装着你们，法大与你们同在！

同学们，离别终将来临，但梦想永不消散！在未来的日子里，愿你们一切安好！不负平生！

谢谢诸位！

# 何以法大人 *

尊敬的各位来宾、各位老师，亲爱的同学们：

大家上午好！

2013 年，你们来到中国政法大学，成为新一届的研究生。三年后的今天，我们满怀喜悦的心情相聚于此，隆重举行中国政法大学 2016 届研究生毕业典礼，祝贺 176 名博士研究生和 1784 名硕士研究生学业有成、开始新的人生之旅。在此，我代表学校和全体教职员工，对所有应届毕业研究生顺利完成学业表示最热烈的祝贺！向精心培育你们的教职员工表示最衷心的感谢！

六月，是一个告别的季节，有些告别来得突然，比如英国"脱欧"；有些告别早已注定，比如你们毕业。六月，是一个举杯的季节，有些碰杯是亢奋的，比如欧洲杯；有的碰杯是伤感而又喜洋洋的，比如你们的聚会。六月，是一个拼颜值的季节，有的颜值是 P 出来的，比如朋友圈中的你们；有的颜值是天然的，比如现在的你们。我不得不为你们点赞：你们"明明能靠长相吃饭，却偏偏要靠才华"！

其实，人生就是一场旅行，我们不断地与沿途的风景挥手告别。告别意味着成长，告别意味着无奈，告别意味着新征程。在今天这个告别的日子，我要特别提醒大家的是：人生终究有一些是不可告别的。你可以告别

* 于中国政法大学 2016 届研究生毕业典礼的致辞。

学校，但不可以告别学习；你可以告别师友，但不可以告别情谊；你可以告别青春，但不可以告别理想；你可以告别高贵，但不可以告别良心。

今天之前，你们是学生，我们是师长。但从今往后，我们只有一个共同的名字，那就是"法大人"。未来，你们将以"法大人"自称、自待、自任，以"法大人"自省、自新、自觉。那么，走出校门的你们和仍在学校的我们，何以为法大人呢？"何以法大人"就是我今天要讲的话题。

**首先，法大人要有法大人的活法。**

你得活出欢喜、活出性情。你得学会用生活取悦自己。生活不必每分钟都有意义，你得学会在有用而无趣的平常之中寻觅一些有趣而无用的欢乐。纵然山高路远，但路旁总有花、心中总有歌、天上总有星。道路曲折不等于活得悲催，千难万阻不必然苦大仇深，别惶恐地把人生变化当成变故，自我悲情化。生活本来就是长长的、苦乐相间的一串，无论肥与瘦，无论涩与甜，你得始终保持"撸串"的豪情与快感。要知道，唯有快乐与欢喜，能牵引你的生命；唯有兴致与情趣，能决定你的姿态。不必临摹他人的状态，不必复制他人的活法，不必顾忌他人的脸色，有尊严地安排属于自己的世界，才会越活越像自己。

你得活得心安，活得理得。心之所以安，在于不害世伤生、不刻薄寡恩；理之所以得，在于不悖情逆理、不冷酷无常。当复杂与诱惑扑面而来，请小心别让欲望勾搭上罪恶，别让功利暗恋上野心，斯文不能用来扫地，学问不能用来伤人，良心不同意的事不能干，底线不答应的事不能做，否则，母校与你的"友谊小船说翻就翻"。请记住，总有人间秩序的常态、常规与常例需要我们去遵守，总有人世生活的常识、常理与常情需要我们去遵循，唯有如此，才能守望你的人生，养护你的人性。法大人活着，就得常怀仁者之心、常享智者之乐、常备勇者之威，不以物喜，不以己悲，穷则独善其身，达则兼济天下。此一时有此一时的心安，彼一时有彼一时的理得。

**其次，法大人要有法大人的想法。**

法大人得"想得开"。风物长宜放眼量，仰望星空致高远。你与其困囿于一室，不如凿墙开窗，窗外自有另一个世界；你与其扭捏于眼前，不如迈开脚步，走向有诗和远方的田野。心有多大，舞台就有多大；梦有多大，天地就有多大。理想足够远，梦想足够大，足以让你的心力、愿力和体力用不完，一辈子才会一直精彩着。

法大人得"想得美"。美梦不一定黄粱，有行动就有成真的机会。再黑的夜，心中也可以有一轮明月；再孤独的人，也可以把酒当歌。如果想得都不美，做也不会做出个样子来，自家的蓝图都不勾画，何以绘制"经国纬政，法治天下""经世济民，福泽万邦"的图景。人生的悲哀不在于失去什么，而在于不知道想要什么。心中无美梦，在哪里都是流浪。

法大人得"想得多"。不要怕别人说你想得太多，梦想倘若没有具体目标和操作指南，梦想的阳光哪会照进现实。没有进停车场，永远不知道停车场有没有空位。法大人从来都拒绝没有方向的蛮干和没有蛮干的方向。多想几步、多走几步，三思而后行，是通往未来的唯一锦囊妙计。

**再次，法大人要有法大人的说法。**

人永远都有一条道路，通向更好的自己，也通向更好的世界。这条路就是公平正义之路。法治是关于公平正义的艺术。我们所有的课堂，都在探寻这条道路，我们拿公平正义与各种价值坐标比对，于内心深切自省，在法言法语中求真、向善、至美。这三年，母校教给你们的不仅是追求公平正义的技艺，更是坚守公平正义的勇气和担当，教你不当暴力的帮凶，更不做沉默的助手。

走出校门，母校希望你们能保持批判精神，勇敢发声、伸张正义，因为哪里正义匮乏，哪里便会滋生危机。面对不公，要敢于呐喊，不要装深沉；面对强权，要勇于力争，不要装淡定；面对诱惑，要善于拒绝，不要装可爱。我们要对自己的声音负责：语言不能成为诋毁他人与攻击人格的工具，基于义愤的呐喊，只是逞一时之能；语言也不能成为特权的专利，基于个体利益的呼吁，也会扭曲法律的本意和法治的精神。

法大人的声音，应当有理有法、有情有义，不以势力强弱而改变，不随命运变换而转移。请以法大人的说法去改善这个世界，希望从此之后，哪里有不公不义，哪里就能听到法大的声音。

**最后，法大人要有法大人的干法。**

法大人的干法在于创新、创新、再创新，在于自强不息、追求卓越。我们所处的时代是伟大的时代。这是一个转型的时代，这也是一个颠覆的时代，只有回不到的过去，没有到不了的未来。再不创新，你们就老了；再不创新，你们就只能走上一条不可逆转的末路：先知先觉地去模仿、后知后觉地被超赶、不知不觉地被淘汰。创新就是与平庸背道而驰，就是拿一把斧头凿破旧有、拯救平常，就是在冥冥中挖掘新意，在朦胧中想象未来。这既是你们事业的起点，也是你们奋斗的终点。

创新之路或许是在无序与凌乱之中一段漫长的摸索，或许是一场与肤浅和成见持久的较量与挣脱，支撑下去的唯有坚持、坚持、再坚持。记住，打开门的，往往是最后一把钥匙。法大人需要默守一种坚强的精神，恪守一种坚韧的信念，沉淀一种坚持的信心，熬过长夜、待到拂晓、等来日出。作为法大人，你们走出校门，走向社会，要勿忘母校的校训精神，"厚德"需坚持不懈，"明法"需坚定不移，"格物"需坚忍不拔，"致公"需坚强不屈。这四点是法大给予你们的一辈子的精神食粮，请你们终身携带。

同学们，三年前，你已是法大人；三年后，你更是法大人。法大人的活法、想法、说法、干法，是代代法大人一脉相承的传家宝，是个个法大人时时谨记的座右铭。请带上它们出发，从此母校与你同行，你便有底气以法大人"自居"。

此去一别，前路迢迢。如同儿子远行、女儿远嫁，母校一如父母，再唠唠叨叨、再婆婆妈妈，也不是为了让你们"干了这碗鸡汤"，而真的是一片肺腑，真的是对远行的儿女放心不下。同学们，未来，如果你顺风顺水，心旷神怡，母校会远远地含笑眺望、祝福、欣赏；如果你心里拧巴、肚里憋屈，那就回母校来看看吧，让你的导师拍拍你，让你的母校也瞅瞅你，也许就会春和景明、宠辱皆忘。今后，你们无论居庙堂之高，还是处江湖之远，法大始终与你们同在。因为，再怎样，你也是从法大走出去的；再怎样，你也是法大人；再怎样，你也是法大的孩子！

别了，同学们！一日法大人，终身法大情；三年法大人，三世法大情！拱手相送，长路在前，三季春风，一回人间！莫愁前路无知己，天下谁人不识君。唯愿你们一切安好！不负平生！

谢谢大家！

# 万象人生，点一盏不灭心灯*

尊敬的各位来宾、各位老师，亲爱的 2017 届本科毕业同学们：

大家上午好！

四年军都春，一朝离别夏。今天我们在这里欢聚一堂，相携着璞玉初成的喜悦，满载着扬帆起航的梦想，隆重举行中国政法大学 2017 届本科生毕业典礼，共同见证 2192 位本科毕业生圆满完成学业，开启人生的新篇章。

同学们，少年辛苦终成事，鸾翔凤集正当时。今天是属于你们的光荣时刻！在此，我谨代表学校和全校教职员工向 2017 届本科毕业生致以最热烈的祝贺和最美好的祝愿！同时，也向四年以来参与并见证你们成长、辛勤培育你们的老师和亲友们致以最诚挚的感谢和最崇高的敬意！

四年前，你们怀揣对大学的美好憧憬来到法大。四年里，无论经历了什么，你们都成长起来了，你们砥砺了品德、丰富了学识、提升了能力、增添了智慧、强健了身心，少了些许年少轻狂，多了几分成熟稳重，从你们的精气神中，我能感受到你们热情奔放、神采飞扬的青春气息。

四年来，学校综合改革不断深化，人才培养质量稳步提高，科学研究成绩斐然，智库建设屡获突破，国际影响力持续攀升。在这四年里，你们，与法大一路同行、一起成长，见证了法大日新月异的进步和久久为功

---

* 于中国政法大学 2017 届本科生毕业典礼的致辞。

的辉煌。2013 年，法大牵头共建的"司法文明协同创新中心"成为国家实施"2011 计划"首批认定的协同创新中心之一；2014 年，教学成果"及时共享、协同融合、学训一体的同步实践教学模式"首次荣获国家级教学成果一等奖；2015 年，在加勒比海的巴巴多斯建立第三所孔子学院；2016 年，首次与政府间国际组织"海牙国际私法会议""亚洲—非洲法律协商组织"签署全面合作协议。当然，还有昌平教学楼换上了"法大红"新装，你们的宿舍装上了空调。

今年，2017 年，是法大建校 65 周年，更是在法大校史上要浓墨重彩记载的一年。学校这学期刚刚顺利通过了教育部本科教学工作审核评估，特别是在五四青年节来临之际，在法大建校 65 周年前夕，中共中央总书记、国家主席、中央军委主席习近平 5 月 3 日上午亲临法大考察，代表党中央对法大建校 65 周年，向全校师生员工表示热烈的祝贺。在他考察的三个多小时里，他参观了校史及成果展，亲切会见了五位资深教授，在学生活动中心参加了民商经济法学院本科生的班级活动，勉励同学们不忘初心、珍惜韶华、潜心读书、敏于求知，做到德智体美全面发展，毕业后为祖国和人民施展自己的才华，实现自己的人生价值。在他亲自主持的有法大师生和首都法学专家、法治工作者代表、高校负责同志参加的座谈会上，他作了关于全面依法治国、法治人才培养和青年成长成才的重要讲话。总书记高度肯定了我校的办学成就，他说："中国政法大学成立于新中国之初，是我国一所著名高等学府。65 年来，学校培养了二十多万毕业生，为我国社会主义建设和改革开放事业特别是社会主义法治建设作出了重要贡献。"总书记的到来和重要讲话为法大师生和广大校友送来了党和国家的亲切关怀、谆谆嘱托和殷殷期望，让我们所有法大人倍感振奋、备受鼓舞，也让我们深感使命光荣、责任重大。我深信，法大定将不忘初心、奋发有为，自强不息、追求卓越，在国家现代化和法治中国建设道路上，在实现中华民族伟大复兴中国梦的过程中，承载更多的使命、发挥更为重要的作用。你们 2017 届毕业生是这一法大 65 年发展史上非常重要的历史性事件的参与者、亲历者和见证者。我知道，在座的一些同学还和你们的习大大握了手、合了影、同了框、上了镜。我能理解，你们作为法大学生的那份骄傲和自豪。从今往后，你们成为法大的校友，也一定会理解，自己内心的那份荣光与自豪——你们曾脚踏四年的这片土地，承载着中国法治的精神和脊梁，也是你们日后内心柔软的故乡。

习总书记在"5·3"法大重要讲话中勉励青年一代要励志勤学、加强磨炼。他说："人事有代谢，往来成古今。中国的未来属于青年，中华民族的未来也属于青年。""在千帆竞发、百舸争流的奋进时代，广大青年要登高望远，特别是要励志勤学、加强磨炼。志向是奋斗的原动力，也是人生的定盘星。""志不立，天下无可成之事。""青少年要扣好人生第一粒扣子，这第一粒扣子就是早立志向、有正确的价值观。从古至今大凡有作为的人，无一不是志向远大的人。一个有意义的人生，必定是同人民一道拼搏、同祖国一道前进的人生，必定是有信念、有梦想、有奋斗、有奉献的人生。""当今中国最鲜明的时代主题，就是实现'两个一百年'奋斗目标、实现中华民族伟大复兴的中国梦。当代青年励志，要树立与这个时代主题同心同向的理想信念，勇于担当这个时代赋予的历史责任。要立志干大事，而不是当大官、求大名、图大利。""广大青年人人都是一块玉，要时常用真善美来雕琢自己，努力使自己成为高尚的人。"习总书记的这些话都是金句良言，言近旨远，微言大义，情真意切，语重心长。我们要内记于心，外践于行。

同学们，我们即将告别！当挥手为你们送行，依依不舍之情总是难以言表，但作为你们的校长和师友，我忍不住要说几句叮嘱的话，也可以视作我学习习总书记"5·3"法大重要讲话的一点体会。

同学们，大千世界，万象人生；人生如棋，棋如人生。是非成败、悲欢离合，常常在转念之间。法大四年，你们在这里耳濡目染，不仅学习了专业理论知识，而且，法治信仰、人文精神、科学理性、创新潜质、批判思维、社会责任、家国情怀，也已藏存在你们心间。今后，无论你身居何处，位居何职，抑或是居庙堂之高，抑或是处江湖之远，我都希望你们在心中能够点一盏不灭心灯。

**这盏不灭心灯是梦想之灯。**

思者无涯，梦者无疆。梦想，就是你头上的星空，梦想越发达，人心越强大。黑格尔曾说："一个民族要有一些关注天空的人，他们才有希望；一个民族只是关心脚下的事情，那是没有未来的。"今天，我们正处在一个充满创新活力的时代，一个孕育着无限希望的时代。经济的持续发展、政治的文明进步、社会的管理创新、文化的繁荣发展、生态的绿色修复、国家的民主法治和中华民族的伟大复兴，还需要我们一代又一代的中国人不懈努力。法大毕业生，要有读书人以天下为己任的境界，志存高远。家国在心，情怀如梦，超越小我，追求大我，把实现自我的人生价值与国家的前途命运紧密联系起来，肩负起推动依法治国、建设社会主义法治国家的时代使命。凡你在处，便是法大；凡你在处，便是中国。你们所伫立的地方就是美丽中国的未来，使国家变得更加繁荣富强是你们的责任，使社会变得更加公平正义是你们的义务。

**这盏不灭心灯是勤学之灯。**

"君子曰：学不可以已。"《奇葩说》中的老奇葩姜思达曾说："你可以一天整成一个范冰冰，但你不能一天读成一个林徽因。"大学毕业只是人生阶段的一个节点，并非学习道路的终结，正所谓"业精于勤，荒于嬉；行成于思，毁于随"。胡适先生曾指出，大学生步入社会后最容易出现两种堕落，其一便是容易抛弃学生时代的求知欲望。聪明在于勤奋，天才在于积累。一个人之所以能不断成长，就是因为他有一种坚持学习下去的力量，好读书、勤于思考，巨大成功的背后是对于知识不断的汲取。因此，同学们，你们只有在读书中"博观而约取"，最终才能"厚积而薄发"。互联网确实是一个获取知识、方便阅读的好工具。网络阅读是现代阅读的重要方式。然而，要把互联网当工具使用的前提是你的精神足够强健，在成为一名网民之前，首先要成为读者。如果你不读书，只热衷于刷微博、看八卦、聊天和玩游戏，那么就变成了整天挂在网上的"网虫"，容易被碎片化的信息和不负责任的言论所干扰，缺少自己的独立思考和理性判断。因此，我希望同学们一生都能保持读书的习惯，持续学习、修身慎行、怀德自重、敦方正直，通过阅读将生活中黯淡的时光换成巨大享受的时刻，为人生添彩。

**这盏不灭心灯是坚韧之灯。**

人生，需要品味遗憾，打扮寂寞。未来，需要坚韧奋斗，独味生活。不辛苦劳作，不持久打拼，不触动几次神经，不空乏几次肉身，人生的世界大门是打不开的。再长的路，一步步也能走完，再短的路，不迈开双脚也无法到达。从法大毕业，我知道你们胸怀凌云之志，渴望展翅于浩瀚天空，但切忌急功近利、低俗势利，不要对短期收益报以过高期待，要脚踏实地、持之以恒，无论顺境还是逆境，都对人生永葆积极向上、进取拼搏的热情和坚韧。前一阵，有个很火的电影叫《摔跤吧，爸爸》，其中大女儿成功的精彩，正是来自于日常大量枯燥训练的积累，来自于弯路中的折回，来自于绝不放弃的最后一击。不驰于空想，不骛于虚声，而惟以求真的态度作踏实的工夫，以坚定不移、坚忍不拔、坚持不懈的意志应对挫折，正确对待一时的成败得失，处优而不养尊，受挫而不短志，则真理可明，则功业可就。

**这盏不灭心灯是生活之灯。**

在这个世界上，每个人都要生活、都在生活、都有自己的生活。但我还是再次提醒大家：热爱生活！学会生活！欣赏生活！苏格拉底曾说："未经审视的生活是不值得过的！"审视是一种选择，能闲世人之所忙者，方能忙世人之所闲。历史上有许多伟大人物，在他们众所周知的声誉背后，往往都有各自的兴趣爱好。爱因斯坦就是小提琴爱好者，他曾作过一番总结："音乐和物理研究起源不同，目标却一致，就是追求表达未知，并获得超越日常生活的安定。"一个人进入社会后总得发展一点专门职业以外的兴趣爱好，拥有一个爱好就能够养出一份超乎功利的兴趣，认真对待生活也是一种生产力。希望你们今后在工作中严谨处事、认真待人，在生活中对一切未知，报以好奇；对所有不同，持以尊重，用澎湃的生命力去唤醒另外的灵魂。

同学们，属于你们的大学生活已经画上了圆满的句号。今日过后，你们将奔赴大江南北、长城内外，去继续你们自己的人生征程。如果有一天，你的心灯灭了，请你把酒问心，对月三省，抛弃那忙忙碌碌的俗世，静思这曲曲折折的人心；请你仰望星空，遥望军都，去破解善与恶的拷问，去击退黑与白的挣扎，去明辨是与非的纠结，执起法大人的使命，勇于担当，迎难而上，奋起直击，重振旷世之情怀。如果你掐灭心灯，自甘堕落，那么，军都山不会怀念你，拓荒牛也会鄙视你。只要心灯不灭，母校则永远揽你入怀，做你们的坚强后盾和精神港湾。

同学们，成长的历程是一串冰糖葫芦，有酸也有甜。现在，启程出发吧。愿你们心怀宏志，不负使命，迎难而上，创造未来，谱写人生的欢乐颂！

再见了，同学们。祝福你们拥有一个幸福、精彩的人生！谢谢大家！

# 你们，就是法治中国的未来！*

尊敬的各位老师，亲爱的同学们，远道而来的毕业生亲友们：

大家上午好！

时间过得真快！对来自海内外的中国政法大学 2017 届研究生来说，尽管青春还未挥洒殆尽，毕业季却已悄然而至。经过三年或许更久的刻苦学习，同学们，你们以出色的成绩，光荣地穿上了硕士服或博士服。在此，我代表学校和全体教职员工，向你们顺利完成学业表示最热烈的祝贺！同时，你们的青春风采，你们的聪明才智，你们的优秀表现，完美践行了"凡我在处，便是法大"的箴言，你们是法大的荣耀，我要向你们表示衷心的感谢！

今天属于你们，是你们毕业的日子！但今天也属于你们的老师和亲友。我想借此机会邀请所有心怀感恩的毕业生，对所有支持、鼓励甚至"苛责"你们的老师和亲友，说一声"谢谢"。我说"一、二、三"，你们大声说"谢谢"："一、二、三，谢谢！"大家真给力哈。我也谢谢大家的真诚，你们看，天都被你们感动得要流泪了（快下雨了）！

对同学们来说，离别的六月格外伤感。毕竟和本科毕业相比，大部分同学将彻底告别校园生活，告别一段渐行渐远、没有回头路的青春。虽然"天地不仁，以万物为刍狗"，但是我们无法超越肉身，难以割舍三载时

---

* 于中国政法大学 2017 届研究生毕业典礼的致辞。

光、蓟门晓月和同学师长——"而那过去了的，将会成为亲切的回忆"。

"忆往昔，峥嵘岁月稠。"人世间，总有一些时光是值得记忆的，总有一些人是值得怀念的，总有一些故事是值得回望的。而大学时代的青春，无疑是最值得同学们记忆的一段历程。今年，2017，"我们一起"，共同迎来了学校建校65周年。在全体师生的共同努力下，学校综合改革不断深化，人才培养质量稳步提高，科学研究成绩斐然，智库建设屡获突破，国际影响力持续攀升。特别是在"五四"青年节来临之际，在法大建校65周年前夕，中共中央总书记、国家主席、中央军委主席习近平5月3日上午亲临法大考察，代表党中央对法大建校65周年，向全校师生员工表示热烈的祝贺。在他考察的三个多小时里，他参观了校史及办学成果展，亲切会见了五位资深教授，在学生活动中心参加了民商经济法学院本科生的班级活动，勉励同学们不忘初心、珍惜韶华、潜心读书、敏于求知，做到德智体美全面发展，毕业后为祖国和人民施展自己的才华，实现自己的人生价值。在他亲自主持的有法大师生和首都法学专家、法治工作者代表、高校负责人参加的座谈会上，他作了关于全面依法治国、法治人才培养和青年成长成才的重要讲话。总书记高度肯定了我校的办学成就，他说："中国政法大学成立于新中国之初，是我国一所著名高等学府。65年来，学校培养了二十多万毕业生，为我国社会主义建设和改革开放事业特别是社会主义法治建设作出了重要贡献。"总书记的到来和重要讲话为法大师生和广大校友送来了党和国家的亲切关怀、谆谆嘱托和殷殷期望，让我们所有法大人倍感振奋、备受鼓舞，也让我们深感使命光荣、责任重大。我深信，法大定将不忘初心、奋发有为，自强不息、追求卓越，在国家现代化和法治中国建设的道路上，在实现中华民族伟大复兴中国梦的过程中，承载更多的使命，发挥更为重要的作用。法大毕业生、法大校友、所有法大人，必将前程似锦，大有可为！

习近平总书记曾给大学生算过一笔"人生账"："现在在高校学习的大

学生都是 20 岁左右，到 2020 年全面建成小康社会时，很多人还不到 30 岁；到本世纪中叶基本实现现代化时，很多人还不到 60 岁。也就是说，实现'两个一百年'奋斗目标，你们和千千万万青年将全过程参与。"对于法大人而言，我们还有着特殊的使命和责任。实现现代化，意味着全面依法治国。建设法治中国，就是我们每一个法大人的使命和责任。同学们，你们不仅将亲身参与法治中国建设，而且，你们就是法治中国建设的主力军，你们就是法治中国的未来！

毕业意味着告别，也意味着新的开始。"毕业典礼"一词的英文为"commencement"，而"commencement"本身就有开始的意思。在你们踏上新征程之际，作为你们的校长和师友，我和你们的父母一样，总希望你们能够成为有出息、有作为、有担当的人。电影《一代宗师》提到，练武之人有三个境界："见自己、见天地、见众生。"作为法治中国的未来，你们任重而道远。我希望你们也能够"见自己、见天地、见众生"，努力成为法治中国建设中的"一代宗师"。

**"见自己"，意味着要坚持终身学习，求知若渴，"不迷不成家"。**

学习、勤学、终身学习是你们安身立命之本。我校潘汉典先生，堪称我国法律文献翻译和比较法学教育的巨擘。他老人家虽年高九旬，仍然钻研学问、笔耕不辍，前一段还审校完成了他 1947 年翻译的博登海默《法理学》（第一版），现已付梓出版。我校终身教授张晋藩先生，克服眼疾，以坚忍不拔的毅力、八十多岁的高龄完成了鸿篇巨制——《中华法制文明史》。二老是我们法大的学术大家，更是"活到老、学到老"的典范。

坚持终身学习，不仅需要坚持理论学习，更需要加强对中国社会和世界的理解，在实践中学习。法治是世俗但不庸俗的事业，法学是专业但不僵化的学问。同学们毕业后一定有不少人会从事法律职业，这是一个实践性很强的职业，需要耐心、经验和阅历。开始工作时，你可能会干很多琐事，比如准备会议、整理文件、装订卷宗等，但你一定不要被日复一日的琐事消磨了你的学习。记住，"少一些套路，多一些真诚"。在所有的行业和领域，你都必须从身边卑微的小事学起、做起，从卑微一步步走向强大。

2002届的周征远校友是值得你们学习的佼佼者。他年轻有为，是广州市海珠区人民法院的刑庭庭长。他在全国率先探索和实践"刑事速裁"审判模式，坚持尽自己的绵薄之力去推动中国法治的进步。

**"见天地"，意味着要坚守职业伦理，谨记"天大地大不如法大"。**

道德伦理是做人的底线，法律法规是处事的红线。仅有"见自己"的专业学习是不够的，还应该"见天地"。习近平总书记考察法大时强调："中国特色社会主义法治道路的一个鲜明特点，就是坚持依法治国和以德治国相结合，强调法治和德治两手抓、两手都要硬。"他说，中国政法大学的校训"厚德、明法、格物、致公"给他留下深刻印象，因为包含着"厚德"的理念。法律是成文的道德，道德是内心的法律。法安天下，德润人心。他希望法学教育要坚持立德树人，法学专业学生要德法兼修、明法笃行，打牢法学知识功底，加强道德养成，培养法治精神，而且一辈子都坚守，努力用一生来追求自己的理想。总书记这里讲的修德，讲的是法律人不仅要修为人之德、公民道德，还要修法律职业伦理、道德、操守，强调法律职业伦理对法律人的规制。实现全面依法治国，需要人民对法治抱有信心；而人民对法治抱有信心，必须首先对法律人有信心；而要让人民信赖法律人，法律人必须德法兼修，坚守职业伦理，尊重法律。法律人违法乱纪犹如污染法治的水源，对法治的戕害可以说无以复加，会导致人民对法治丧失信心，多米诺骨牌效应就会发生，全面依法治国也就会成为水月镜花。

1994届的吴兴印校友是值得大家学习的榜样。他先后获得"广东省优秀律师""全国律师行业创先争优活动党员律师标兵"，他创办的广东至高律师事务所也成长为行业的标杆。他把自己比喻成律师行业里的追梦人，他以严谨敬业的职业操守，执着地对公平正义不懈追求，成就了其对律师的职业信念。他曾经说过："身为律师，我们应该要珍惜'律师'这个称号，并用最大的诚信去维护它。律师一定要为自己讲的话负责，为自己提供的法律意见负责，只有这样，才能经得起时间的考验，才能赢得当事人的信赖。"这种诚信做人的态度正是他对法律人职业伦理至高无上的诠释。

反之，如果忽视职业伦理，甚至违法乱纪，就像电视剧《人民的名义》中身为中级人民法院副院长的陈清泉和学法律出身的公安厅长祁同伟，不追求公平正义，最终踏上雷区，或锒铛入狱，或作孽自毁。

**"见众生"，意味着要坚定法治信仰，"不忘初心"。**

我们所处的时代，是全面建设小康社会、全面深化改革、全面依法治国、全面从严治党和全面参与全球治理的时代。这是一个催人奋进的时代。我们法大人是不能没有家国情怀的。这不仅仅是青春的激情，也是生命力的象征。对法治的信仰和坚守并不是要求大家一定要做惊天动地的大事，平凡的生活和普通的事业依然可以践行"见众生"的法治信仰。

2010 届的周晓芳校友以实际行动作出了表率。她是云南省腾冲市法律援助工作站主任、"云南省十佳法律援助工作者"。法大毕业后，她选择扎根边疆，献身公益。本着"应援尽援"的理念，在基层为老弱病残弱势群体提供法律援助，四年下来，她办了将近七百个案子，在解决求助者的法律问题的同时，也积极传播了法治精神。

人民日报社副总编辑卢新宁曾对北大学子说："我唯一的害怕，是你们已经不相信了——不相信规则能战胜潜规则，不相信风骨远胜于媚骨。你们或许不相信了，因为追求级别的越来越多，追求真理的越来越少；讲待遇的越来越多，讲理想的越来越少；大官越来越多，大师越来越少。"她呼吁同学们："请看护好你曾经的激情和理想。在这个怀疑的时代，我们依然需要信仰。"对法大人来讲，我们的信仰就是法治中国、法治天下。这个社会更需要的，不是法大人的适应、苟且，而是法大人的坚守、执着，也就是法大人对法治信仰的坚定不移、坚持不懈！

**愿你们出走社会半生，归来法大仍是少年！**

梁漱溟先生写过一本书《这个世界会好吗》，它以朴素的设问提出了时代的大问题：这个世界会好吗？习近平总书记在纪念孙中山先生诞辰150周年大会上指出，我们比历史上任何时期都更接近中华民族伟大复兴的目标。是的，我们也比历史上任何时期都更接近法治中国的目标，比历史上任何时期都更有信心、更有能力实现这个目标。法治中国将决定未来中国的分量和质量，而能否实现法治中国的目标，就在各位的手上。

同学们，你所站立的地方，就是中国；你有光明，中国就有光明；你们，就是中国法治的未来！

同学们，再见啦！离别母校的时候不许哭，但此时此刻天在哭（下雨了），真是"自古多情伤离别"啊！你们记得有空回来哟。再次祝贺你们！衷心祝福你们！

# 不忘法大人初心，牢记新时代使命*

尊敬的各位老师，亲爱的同学们，远道而来的毕业生亲友们：

大家上午好！

仲夏时节，万物并秀。今天，我们在这里隆重举行中国政法大学2018届本科生毕业典礼，为顺利毕业的2178名本科毕业生"加冕"、送行。首先，我代表学校和全体教职员工，向圆满完成学业的同学们表示热烈的祝贺和美好的祝福！向所有为同学们的成长付出关爱和辛劳的师长、亲友们致以崇高的敬意和衷心的感谢！

各位同学，四年似梦，青春如风。在这里，你是否领略过京城的博大、昌平的西风、法大的秋冬、北方的梧桐？你是否还记得校园最初的没有紫荆红妆的素颜？你是否爱上了法渊阁一夕斜阳、玉兰花清幽淡香、拓荒牛威武雄壮？你是否习惯了晨曦走廊里琅琅书声和宪法大道上的青春作伴？你是否知道法治广场和婚姻法后花园在一个地方是什么"梗"？你是否遇见纯真温暖的"小确幸"、邂逅积极向上的她或者他？

同学们，今天你们身着学士服，意味着你们即将开启人生新的旅程。人生需要向前看才能到达远方，但同时不忘初心才能让我们收获更多的力量，因为世界上的很多伟大，都来自不变的初心；人生的许多奋斗，都源自最初的梦想。初心，它或如马克思在中学毕业论文中说的那样宏大："如

* 于中国政法大学2018届本科生毕业典礼的致辞。

果我们选择了最能为人类福利而劳动的职业，那么，我们就不会为它的重负所压倒……我们的幸福将属于千百万人。"也可能像毛泽东离开韶山冲外出求学时那么励志："孩儿立志出乡关，学不成名誓不还。"更多的则可能是，人可"生如蚁而美如神"，在生活琐事里不忘理想追求，在往来奔波中寻找价值实现。

我是 2009 年来到法大工作的，今年正好是我担任法大校长的第十个年头。十年间，迎来送往数万法大学子，我常说，希望今后大家回想起法大时，感念的不止于它的传道授业解惑，更多在于法大是你们人生定位与价值塑造之所在，你们在这里确立了拳拳初心、编织了美丽梦想，你们在这里才真正在人生的大海上扬帆起航。那大家不禁要问，我们法大人的初心是什么呢？

**同学们，永葆家国情怀是我们法大人的初心。**家国情怀是几千年来扎根在中华民族内心深处的精神支柱。《礼记·大学》讲"修身、齐家、治国、平天下"，范文正公范仲淹讲"先天下之忧而忧，后天下之乐而乐"，横渠先生张载讲"为天地立心，为生民立命，为往圣继绝学，为万世开太平"，亭林先生顾炎武讲"天下兴亡，匹夫有责"，现在我们讲践行"富强、民主、文明、和谐，自由、平等、公正、法治，爱国、敬业、诚信、友善"的社会主义核心价值观，奋力实现中华民族伟大复兴中国梦，这些都是家国情怀在不同时代的经典表达。"知责任者，大丈夫之始也；行责任者，大丈夫之终也。"责任、担当和荣誉，乃是家国情怀之精髓所在。家国情怀是一股永不衰竭的精神涌流，有了它的滋润，你们才能描绘大写的人生、成就平凡的不凡。希望你们能站在国家、民族、人类未来的大视野中去思考问题、付诸行动，拥有广阔而深邃的时空格局，做"中国的脊梁"，做一个真正对社会有意义的法大人。

**同学们，忠于法治信仰是我们法大人的初心。**对法治的信仰，亘古有之，比如，我们熟知的汉谟拉比法典，282 条的法典全文镌刻在高 2.25

米、平均周长逾1.7米的黑色石柱上，国王要在太阳和正义之神面前接受权标，以示法律的权威和尊严。诸位同学（即使是"非法"专业的同学）这几年的法大时光，一定受到了法大浓厚法学氛围的熏陶和良好的法律思维培养，法治的种子已经埋在你们心田。未来不论你们是否从事与法律相关的职业，都请牢记自己法大人的身份，将法治信仰内化于心、外践于行，尊崇法律、守护正义，坚持你们入学时的豪迈誓言："挥法律之利剑，持正义之天平，除人间之邪恶，守政法之圣洁，积人文之底蕴，昌法治之文明。"

**同学们，坚守道德底线是我们法大人的初心。**习近平总书记去年5月3日考察我校时特别指出，法律是成文的道德，道德是内心的法律；法安天下，德润人心；青年人要德法兼修。今年五四青年节前夕，总书记再次勉励我校青年学子，坚定信仰、砥砺品德、珍惜时光、勤奋学习，努力成长为有理想、有本领、有担当的社会主义建设者和接班人，为法治中国建设、为实现中华民族伟大复兴中国梦贡献智慧和力量。我还记得，爱因斯坦在悼念玛丽·居里夫人时也曾说过："第一流人物对于时代和历史进程的意义，在其道德品质方面，也许比单纯的才智成就方面要大得多。"在今后的人生大舞台上，你们要牢记"厚德、明法、格物、致公"的校训精神，时刻提醒自己德法兼修、明法笃行，努力成为一个心灵美丽的人，一个德才兼备的人，一个健全人格的人。

《千字文》有言："守真志满，逐物意移。"人生一世，时光匆匆，变化无常，抱朴守真实在不易。人们往往会在岁月变迁中纠结于现实的纷扰，随波逐流，淡忘了本真。但"生命的本相，不在表层，而是在极深极深的内里"（席慕蓉《生命的滋味》）。所以，希望同学们今后不时问问自己：自己在法大确立的初心和编织的梦想还在吗？还是不是自己最高的追求？

不忘初心，方得始终。不忘初心，就是给人生奋斗定意义，给生命拓展扩空间。人事有代谢，往来成古今。每一代青年都有自己的际遇和机缘。你们现在正处于千帆竞发、百舸争流的奋进时代，除了不忘法大人的拳拳初心，还需要牢记新时代赋予你们的庄严使命。

去年，党的十九大庄严宣布，经过长期努力，中国特色社会主义进入了新时代，这是我国发展新的历史方位。这意味着近代以来久经磨难的中华民族迎来了从站起来、富起来到强起来的伟大飞跃，迎来了实现中华民族伟大复兴的光明前景。中华民族正以崭新姿态屹立于世界东方。同时，科学技术的快速发展，特别是互联网、大数据、云计算、区块链和人工智能等新技术正在深刻改变着人类社会生活。而世界上政治多极化、经济全球化、社会信息化、文化多样化、法治趋同化深入推进，和平发展的大势日益强劲，变革创新的步伐持续向前，人类社会正处于大发展、大变革、大调整的新时代。

同学们，新时代既机遇无限，又挑战空前。远的不说，就说激战正酣的俄罗斯世界杯足球赛，赛场内外，中国元素的确不少，但缺的是中国足球队。而中美贸易战或排兵布阵、一触即发，或拟打叫停、停中喊打，冤冤相报，一时难了。因此，迎接新时代的巨大挑战将成为你们责无旁贷的光荣使命。青年兴则国兴，青年强则国强。青年一代有理想、有本领、有担当，国家就有前途，民族就有希望。希望你们今后，肯下倔劲、拼劲、韧劲和闯劲，励志、修德、明辨、实干、创新、笃行，与祖国共进，与时代同行，在波澜壮阔的伟大历史进程中实现自己的壮美人生。

**一是要肯下倔劲，筑牢坚定的理想信念。**理想信念，是人生的定盘星，也是奋斗的原动力。习近平总书记经常用一个比喻来勉励青年人，要扣好人生第一粒扣子。这"第一粒扣子"就是早立志向、有正确的价值观。当今中国最鲜明的时代主题，就是实现"两个一百年"奋斗目标、实现中华民族伟大复兴的中国梦。当代青年励志，要树立与这个时代主题同心同向的理想信念，勇于担当这个时代赋予的历史责任。要立志干大事，而不是当大官、求大名、图大利；立志为国家、为人民、为社会多做贡献，而不是只顾个人、只顾小家、只顾亲友；有了这样的志向，就有了正确的人生航向，就有了不竭的前进动力。

**二是要肯下拼劲，书写奋斗的人生乐章。**当今中国，从"创新创业"到"互联网＋"，从自由贸易试验区建设到"一带一路"倡议的实施，社会搭建起广阔的舞台，供青春施展才华、追逐梦想，你们将在时代的舞台上创造无限可能。纪录片《荒野求生》主持人贝尔·格里尔斯说过："人们永远不会为做过什么而后悔，只会为没做过什么而后悔。"同学们，热血才少年！请拒绝磨叽，请摈弃"油腻"。热血奋斗的重要前提是拥有真学问，怀揣真本领。因此，毕业不是学习的终结，而是新的开始。毕业后，希望你们继续学习、终身学习，"读万卷书、行万里路"，做到"博观而约取，厚积而薄发"。只有在年轻的时候奋斗过、拼搏过、奉献过，书写过人生的精彩、攀登过人生的高峰，你们才能在以后回忆时自信地道一句："青春无悔！"

**三是要肯下韧劲，培养健康的身心状态。**走出校园，你们不免会遇到各种挑战和挫折，请你们培养良好的精神状态，锻炼自己坚韧的品格。面对困难，你们可以偶尔"佛系"，但绝对不可"巨婴"。要学会内心阳光、理性平和，做到能甜能苦、能上能下、能进能退、能屈能伸，不断认识自我、发现自我，从而实现完善自我、超越自我。之前，有一首"神曲"在网上走红，那句"感觉身体被掏空"戳中了社会痛点，引发社会共鸣。据说，我国仅有 11.2% 的居民能够保持健康的生活方式。这不能不引起我们的警觉。"文武之道，一张一弛。"身体就像一张弓，只拉不松、必然折断，张弛有度、方能持久。健康是一种权利，也是一种责任。希望你们劳逸结合、刚柔相济，对自己负责，对爱你的人负责，对国家和社会负责。

**四是要肯下闯劲，争做全球化时代的大国公民。**当前，自由贸易试验区探索日新月异，"一带一路"建设如火如荼，人类命运共同体构建已成国际共识，高素质人才施展才华的空间与舞台今非昔比。希望你们能够从全球视野出发，认识和思考国家和区域问题，做一个从容自信、眼光长远、格局广阔、情系苍生、心怀天下的人，做一个拥有大国公民素养和国家精英视野的人，做一个将个人学业、事业、家业与国家、民族、人类命运紧密联系在一起的人，立身于德、立德于诚、立言于真、立功于实，永立时代潮头。

亲爱的同学们，我们就要挥手告别了，让我们再道一声珍重。法大见证了你们的青春芳华，也还会伫立在这里，见证你们下一次归来时的人生故事。诺贝尔文学奖得主鲍勃·迪伦演唱的 Forever Young（《永远年轻》）道出了我此时的心境：愿你正直无私，愿你真实善良，愿你梦想成真，愿你意志坚强，愿你永远了解真理的方向，愿你的歌曲能够永远被人传唱……期待你们常回母校看看，不问富贵平常，只想记起光阴的故事；不为衣锦还乡，只想看看你们的模样。当我们重逢在灿烂的日子，除了知道你们一切安好，希望我们还依然能够在你们的眼睛里，看到执着的信念和坚毅的目光，看到无悔的追求和最初的梦想，看到"千淘万漉虽辛苦"的少年情怀，收获"吹尽黄沙始到金"的不老时光。恰如作家孙衍所说的："愿你出走半生，归来仍是少年！"

同学们、老师们，从我们进入法大那天起，在我们身上和内心都深深烙上了法大人的印记。我们是法大人，一生一世法大人。坚信法大人的珍贵吧！"爱你所爱，行你所行，听从你心，无问西东"。坚信法大的珍贵吧！自强不息、厚德载物，追求卓越、止于至善，为了法大，无问西东！

最后，让我们再次祝福各位毕业生！祝你们一帆风顺、一生平安、一世幸福！

谢谢大家！

# 不断超越自我　成就精彩人生*

尊敬的各位来宾、各位老师，亲爱的同学们：

大家上午好！

对毕业生而言，今年的六月，就是一部剧。散伙饭、谢师宴、毕业照、毕业旅行，还有世界杯，是每一集的主题，当然，也偶有"断片"。今天是农历夏至，是太阳直射点从北回归线向南移动的转折点，也是你们人生的转折点，我们从三环里的法大，来到三环外的首体，在这里隆重举行中国政法大学 2018 届研究生毕业典礼，共同见证你们人生中的又一重要时刻，这注定"令人难忘"！首先，我代表学校向顺利完成学业的全体 2018 届毕业研究生表示最热烈的祝贺！向悉心指导、帮助你们成长成才的老师们表示衷心的感谢！

三年前，为你们在新一号楼前露天举行开学典礼的场景，我还记忆犹新。时光荏苒，转眼就迎来了你们的毕业典礼。原曾料想，三年后的今天可以在学校自己的礼堂为你们举行毕业典礼，但由于种种原因我们未能如愿，不得不跨越三环，借首体一地来办。你们可能会问："还有这种操作？"我的回答是："我能怎么办，我也很绝望啊！"但大家也不要太挑剔，这比露天举办还是好一点。"做人呐，最重要的就是开心啦！"

三年来，我们不仅一道见证了国家发展日新月异、高歌猛进，而且我

---

* 于中国政法大学 2018 届研究生毕业典礼的致辞。

们一同目睹了法大的进步和办学成就：比如，学校进入国家"双一流"建设计划，法学学科入选"双一流"建设学科；比如，在全国高校第四轮学科评估中法学学科获 A＋结果，并列全国第一；比如，学校以优秀成绩通过教育部本科教学工作审核评估，人才培养质量得到充分肯定。尤其值得一提的是，去年 5 月 3 日，在五四青年节来临之际，在法大建校 65 周年前夕，习近平总书记来到法大考察，代表党中央，对法大建校 65 周年，向全校师生员工表示热烈祝贺，致以节日的美好祝愿和诚挚的问候。总书记在法大亲自主持了有法大师生参加的座谈会，并就全面依法治国、法治人才培养、青年成长成才发表了重要讲话。总书记讲："中国政法大学成立于新中国之初，是我国一所著名高等学府。65 年来，学校培养了二十多万名毕业生，为我国社会主义建设和改革开放事业特别是社会主义法治建设作出了重要贡献。"今年 5 月 3 日，总书记再次勉励我校青年学子努力成长为有理想、有本领、有担当的社会主义建设者和接班人，为法治中国建设、为实现中华民族伟大复兴中国梦贡献智慧和力量。总书记的亲切关怀和重要讲话精神激励着我们每一个法大人！

三年来，同学们坚定信仰、砥砺品德、珍惜时光、勤奋学习，在法大并不太大也不完美的校园里，增长了学识、丰富了阅历、提升了智慧、强健了身心，收获了师生情、同学谊，有的同学还"转角遇到爱"。

三年来，同学们吃腻了食堂，吃遍了外卖，有的同学每天喊着减肥，体重却一路飙升；还有同学每天喊着健身，却不迈出宿舍一步。据说，还有人玩着"抖音"刷微博。无论你们经历了什么，你们都成长了。洗去了三年前的青涩和稚嫩，收获了今天的自信、睿智和意气风发。从你们的精气神中，我能感受到你们平和而喜悦、萌动而阳光。

同学们，美好的时光总是过得那么快！今天毕业典礼之后，你们将开启新的人生旅程。在这扬帆起航时刻，我很想同大家再做一次思想交流。培根曾在《论青年和老年》一文中这样评价过青年："青年人长于创造而短于思考，长于猛干而短于讨论，长于革新而短于持重。"的确，青年意味着纯真、意味着热情、意味着活力、意味着际遇，也意味着未来，但青年有时难免藐视既往、目空一切、心浮气躁、行事轻率、好走极端。青年人该如何扬长避短呢？培根建议，最好的办法是把青年的特点与老年的特点在事业上结合在一起，取长补短。作为你们的校长和老师，在你们临行前我想送给你们的寄语和祝福是，**希望你们在今后的生活中精于自我管理，做到自律、自省、自爱、自信，不断超越自我，成就精彩人生。**

**一是保持自律，提升自己的道德素养。**自律就是遵循法度，自我约束。自律其实是一种通过对自己情绪和思维的控制，来达到主动行动的能力。自律的前提是坚定的内心信念和良知。自律展现着一个人的人格魅力，一个健康成长、获得成功的人，一定离不开其内化于心的善良、言行一致的修养、尊重他人的自尊和没有监督的自律。当一个人缺乏自律的时候，往往容易受习惯和诱惑的影响，或者是被他人的思想观念所扰，几乎不可能去做内心真正渴望的事情。"放纵如山倒，自律如抽丝"这句话讲得对，有时不是你自己做得不够好，缺的只是坚持。请你们记住，不要放纵自己，不要给自己找借口，对自己严格一点，时间长了，自律就会成为一种习惯、一种生活方式，未来的你会感谢现在的自己。胡适先生在1932年告诫当时的毕业生时，就提醒他们"毕业之后，堕落的方式很多，第一条便是容易抛弃学生时代求知识的欲望"。这种堕落在今日同样值得我们高度警惕！自律之路，注定艰辛。但也只有真正做到自律的人，才会最终让人望尘莫及，给人更多的感动。

**二是学会自省，定期同自己内心对话。**《论语》讲"吾日三省吾身"；《荀子·劝学》讲"君子博学而日参省乎己，则知明而行无过矣"。自省一直是中国人德行修养的标准之一，它能解决我们思想的问题，帮助我们"看得透、不自困"。毕业之后，走进社会，由于角色的多样化，你们需要处理好、平衡好来自社会、单位、家庭的各种事务，这对你的精力和智慧都是一个极大的考验。尤其在经济迅猛发展、价值多元的社会里，现实会冲击或动摇你追求梦想的初心，使你感到困惑和迷失。这个时候，你不妨停下忙碌的脚步，找个与自己独处之所在，静静聆听先贤哲人们跨越时空的声音，审视过往的生活。拿我自己来说，当我静思时，出自康德《实践理性批判》一书并刻在其墓碑上的那句名言就能深深触动我："有两种东西，我对它们的思考越是深沉和持久，它们在我心灵中唤起的惊奇和敬畏就会日新月异，不断增长，这就是我头上的星空和心中的道德定律。"作为法大学子，你们一定要始终牢记"厚德、明法、格物、致公"的校训精神，胸怀"经国纬政，法治天下""经世济民，福泽万邦"的初心梦想，学会在纷繁复杂的社会现实中"见贤思齐焉，见不贤而内自省也"，不断打扫你的灵魂、扶正你的三观、振奋你的精神，努力培养纯朴的情感和高洁的操行，以优良的品德去赢得人生和事业的成就。

**三是懂得自爱，用爱去感知眼前的幸福。**身体是革命的本钱。作为师长，在期待你们飞得更快更高更远的同时，还希望你们不要飞得太累。你们在努力奋斗的同时，一定要有意识地培养良好的生活习惯，避免过度劳累、透支健康。要保持积极健康的心理状态，理性和平地看待人生的宠辱得失，尤其要学会坦然面对挫折。习近平总书记在考察我校时讲得非常明白：一个人的一生，总是要经历一道道坡坎。青年在成长和奋斗中，会收获成功和喜悦，也会面临困难和压力。要正确对待一时的成败得失，处优而不养尊，受挫而不短志，使顺境逆境都成为人生的财富而不是人生的包袱。特别是面对挫折，要有波澜不惊的心理素质、百折不挠的进取意志、乐观向上的精神状态，"吃一堑，长一智"，用蕴含在挫折中的教训指导人生，使人生获得超越。毕竟在现实生活中，没有完全的感同身受，在拼搏奋斗的同时，要学会与自己的内心和解，只有以爱惜自己为开始，才有机会和能力去关爱身边的亲友，甚至温暖每一个在你生命中遇见的人，用爱驱散生活中的"雾霾"，过上真正负责而幸福的人生。

**四是充满自信，在新时代尽情绽放自我。**当今，中国特色社会主义进入了新时代。这是承前启后、继往开来的时代，是决胜全面建成小康社会、进而全面建设社会主义现代化强国的时代，是全国各族人民团结奋斗、不断创造美好生活、逐步实现全体人民共同富裕的时代，是全体中华儿女勠力同心、奋力实现中华民族伟大复兴中国梦的时代，更是一个崇尚青春理想、鼓励青春奋斗的时代。党的十九大为社会主义现代化强国建设绘就了清晰蓝图，也为广大青年实现人生出彩搭建了广阔舞台。同学们作为新时代大舞台上的主角，无论从事什么工作，应有"天生我材必有用，千金散尽还复来"的自信，应有"会当凌绝顶，一览众山小"的豪情，在自己的岗位上追求卓越、精益求精，在奋斗中释放青春激情、追逐青春理想，以青春之我、奋斗之我，为民族复兴铺路架桥，为祖国建设添砖加瓦，真正干出一番"不辱时代使命、不负人民期望"的事业！

"若问何花开不败，英雄创业越千秋。"习近平总书记在十九大报告中讲过这样一句话："历史车轮滚滚向前，时代潮流浩浩荡荡。历史只会眷顾坚定者、奋进者、搏击者，而不会等待犹豫者、懈怠者、畏难者。"同学们，人生路漫漫，不怕走得缓，就怕不愿干，但见异思迁迷，半途而废残，随波逐流乱。你们一定要不驰于空想，不骛于虚声，瞄准目标、静心沉潜，自强不息、久久为功，不断突破平台期、开拓新境界，把创业最终落实在"奋斗"两个字上。"幸福都是奋斗出来的"，努力奋斗才能梦想成真。

同学们，送君千里，终须一别。但我坚信，今日的别离是为了明日更好的重逢！在演讲的最后，我想用李宗盛的一句歌词为你们壮行："我们都是和自己赛跑的人，为了更好的未来拼命努力，争取一种意义非凡的胜利，成功的意义在于超越自己"。希望同学们从踏出校门的那一刻起，带上"自律、自省、自爱、自信"四个嘱托，在新的人生征程上且行且修炼，不断地去遇见更加强大、更加美好的自己，成就属于自己的精彩人生！我对你们充满了期待！

再次祝贺同学们顺利毕业！祝福你们前程似锦、一生幸福！我和法大永远爱你们！

谢谢大家！

法安天下

# 让我们一同随法大前行<sup>*</sup>

尊敬的李卫红副部长，

尊敬的各位领导、各位来宾、各位老师、各位同事：

今天，教育部领导在这里宣布了关于中国政法大学领导班子调整的决定。教育部决定由我出任法大的校长，我感到非常荣幸。

首先，我想借此机会，感谢教育部党组、教育部领导对我的信任！

感谢法大现任领导班子和全体师生员工对我的接纳！

特别要感谢离任的徐显明校长对法大所做出的杰出贡献！

感谢武汉大学多年来对我的培养！

大家知道，中国政法大学是我国教育部直属的重点大学，建校五十多年来，在几代人的不懈努力下，法大已成长为一所以法科为优势和特色、其他人文社会科学学科协调发展的多科性大学，其教育教学和科学研究，尤其是法科教育教学和科学研究，在国内外享有盛誉，是我国人文社会科学领域人才培养、科学研究和社会服务的重镇，而且，我国著名法学家钱端升、江平、陈光中等教授曾先后出长过这所名校。所以，教育部决定由我出任法大的校长，我感到无上荣光，但我更多的是感到重任在肩、责任重大、任重而道远。

大家也知道，我不是出身法大。在我得知教育部的决定后，仔细一

---

* 2009 年 2 月 19 日就职演讲。

想，自己同法大还有一些缘分。比如说，我本人的专业是国际私法，而法大的钱骅教授是我国际私法的启蒙老师之一，我在湖北财经学院也就是现在的中南财经政法大学读本科时，负责教我们国际私法的张仲伯教授请钱骅教授给我们讲了国际私法课程的主要内容。再比如，我本人的第一本学术专著《国家及其财产豁免问题研究》就是在法大出版社出版的，这本书的出版，为我1988年在武汉大学破格晋升为副教授发挥了重要作用。再比如，我先后担任中国国际私法学会的秘书长、副会长和会长，1995年和2008年这两年，中国国际私法学会年会由法大承办，由于法大校方，特别是法大国际法学科同仁的大力支持、精心组织、周到安排和热情接待，这两次年会都开得特别成功。还有一件事值得在这里一提，1986年，我在瑞士比较法研究院学习，这年，瑞士比较法研究院召开了一个有关经济法的国际学术研讨会，法大的江平教授应邀出席，在这次会议上，江平教授的学识、英文水平给我留下深刻的印象，特别是在会议期间，江平教授提出要到我借居瑞士洛桑的陋室一看，了解一下中国留学生在瑞士的实际生活状况，我当时是一名穷学生，江平教授这种礼贤下士、关爱后生的精神深深地感染了我。还要提到的是，石亚军书记和我曾同为教育部专家组成员，先后对三所大学进行过本科教学工作水平评估，其中有两次，他是专家组组长，我是副组长，我们共事过，在评估过程中，我们有很好的合作。

尽管上面讲了一些我同法大的缘分，但我毕竟是法大的"外来户"，同法大没有学缘关系，对法大的实际情况知之甚少、甚浅。为了做好法大校长工作，我在这里对大家提三项请求：

一是恳请大家接纳和容纳我。为了法大，请大家给我时间和空间，让我成为法大大家庭中的一员，让我同大家缩短距离，让我与大家一同前行。

二是恳请大家支持和帮助我。为了法大，我们必须携起手来。一个人的力量是有限的，哪怕你在一个重要的岗位上。常言道：众人拾柴火焰高。为了做好法大的工作，我需要大家的理解、支持和帮助。没有大家的理解、支持和帮助，很难想象我能很好地履行法大校长的职责，做好法大校长的工作。

三是恳请大家督促和监督我。为了法大，请大家督促我在工作中勤政、廉政、善政，督促我在工作中不动摇、不懈怠、不折腾，监督我在工作中不做坏事、少做错事、多做善事。

当然，从我自身而言，我会努力去了解法大、认识法大、读懂法大、融入法大，让自己尽快成为一个真正的法大人，我也会要求自己诚信为人、勤恳为事、严谨为学、廉洁为政，尽心、尽力、尽责地去履行法大校长的职责。

各位老师、各位同事：

今后数年，我们将一同随法大前行。我国传统经典《大学》开宗明义："大学之道，在明明德，在亲民，在止于至善。"所谓"明明德"，就是要明白自己的使命和责任；所谓"亲民"，就是要了解民情、体会民意、关注民生；所谓"止于至善"，就是要爱智、求真、向善、至美，努力去实现人类社会的至高价值。那么，什么是法大之道？什么是法大发展之道？什么是法大未来之道？我在这里提几点想法与大家分享。

首先，我们要和平共处。虽然一般认为和平共处是处理国家与国家之间关系的原则，但我认为也可以用于处理人际关系，因为国家与国家之间的关系，归根到底还是人与人之间的社会关系。法大不仅是我们大家学习、工作和生活的地方，更是我们大家寄托情感的精神家园，在这个共同体内，我们相辅相成，唇齿相依，师生之间、同学之间、同事之间，只有和睦相处、和平共处，大家才能和谐共存、和谐共生。师生之间、同学之间、同事之间相处如果发生困难，要通过对话、交流、沟通、协商、协调和平衡去化解，避免采取极端的方式。我相信："和为贵，忍为高"，家和万事兴，校和同样万事兴！

其次，我们要和衷共济。今天，"和衷共济"依然是一个超越时空的智慧、价值和理想。"和衷"就是凝聚、提升、形成发自内心的共识；"共济"就是共同承担责任、共同面对挑战、共同抓住机遇、共同艰苦奋斗。法大在实现融入中国高等教育主流、从单科性大学变为多科性大学以及法科迈入全国第一方阵前两名这三大转变之后，正值一个重要的发展机遇期，是我们把法大办得更好的大好机会，这需要我们法大人谋求共识，风雨同舟，共同担当。我们要借助今年上半年开展的学习实践科学发展观的活动，进一步凝练办学理念，谋划发展思路，形成"法大价值共识"。让全体法大人有"法大价值共识"，对法大有文化认同，热爱法大，以法大为荣，让"法大价值共识"深入人心，内化为大家的自觉行动。

再次，我们要和而不同。子曰："君子和而不同，小人同而不和。"这就是说，君子坚持有原则的和睦相处，反对无原则的苟同；小人只喜欢无原则的苟同，而不喜欢有原则的和睦相处。我在这里强调"和而不同"，不仅是要强调，凡无关原则的小事，大家要讲协调、重和睦，不要小题大做、闹不团结，而凡事关原则性的大问题，要坚持原则，不应苟同，而且更重要的，我是想强调，法大应该是一所大度、大气、有大爱的大学，既要兼容并包、海纳百川，坚持思想自由、学术自由，又要有组织、有纪律，要讲原则、讲正气、讲德性。只有这样，我们才能把法大塑造成一个学风优良、教风优良、校风优良的大学。

最后，我们要和谐发展。小平同志曾讲："发展才是硬道理"。党的十六大以来，以胡锦涛同志为总书记的党中央，着眼于党和人民事业发展的全局，提出了科学发展观。尽管这些思想是针对国家整体经济社会发展而言的，但我想对我们开展法大的工作也是适用的。法大只有不断地发展，才会欣欣向荣；法大只有可持续发展，才会有长久的生命力。因此，我们今后的工作要把推进法大的学科建设、人才培养、科学研究和社会服务的发展作为第一要务。

我们法大首先要走科学发展之路，其核心是要以全体师生员工为本，尊重全体师生员工的主体地位，特别是要强化、优化教师队伍，发挥大家的首创精神，保障大家的各项权益，促进学生在法大得到自由而全面的发展，让各位教职员工在法大都有发展的空间，并通过坚持统筹兼顾这一根本方法，推动法大的各项事业全面协调可持续发展。我期望有一天，在法大，我们法大人能够各安其位，各司其职，各尽其能，各展其长，各得其所；老者安之，同辈信之，少者怀之；学生好学乐学，教职员工安居乐业，学校长治久安，和谐和美。

我们法大要走内涵发展之路，就是要在法大现有工作的基础上，承前启后，继往开来，走抓质量、促创新的发展之路，在有适度规模的基础上，着力抓人才培养质量、科学研究水平和社会服务效益。

我们法大要走特色发展之路，就是要保持和张扬法大法科的特色和优势，积极发展其他人文社会科学学科并办出特色，一体多元，协调发展。

我们法大要走现代化发展之路，就是要坚持科学办学、民主办学、依法办学，坚持学术立校、人才强校、依法治校，逐步构建现代大学制度和运行机制，推进办学条件和各项工作的现代化。

我们法大还要走国际化发展之路，就是要深化教育教学改革，优化人才培养方案，着力培养具有国际交往能力和国际竞争能力的人才，同时，繁荣发展各学科专业，推进学科体系、学术观点、科研方法创新，推进法大优秀学术成果和优秀学术人才走向世界，不断提升法大的人才培养和科学研究在国际上的影响力。

各位老师，各位同事：

让我们一同随法大前行。尽管我们前面还会有困难，还会有曲折，还会有挑战，但我们应该有决心、有信心、有恒心、有耐心去做好法大的工作。我们坚信，有教育部和北京市委、市政府的正确领导，有法大领导班子的齐心协力与开拓进取，有法大全体师生员工的共同努力与不懈奋斗，法大的事业一定会不断向前迈进，法大的明天一定会更加美好。

　　谢谢大家！

# 自强不息　追求卓越

## ——走务实的法大改革发展之路*

我到法大已工作一个学期。上学期，我主要在进行调研，了解实际情况，同时，按部就班地履行校长应该履行的职责。下面，我想基于自己的调研和思考，结合本学期的工作要点，谈谈我对法大的认识和今后工作的思考，借此机会把自己的一些办学想法同大家交流一下。我将我发言的主题定为"自强不息 追求卓越——走务实的法大改革发展之路"。

### 一、法大目前的地位

经过 57 年的建设与发展，中国政法大学已经成为以法科为特色和优势的多科性大学、教育部直属的全国重点大学、国家"211 工程"重点建设大学。可以肯定地说，今天的法大，无疑是我国人文社会科学领域，特别是法学领域，人才培养、科学研究、社会服务和文化引领的一方重镇，无疑是国内一流的法科强校。她拥有国内一流的师资、国内一流的学生、国内最大的法学教师群体、国内最齐全的法学学科、国内最大的法学资料信息中心、自成一体的人才培养模式、系统的法学研究机构、高水平的科学研究与社会服务，以及广泛的国内外学术交流、浓郁的法律文化与法治文化氛围，为国家和社会培养了二十余万优秀人才，在国内外有很大的学术

* 于中国政法大学 2009 年秋季学期工作布置会的讲话。

影响和很好的社会声誉。

今年上半年也有几件令人高兴的事值得在这里一提：一是学校决定聘请我国著名法学家、行政法专家应松年教授担任法大终身教授，法大终身教授增至5位。二是民商经济法学院的王灿发教授指导的博士研究生于文轩的博士论文"生物安全立法研究"被评为2009年全国百篇优秀博士学位论文；张晋藩终身教授指导的博士生李艳君的博士论文被评为2009年北京市优秀博士论文。三是商学院MBA专业硕士学位点获得批准。四是我校法律古籍整理研究所得到全国高校古籍整理研究工作委员会的认可和支持，成为其联系机构。五是获教育部哲学社会科学优秀研究成果奖4项，获司法部全国法学教材和科研成果奖16项。六是2门课程入选国家级精品课程，2门课程入选国家级双语教学示范课程，2门课程入选北京市市级精品课程，1人被评为北京市教学名师。七是3名教师入选教育部新世纪优秀人才支持计划，23名中青年骨干教师获海外提升专项资助计划资助，其中18人获得国家留学基金委的资助。八是到8月底，我校研究生就业率达到97.72%，本科生就业率达到95.36%。九是民商经济法学院知识产权研究所被国家知识产权局定为全国专利保护重点联系基地。十是学院路的改造有不少好消息，综合科研楼的建设资金2亿全部由教育部支持，图书馆的重建经费基本落实，国家发改委给1.74亿，文化楼拆迁受到北京市委市政府的重视和支持。

但是，我们也应该看到，法大还面临不少显而易见的困难和挑战，主要表现在办学条件落后、办学资源不足、资源配置不尽合理、学科发展不平衡、教职工待遇偏低、学校管理精细度与效率不高、校园文化和氛围有待进一步优化。我们必须正视这些困难与挑战，在今后的改革与发展中去逐步解决这些问题。

**二、我们面临的国家高等教育形势**

在谈学校的工作之前，我以为有必要简单地分析一下我国高等教育的大环境，以便清醒地认识我国高等教育发展到了一个什么样的阶段，或者可以说我们处在一个什么样的高等教育时代。至少对如下几点，我们应该有清醒的认识：

**一是我国高等教育已从精英教育阶段进入大众化发展阶段。**2008 年，我国高等教育毛入学率达到 23%，在学学生总规模 2700 万人，居世界第一。由于我国是在很短的时间内实现的这一转变的（始于 1999 年），所以在一段时间内，教学质量下滑，办学条件跟不上，教育目标模糊，教育价值混乱，既不可避免又必须应对。我们要有自己的主见。

**二是我国正在致力于建设高等教育强国。**党的十七大报告提出了"优先发展教育，建设人力资源强国"的目标。如果将这一目标在我国高等教育领域加以具体化，我认为就是要把我国从高等教育大国建设成为高等教育强国。这实际上对"985 工程"建设大学和"211 工程"建设大学和各大学的重点学科提出了更高的要求。这些大学和学科必须考虑其在我国建设高等教育强国的过程中发挥什么作用、处于什么地位。

**三是提高高等教育质量成为重中之重。**这既是前几年扩大高等教育规模后的必然之举，也是我国提出建设高等教育强国、人力资源强国、创新型国家，推进我国现代化进程，提升我国国际竞争力的必然要求。因为发展靠创新，创新靠人才，人才靠教育，教育靠质量。提高高等教育质量的核心在于培养大批各类高素质的专门人才和更多的拔尖创新人才，在于知识创新。

**四是改革创新成为我国高等教育发展的强大动力。**改革开放三十多年来，我国高等教育改革的深度和广度前所未有，高等教育的改革创新大大增强了我国高等教育发展的活力。但我们又不难看到，我国高等教育的发展还面临许多体制、机制、制度的障碍和瓶颈。国务院正在制定国家中长期教育改革与发展规划纲要，这个规划纲要实际上就是要解放思想，实事求是，与时俱进，在发扬民主、集思广益的基础上，促进教育的改革创新，推动教育的科学发展。国家中长期教育改革与发展规划纲要的出台，意味着将有新一轮高等教育改革创新机遇，我们必须紧紧地抓住，借以推动我校内部教育教学和管理体制机制的改革创新。

**五是高等教育的国际化方兴未艾。**在经济全球化时代，高等教育国际化是世界潮流和趋势。高等教育国际化不仅是一种教育理念，更是一种在世界各地广泛进行的教育实践。今天，高等教育的国际化实践已展现出异彩纷呈的局面。美国哈佛大学在阿联酋开办分校，波兰在以色列建医学院，德国在开罗办私立大学。而且，世界各国许多高校纷纷出台了自己的国际化纲要和规划。例如，美国耶鲁大学在其《耶鲁国际化战略框架：2005－2008》中明确指出，"国际化是我们对变革世界中机遇和挑战的回应"；韩国高丽大学在百年校庆时旗帜鲜明地提出了从"民族性大学（National University）"向"全球性大学（Global University）"转变的口号；日本东京工业大学在其国际化策略书中明确提出了建设"世界最强的理工科综合大学"的发展目标。高等教育资源，包括资金、思想、学生、教师等的跨境流动，对这个时代的优秀大学形成国际竞争的压力，迫使它们重新审视自己的使命。

**六是我国高等教育正处在充满矛盾的时代。**我们不妨在这里先简单地回顾一下美国的高等教育发展史。20 世纪 50 年代到 70 年代中期，是美国高等教育大发展的黄金时期，比如，在此期间，其公共高等教育从 50% 上升到 80%，学生规模从 400 万扩展到 1200 万，少数族裔的学生大量入学，女性学生的比例达到学生总数的一半，研究经费急剧增加，科研文化前所未有地主宰着顶尖大学，前 100 所大学成为世界科学和学术的重镇，等等。但到 20 世纪 70 年代中期，美国高等教育走到了一个拐点，比如，大学面临严重的财政问题，政府因经费投入的增加而加强了对大学的管控，学生要求参与学校管理的激进主义活动频繁，媒体和公众对大学事务表现出前所未有的兴趣，媒体对高等教育的报道经常是负面的，教师的精神面貌出现滑坡，学生人数持续增加导致学习条件恶化、与教师接触的机会减少，高等教育机构自身迷失方向、变得沮丧气馁，等等。这一阶段大约持续了二十多年，被称为美国高等教育"充满麻烦的时代"。历史常常有惊人的相似。今天我国的高等教育状况尽管同美国那个时候的情况有所不同，但却有几分相似，比如，大学面临的财务困难，媒体对大学的种种负面报道，老百姓对高等教育的高度关注等。而且，我国的高等教育目前还有美国在"充满麻烦的时代"不曾有的突出问题，比如，高校领导和中层干部频频因腐败问题出事，学者甚至学术带头人频频因学术不端、学术腐败曝光。总之，在当下，市场对大学的冲击近年来表现得非常明显，权力和金钱猛烈震撼着大学这一世袭的金字塔，腐败或学术不端现象如抄袭、舞弊、代考、捉刀、卖考卷、权学交易、课题学位交易、贪污、受贿等，在不少地方不同程度地存在。我不敢说我们处在一个"充满麻烦的时代"，但至少也是处在一个充满矛盾的时代。大学现在成了高危地带。我们高等教育机构，在大学工作的每一位教职员工，要对这样一个时代特征有清醒的认识，要头脑清醒、方向明确、目标坚定、处变不惊；要洁身自好、廉洁自律、反腐倡廉、独善其身。不然，大学和个人都会陷入被动和尴尬的境地。

### 三、法大的办学目标定位

今年上半年，我们学校开展了学习实践科学发展观活动。这次学习实践活动主要是要结合中国高等教育的实际和法大的实际，围绕"办什么样的大学，怎样办大学""培养什么样的人，怎样培养人"这两个根本性的问题，边学边改，推动解决学校发展中的一些重点难点问题。因此，我们按照科学发展观的要求，一直在思考法大如何回答这两个问题。

（一）办什么样的法大

我到法大后，在调研和了解实际情况、听取各方面的意见的同时，反复研读法大的章程、规划和规范性文件，也在思考办什么样的法大和怎样办法大的问题。实事求是地讲，在我来法大工作之前，法大领导班子集思广益，已对法大的发展目标定位、学校类型定位、办学层次定位、学科专业定位、服务定向定位和培养目标定位进行了系统的梳理，可以说定位准确、目标清晰。我也非常认同法大在学校定位和办学思路方面的许多深思熟虑的思想成果，比如说，我们要始终坚持在长期办学中形成的"厚德、明法、格物、致公"的校训，"学术立校、人才强校、特色兴校、依法治校"的办学理念等。

本着承前启后、继往开来的想法，我想，我们是否可以进一步解放思想，进一步思考一下我们的提法，比如说，在发展目标定位方面，我们现在的提法是"把法大建设成为多科性、研究型、开放性、特色鲜明的世界知名法科强校"。但我们能否做些细微调整，提法改为"把法大建设成为一所开放式、国际化、多科性、创新型的世界知名（world – class）法科强校"。

我是这样来解释这一提法的：

所谓"开放式"，就是要坚持对外开放，坚持开放办学，立足北京、面向全国，立足中国、面向世界，以优秀的人才和卓越的学术服务于国家的经济建设、政治建设、文化建设和社会建设，服务于人类的和平、文明和发展。

所谓"国际化"，就是要深化教育教学改革，优化人才培养方案，着力培养具有国际视野、世界眼光、国际交往能力和国际竞争能力的人才，同时，繁荣发展学校各学科专业，推进学科体系、学术观点、科研方法的创新，推进法大优秀学术成果和优秀人才走向世界，不断提升法大的人才培养和科学研究在国际上的影响力。

所谓"多科性"，就是要把法大办成以法科为特色和优势的多科性大学，以人文社会科学学科为主体的多科性大学，以各学科都办出自己的特色，逐渐达到国内一流的多科性大学。

所谓"创新型"，就是要把法大办成以创新（特别是以教学和科研的创新）为导向的大学。大家知道，在国外有"研究型大学"和"教学型大学"之分，后来又有了演绎得比较奇怪的"教学研究型大学""研究教学型大学"的提法。这种区分引入中国后，常常将许多大学误导入重科研、轻教学的误区，都提出要把自己建成所谓的研究型大学。所以，我这里没有提"研究型大学"。像法大这样的高水平大学，不可能只搞教学，也不可能只开展研究，她得履行人才培养、科学研究和社会服务这三大职能。这三者都很重要，得统筹兼顾，而三者的核心价值取向是创新，即培养创新人才，进行知识创新。所以，提"创新型大学"比提"研究型大学"更科学，可以兼顾到三个方面，而且，"创新型大学"必定是"研究型大学"。

所谓"世界知名法科强校"，主要突出法大的建设目标是"有特色、高水平"的大学。"有特色"就是要保持和弘扬法科的优势和特色，把法大建成"五大中心"，即中国法学教育中心、中国法学研究中心、中国法学图书资料信息中心、中国国家立法与法治决策咨询服务中心以及中国的世界法律文化交流中心。而所谓"高水平"，就是"高"在法大的目标是"世界知名"或者说"世界级"的大学，同时是"法科强校"。

上面，对于办什么样的法大，我提出了自己的一些想法，简而言之，就是要"把法大建设成为一所开放式、国际化、多科性、创新型的世界知名法科强校"，突出了"国际化"与"创新型"，提出来供大家参考和批评指正。

（二）法大应该"培养什么样的人"

至于法大应该"培养什么样的人"的问题，尽管党和国家的教育方针已作了总体要求和回答，但我们法大还必须对这一问题作出有特色的回答。我想，我校应该通过推行五类教育，即素质教育、专业教育、通识教育、全人教育和精英教育，来实现法大的人才培养目标。

我以为，我校要实施素质教育，注意培养法大学生的综合素质，包括政治素质、思想素质、品德素质、人文素质、科学素质、专业素质、身体素质、心理素质等，把法大学生培养成为高素质、高品质、高品位的"三高"人才。

我校要确保专业教育。专业教育是旨在培养学生从事有关专业实际工作或专业学术工作的高等教育。大学教育必定是专业教育，没有专业教育就不成其为大学。我们法大要通过高质量的专业教育，把学生培养成某一专业领域的行家里手。比如说，我们的法律专业教育，就要把法学生培养成复合型、实干型、创新型的职业法律人。

我们要开展通识教育（general education）或者说博雅教育（liberal education）。通识教育通常是指对所有大学生普遍进行的共同内容的教育，其目的是要把受教育者作为一个主体性的、完整的人而施以全面的教育，使受教育者在人格与学问、理智与情感、身与心等各方面得到自由、和谐、全面的发展。通识教育和专业教育是高等教育不可或缺的两个方面，两者不是互相排斥的，而应该互为补充，相得益彰。清华大学前校长梅贻琦先生曾有一句名言，即"通识为本，专识为末"。他显然更加强调通识教育的作用。我们法大至少要将通识教育与专业教育有机结合起来，把法大学子培养成为古今贯通、中西融通、人品高尚、文品高美、学品高雅的博雅之士。

我们要推行"全人教育"。人的自由而全面的发展，是人类社会发展的理想状态。我们要秉承法大"厚德、明法、格物、致公"的校训精神，培养学生在德智体美群诸方面全面发展，不求他们成为完人，但求他们成为全人，就是成为完完全全的人、健健康康的人、正正常常的人、全面发展的人。

我们要坚持精英教育（elite education）。精英教育就是追求对优秀人才的培养、拔尖创新人才的培养、社会精英的培养。我国现代化建设已进入工业化、信息化、城镇化、市场化和国际化快速发展阶段，需要培养数以亿计的高素质劳动者、数以千万计的高级专门人才、一大批拔尖创新人才。我们法大在国内有一流的师资、一流的学生，是国内一流的大学，当然要以培养拔尖创新人才为己任，把法大学子培养成社会精英、国家栋梁，培养成今后能为国家和社会做出更大贡献的人。

我想，我们法大如果能够很好地推行素质教育、专业教育、通识教育、全人教育、精英教育，我们的人才培养目标就会定位准确，我们人才培养质量就会有保证。

**四、本学期的主要工作及法大改革发展的一些具体想法**

2007 年，法大制定了《中国政法大学"十一五"规划和 2022 年远景规划纲要》，明确了学校发展的方向和路径。在这个规划中，确定了"三步走"的发展战略。其中，第一步是在2002－2009 年完成"四大任务"、实现"四个转变"；第二步是在 2010－2016 年初步建成高水平研究型大学；第三步是在 2017－2022 年巩固整体实力，全面深化开放，实现学校的总体发展目标。目前，法大尚在走第一步。

今年我们学习实践科学发展观活动的目的是这样四句话：明确发展思路，解决突出问题，创新体制机制，促进科学发展。而其中，明确发展思路是基础，解决突出问题是重点，创新体制机制是关键，促进科学发展是目的。为了推动法大的科学发展，我在今年教代会上曾提出，基于法大的实际，在"三步走"的总体发展战略的指引下，法大在今后一段时间内主要要从五个方面去开展工作，即大力加强学科建设、大力改善办学条件、大力推进开源节流、大力深化依法治校、大力构建和谐校园，可以简称为五个"大力"。这次，我想把五个"大力"的内容进一步细化和具体化，并结合学校这学期的工作分别来谈。

**（一）学科建设问题**

学科建设是学校工作的龙头，是学校办学水平和综合实力的主要体现，学校建设与发展的所有工作都应紧紧围绕学科建设来进行。

首先，要树立大学科建设的理念。谈加强学科建设，不能狭义地去理解，只以为是学科专业建设，比如，只认为建硕士点、博士点和设重点学科是学科建设。我们要树立大学科建设的理念。学科建设实际上是同人才培养、科学研究和社会服务都联系在一起的，其中，人才队伍建设也很重要。所以，抓学科建设一定要抓教学、要抓科学研究、要抓社会服务，抓教学科研团队建设，还要从全局去统筹规划，不能狭隘地只去抓学科建设的某一方面。这学期，我们在进行校领导分工、机构调整时，将学科建设与发展规划结合起来就是出于这个考虑。

其次，关于非法学学科建设。"多科性"是学校发展的目标定位之一，法大加强学科建设要围绕建设以法科为特色的多科性大学的办学目标来大力加强学科建设，形成一体多元、多元一体、和谐共生、协调发展的格局。既要保持和张扬法科的优势和特色，也要巩固、充实和提高已建的学科专业。今天的法大已不再是一个单科性的大学，已经从一个单科性的大学转变为一个多科性的大学，现在已经拥有 17 个本科专业、47 个硕士点、19 个博士点。我认为，非法学学科的发展对法大的发展有着举足轻重的意义，这不仅关系到学科的合理布局和学校的综合实力，更关系到法大所培养的学生能否兼具广博的知识基础、坚定的公共责任感和深厚的人文情怀。所以，我校必须要巩固、充实和提高已建的学科专业，让这些学科专业走内涵式的发展之路，走特色化的发展之路。非法学学科一定要办出自己的特色、形成自己的优势。在这些学科建设的初期，一方面，它们可以借助法科的优势和实力来发展自己，同法学学科深度交叉融合，办出与法科相联系的特色，比如办法商结合的 MBA，这可以说是"借船出海"；另一方面，这些学科也应该发挥支撑学科的作用，特别是各人文社会科学学科不仅要加强自身的学科建设，还要对整个法大的通识教育、整个法大的人文校园的建设做出自己的贡献，这可以说是"绿叶护花"。最终，我们希望看到，这些学科能够入主流、创特色，既可以通过同法科的结合办出特色，也可以通过自身异军突起式的发展来办出特色。学校也要加大对非法学学科在学科平台、经费等方面扶持、支持力度。

再次，关于法学学科建设。在法大，法科"全而强"，表现在法学学科齐全、交叉学科多，不仅各二级学科、三级学科在国内名列前茅，而且法学一级学科为国家重点学科，综合实力强。法科"全而强"的优势是法大的最大特色，但法学学科内部各二级学科、三级学科的发展也不平衡，部分法学二级学科、三级学科实力不足、后劲不足、朝气不足，没有建立结构合理、可持续发展的学术梯队，有的学科出现下滑的迹象，这在一定程度上拖了法科整体实力的后腿。这必须引起我们的高度重视。学校本学期要探索构建法学学科的统筹、整合、协调发展机制。同时，学科建设职能部门要制定学科评估标准，对各法学二级学科进行评估，有针对性地提出整改和建设方案。四大法学院和法学学科研究机构也要有忧患意识和责任意识，有所作为，对自己的弱项加以弥补。

最后，要注重学科平台建设。我理解的学科平台主要有三类：即传统学科专业平台、人文社会科学重点研究基地平台、跨学科平台。传统学科专业平台是基础，人文社会科学重点研究基地平台是重点，而跨学科平台是发展方向。我们的主张是：在现有学科体系内、学院体系内构筑的学科平台，由各学科、各学院根据实际情况自己建，学校主要着力推动构筑跨学科学术平台。最近几年，在科研方面，我校逐渐构建了三级平台，一级是教育部和北京市人文社会科学重点研究基地以及重点实验室，一级是校级跨学科实体科研机构（先后建立了法律与经济学研究中心等），还有一级是七八十个非在编科研机构。今后我校还应该继续推进法学学科与其他人文社会科学学科的交叉、融合，谋划构筑新的跨学科平台，比如说，探索建立人文社会科学高等研究院，设立学术特区。当然，构筑跨学科平台要发挥我校现有的学科优势，在现有学科基础上来展开。对我校而言，加强学科平台建设，一定要入主流，创优势，显特色。

（二）人才队伍建设问题

推进法大各项事业的发展，离不开全体教职员工，我们必须高度重视人才队伍建设。在法大，教师队伍、管理队伍、员工队伍这三支队伍都很重要，这三支队伍的建设都要加强。但我们管理队伍和员工队伍必须要有这个观念，就是要坚持"三为"方针，即为教师服务、为学生服务、为教学科研单位服务，因为学校要科学发展，要培养拔尖创新人才和进行知识创新，要成为世界知名法科强校，起决定因素的还是教师。这就是我们通常所讲的，办学以人才为本，以教师为主体。所以，一个大学要办好，首先就是要不断加强师资队伍建设。

一个高水平有特色的大学，一定要有"三大"：要有大师，要有大楼，要有大爱，但在这"三大"中，师资是最重要的。大家都说抗战时期的西南联大办得很好，原因何在？那个时候的西南联大在云南昆明办学，条件非常艰苦，没有大楼，也没有比较先进的仪器设备，但是由于西南联大有一大批大师，培养了一大批优秀的人才。当时西南联大的实际负责人，也就是清华大学的前校长梅贻琦先生曾说："师资为大学第一要素，吾人知之甚切，故亦图之至亟也。"

大家知道，"学术立校、人才强校、特色兴校、依法治校"是我校得到普遍共识的办学理念。所以，走人才强校之路是我校的必然选择。我们一定要提高认识，统一思想，坚决实施"人才强校"战略，促进我校各项事业的大发展。现在在我国，高校之间的综合实力的竞争日益激烈。在我看来，高校综合实力的竞争，归根到底是人才特别是高素质创新型人才的竞争。我们只有牢固树立人才资源是第一资源的观念，下大力气培养和引进一支能够站在学术前沿、勇于开拓创新的高素质的师资队伍，才能在激烈的竞争中掌握主动，立于不败之地。这要求我们，一方面，要加大培养力度，发挥好学校现有教师的作用，特别是要大力加强对年轻教师的培养，给他们创造成长发展的机会，比如说，我们每年要拿出适当的名额让符合条件的青年副教授破格晋升为教授，也要在两年一度进行的博士生导师遴选时，遴选符合条件的副教授成为博士生导师，要落实已经建立的学术假制度。另一方面，也要适当地引进一些高层次、高水平的专家学者进入法大，特别是要利用国家实施的"千人计划"，从海外引进国际上一流的专家学者（包括外籍专家学者）来我校工作。学校要加大学院院长、实体研究机构负责人和学科带头人在学科建设、人才培养与引进方面的职责，因为教学科研机构负责人对本机构人才队伍的建设情况最为了解。特别是我校各学院的院长，要有这种气魄，有勇气和信心引进比自己学术上更强的人才。这里要特别强调的是，我们学校今后引进的人才一定要德才兼备、德艺双馨。人才到了我们法大，关键得尊重他们，给他们提供一个安居乐业、成长发展的环境，让他们待在这里愉快、舒畅。德国前总理科尔曾自豪地讲："我们德国人对大学教授的尊重远远超过对商业巨子、银行家和内阁部长的尊重，这就是我们的希望所在。"我想这至少是德国教育和科技发达的原因之一，说明了人才对大学的重要性。今年上半年，我校有几位优秀的青年教师调离法大，学校和相关学院要分析原因，引起重视，改进工作。此外，学术团队（包括教学和科研团队）的建设也非常重要。我们要着力构建结构合理的团队，倡导团结协作、同舟共济的团队精神，真正发挥团队中学术攻关方面的作用，要采取"学术带头人 + 学术团队"的模式来加强之。

今年下半年，学校要常规地进行本年度的教师专业技术岗位与管理岗位的聘任工作。同时，要进行两年一度的博士生导师遴选工作。学校的高级职称指标很有限，博士生的招生指标也很紧张。在这种情况下，我们一定要坚持公平、公正、公开的原则，让我们队伍中最优秀的人才能脱颖而出。

我校的管理干部队伍是一支敬业爱岗、素质高、能力强、特别能战斗的队伍，在学校的科学发展过程中发挥着骨干和关键的作用。从本学期开始到今后一个时期，我校的基建工程量将很大，开放教育、继续教育也逐渐开展起来。在这里，我要真诚、特别地提醒我们法大的管理干部，为了自己、为了家人、为了法大，大家一定要严格要求自己，廉洁自律，不要误入歧途。我提醒这一点不是不相信大家，而是真心地爱护大家。我们不希望看到，法大大楼建起来了，学校事业发展了，我们有的干部，哪怕是极少数，却倒下了。大家都要高度重视党风廉政建设和反腐败工作，不仅自己要廉洁自律，而且有责任约束下属。我们要反复强调，法大的干部要想干事、能干事、会干事、干成事，还要不出事。

（三）人才培养问题

前面我谈到了法大"培养什么样的人"的问题，这里主要讲"怎样培养人"。要讲的东西很多，不能在这里全讲，讲两点：

**一是法大要特别地注重探索法学教育教学的改革与创新。** 国家法治建设的新发展，包括正在进行的司法改革，对法学教育提出了新的要求。最近十来年，我国的高等法学教育发展也非常快，现在全国有630多个大学设置了法学专业。但是究竟如何培养法科学生，如何来办符合国家社会经济发展需要的法学教育，法大应该率先做出探索，引领我国法学教育教学的改革与创新。去年，经过学校反复论证，并经教育部批准，学校开设了一个由50人组成的六年一贯制且分为两段学习的法学教育教学改革实验班，开始了法学教育教学的改革与创新。但是50人的规模很小，在一定程度上限制了这种改革与创新的探索。所以，如何进一步推进法学教育教学的改革与创新，在学制、人才培养目标、培养模式、培养方案、课程体系、实践教学、教材建设、教学手段与方法等方面有所创新，是法大今后面临的一个非常重要的挑战。上学期末，我校召开了法学教育教学改革研讨会，对我校法学专业人才培养目标、培养模式、课程体系、实践教学和法学教育教学体制进行了探讨，形成了一些共识。我们本学期要尽快固化共识成果，形成完整的行动计划，然后推行。

在本科教育教学方面，我们还要全面总结已有实践和行之有效的做法，进一步探索和完善本科生导师制、双专业双学位制、主辅修制、创新学分制、重修制、淘汰制等。

我在这里特别强调一下教学工作和科研工作的关系，我们不要因重视科研而忽视教学工作，也不要因重视教学而忽视科研工作。我非常赞成"四个同等重要"的教师业绩评价原则，即"教学工作和科研工作同等重要；教学研究项目和科学研究项目同等重要；教学成果和科研成果同等重要；教学骨干和科研骨干同等重要"。

**二是加强研究生培养质量**。法大正在向创新型、研究型大学转型。在建设创新型、研究型大学的过程中，研究生教育的规模和质量是重要标志。在规模方面，我校今年研究生的招生规模首次超过了本科生。但在研究生培养质量方面不容乐观，主要表现在：由于招生规模的广大，生源质量有所下降，导师指导粗放、学生心气浮躁，学位论文质量和水平有待进一步提高。据我所知，到目前为止，在法大自己培养的博士生中，仅有两人的论文入选国家百篇优秀博士论文，而中国人民大学法学方面已有5篇，差距明显。提升研究生培养质量必须在选拔考试、培养过程等方面进行改革，强化导师的指导，强化研究生参与科研，严把学位论文质量。硕士生和博士生要分层分类指导，设计不同的培养方案。全职研究生导师的遴选要评估其近三到五年的科研成果，要看其是否有科研课题和科研经费。博士生要参与导师的课题研究，答辩前要有较高水平的论文发表。还要探索"校内＋校外""国内＋国外"的双导师制度，加快推进中外联合培养研究生，中外同授、分授和互授学位。

（四）科学研究问题

繁荣发展我校人文社会科学研究是学校的使命和任务之一。我们总的想法是：进一步加强学术队伍、学术平台、学术道德建设，深化科研管理体制改革，优化科研评价制度，促进跨学科交流与合作，推进学科体系、学术观点、科研方法创新，全面提升研究质量和水平，努力增强我校人文社会科学研究的优势和核心竞争力，开创我校科学研究的新局面。有几点要特别强调一下：

一是要处理好数量与质量的关系。这就是说，我校在科研方面要坚持数量与质量的辩证统一，把立足创新、提升质量、出精品力作放到更加突出的位置，改变重数量、轻质量的发展理念、管理模式和评价标准，在保证一定数量增长的基础上着力提升质量。今后，我校在对教师考评、评价、晋职晋级时，要建立更加科学的评价标准，把重数量、轻质量的观念扭转过来。

二是要处理好教学与科研的关系。我们法大的教师要明白，教学与科研两者不能偏废，专业教师既要搞好教学，也要重视科研，要努力探索科研与教学的结合点，围绕教学搞好科研，搞好科研促进教学，科研成果变成教学内容也是一种科研转化，要努力营造科研、教学、人才培养良性互动、相互促进的局面。

三是要处理好基础研究与应用对策研究的关系。我校是一所以文科为主体的多科性大学，既有基础学科，也有应用学科，所以，我校既要支持基础研究，也要重视应用研究，特别要鼓励我校教师针对国家社会经济发展中的重大理论和现实问题，进行应用对策研究，不间断地向国家有关部门提供咨询建议，发挥思想库的作用。

四是要加强以问题为中心的跨学科研究。以问题为中心的跨学科研究不仅是人文社会科学的研究方法，更是人文社会科学研究的规律之一。我们要通过设计体制机制，或者进行体制改革或机制创新，创造条件，比如构建跨学科平台、跨学科论坛，打破学科专业壁垒、院系壁垒，多学科汇聚，以国家社会经济发展中的重大理论和现实问题为中心，展开研究，推进理论创新，甚至催生新兴学科和交叉学科。我校青年教师在学校科研处推动下开展的"青年教师跨学科学术沙龙",就是这样一个跨学科论坛,开展了一次关于刑事和解的研讨,效果很好,研究成果在《法制日报》和《中国社会科学报》有整版的报道。要坚持下去,扩大受益面。

为了提升我校学术、科研在社会上的影响力和美誉度,繁荣校园文化,本学期,我们在原有"名家论坛""大使论坛"的基础上,要构建"中国法治高端论坛",邀请大法官、大检察官等国家法治建设的高层领导人来法大设坛弘扬法治。今后,我们还可以探索设立"省部长论坛""杰出企业家论坛",探讨当代中国的政治建设、经济建设、文化建设和社会建设;设立"法学院院长论坛",讨论中国法学教育的改革与创新。探索试办英文法学期刊。

(五)社会服务问题

大学是社会的一员,与社会有千丝万缕的联系。大学不仅要传承知识、创造知识,而且要服务社会、引领社会。但要实现这些构想,实现大学与社会的良性互动,并不是一件容易的事。我们法大要非常重视同社会各界建立良好的关系,不仅要重视同各级政府建立良好的关系,而且要重视同法大所在的社区建立良好的关系,重视同国内外的大学、中学建立良好的关系,重视同工商界建立良好的关系,重视同法大校友建立良好的关系,通过与社会的良性互动来实现我们法大的目标。本学期,我们要组建学校董事会,加强校友会的工作,全方位地推进国内拓展与合作。

开放教育既是高校育人的一种方式,也是高校为社会服务的一种方式,加大力度推进开放教育是今年学校采取的一个重要举措。为了做好这项工作,学校对开放教育的体制、机制和人员都进行了适当的调整,重新厘定了举办开放教育政策。法大在开放教育方面是有经验教训的,20 世纪90 年代末,学校在开放教育方面很有活力,也取得了不俗的成绩,但当时的某些乱象对法大的社会声誉、学术声誉还是有一定的负面影响的。因此,现在学校推进开放教育,一定要避免重蹈覆辙。学校在举办开放教育当中要坚持三个原则：一是要以人为本，这就是说，开放教育是高校育人的一种方式，举办开放教育要让受众学有所获，实现互利共赢；二是要以我为主，也就是说，我们是大学，我们是办学的主体，要将办学的主导权掌握在自己手中，要把办学的关键环节牢牢地掌握在自己手中；三是以法为准，即严格依法办事，依照学校的规章制度办事，不能违规操作，既要积极拓展，又要规范管理，在财务上坚持收支两条线，不得私设"小金库"。

要特别提到的是，在今后一段时间内，学校还要大力促进中央政法管理干部学院在我校的恢复重建。在我校恢复重建中央政法管理干部学院，就是要构建一个面向全国政法系统、服务于政法干部队伍素质建设的高水平培训与教育机构。这是学校发展过程中所遇到的一个难得机遇，对法大的发展具有非常重大的意义。学校要紧紧抓住中央政法管理干部学院恢复重建的这个机遇，进一步发展自己。特别是要加强同中政委的沟通、讨论，要进一步探索、研讨恢复重建的体制、模式、机制，做好论证和有关准备工作。全校上下要共同努力，大力推进这项工作，实现我们预定的目标。

（六）学校的国际化问题

在经济全球化、政治多极化、文化多元化、社会网络化的今天，人类已步入以知识为驱动力的社会，人类的交往越来越频繁，各国的联系越来越密切，全球性的问题日益增多。在这种背景下，是把自己仅仅定位为本地的大学和本国的大学，还是定位为全球的大学这样一个问题，已摆在大学，特别是有雄心壮志的大学的面前。我校已有这样的雄心壮志，要把自己建设成为"世界知名法科强校"。因此，法大必须以国际化为发展战略。

为什么要推进高等教育的国际化？美国、英国、加拿大、澳大利亚、德国、法国等西方发达国家都有自己的考虑，并有所不同。比如，美国发展国际教育主要考虑的因素依次是：提升自己在国际上的政治领导力、推进知识产业、促进工商业的发展、保证高等教育质量和维护国家安全等。而澳大利亚发展国际教育主要是出于经济上的考虑，希望用国际学生交的学费收入弥补公共高等教育经费投入的不足，同时也考虑到借此提升澳大利亚进入知识社会的能力和澳大利亚高等教育的国际竞争力。加拿大的一流大学在高等教育国际化方面至少有四点考虑：一是通过国际化发展自己，提升自己的国际竞争力；二是明确将自己定位为全球性大学（global university）；三是要把自己的学生培养成全球公民（global citizen）；四是要以自己杰出的研究来创造知识，不仅服务于本地、本国，而且要服务于全世界。比如，不列颠哥伦比亚大学宣扬的大学愿景是："不列颠哥伦比亚大学立志成为世界最好的大学之一，把学生培养成为不凡的全球公民，促进公民社会和可持续发展社会的价值，开展杰出的研究服务于不列颠哥伦比亚省、加拿大和世界人民。"而艾伯塔大学则认为，国际化与大学竞争力是联系在一起的，在全球范围内提升大学的竞争力是推进高等教育国际化最主要的理由。由此可见，国际化既是大学的办学方向，也是提升大学国际竞争力的主要方法和途径。今天的大学，随着经济的发展、科技的进步和人员的流动，已不能也不再局限于某地，而应该是在日益开放的国际市场上的一个全球性参与者（global player），要在国际学生市场、跨境教育、招揽人才、争取国际基金、提高教学和研究质量、扩大国际声誉等方面参与竞争，提升竞争力。

我体会，我校要推行国际化，是要通过国际化来发展自己、提升自己、完善自己，在国际竞争中求生存、求发展、求贡献。所以，我们讲高等教育国际化并不是要全盘西化，也不要简单地认为高等教育国际化就是全盘西化。同时，推进高等教育国际化也不是简单地要完全"与国际接轨"。各个国家的高等教育制度并不一样，西方发达国家如美国、英国、加拿大、澳大利亚、德国、法国的高等教育制度也各不相同，在加拿大国内，由于教育属各省管辖，各省的高等教育制度也有所不同。你去同谁接轨呢？我们推进高等教育国际化，从本质上讲，是要通过国际交流与合作，培养教师和学生的国际意识、国际视野、国际交往能力和国际竞争能力，从而提升大学的国际影响力和竞争力。我们建立现代大学制度，并不是要简单地复制、照搬和移植西方发达国家的现代大学制度，而是要通过学习、交流、借鉴，去发现现代大学制度的精髓，或者说现代大学共同的核心价值理念，再结合我国高等教育的实际情况，去创造、创新和发展具有中国特色的现代大学制度。

我校要加强国际化，有几项工作必须从本学期开始进一步推进：（1）尽力建好中欧法学院，将之打造成中外合作办学的典范，以办成世界级的法学院为目标，支撑世界知名法科强校的建设。（2）进一步扩大中外合作办学的规模，拓展更多的中外合作办学项目或课程，设立中外合作办学机构。（3）积极参与汉语国际推广，在国外办一到两所孔子学院。（4）扩大留学生规模和港澳台学生规模。（5）扩大学生交换规模，扩大国际夏令营或国际暑期班的数量。（6）探索在海外同外方合作建立中国法学学术研究中心。（7）推行"国际学术伙伴计划"，要求每个学院和实体科研机构要发展自己相对比较固定的国际学术合作伙伴。

（七）办学条件改善问题

目前，法大办学条件比较困难。长期以来，一直存在一个到底是发展新校区还是改造老校区的问题。今后到底怎么发展，肯定有个不可回避的问题，就是如何处理新校区和老校区的关系问题。经过调研，我的想法是这样的："有机遇，不放弃；无希望，不强求。"目前，根据实际情况，比较现实可行的是要立足于现有校区的改造、优化和拓展，而且要坚定不移地立足于现有校区的改造、优化和拓展。要彻底地改造学院路校区，优化昌平校区，开发周边资源，同时考虑置换昌平校区的家属区，拓展发展空间。树立"小而精，小而美，小而优"的校园建设理念，把现有的法大校区建设成为一个精致而有文化内涵的学府。

法大今年完成的建设项目有两个：第一个是已完工并投入使用的学院路新一号学生公寓，第二个是正在建设当中的昌平校区科研楼。正在办理手续拟建的项目有几个值得一提：

一是学院路综合科研楼，该项目已经过教育部批准，按照学校的计划应该在今年 11 月动工，建筑面积 45 000 平方米左右，设计的办公室 460 间，还有一些会议室、教室。建设资金两个亿全部由教育部资助。昌平校区的科研楼和学院路校区的综合科研楼建成以后，会大大改善教师办公、学院和科研机构的教学科研条件。

二是学院路的图书馆项目。在温家宝总理的亲切关怀下，在国家发改委和教育部的支持下，在学校领导班子的积极努力下，这个项目进展顺利，有希望得到国家两个亿左右的资金支持，这样学校就能够彻底地改造学院路的图书馆了。

三是学院路的综合配套服务楼项目。主要功能为商业配套设施、医疗卫生服务、老干部活动中心，这个项目需要投资 1300 多万，由学校自筹资金。

四是学院路的学生食堂项目。学院路校区现有的学生食堂面积只有 3000 平方米，而学校研究生的总规模已达 5000 多人，相对于昌平校区的食堂，学院路的食堂面积比较小，比较拥挤，工作间也比较小，菜的品种少，学生有一点意见。所以，要充分利用新建的新一号和新二号学生公寓，就必须改造学院路的食堂。

学校还有其他一些待建项目。为了实现学院路校区的彻底改造，文化楼的拆迁要加紧推进。如果我们扎实推进已经制定的校园建设规划的实施，学校的办学条件应该在若干年之内会有一个明显的改善。

（八）开源节流问题

根据我调研所了解到的情况，学校近几年的年收入大约稳定在 4 亿左右这样一个规模，但教职工工资等人员经费的开支占到学校总经费的 60%

到 70%，学校现在还有一定数量的贷款，去年和今年的预算均有赤字，可见学校在财务方面还存在一些困难。目前学校的资源现状与财务状况决定了要学校大力推行开源节流。我们推进开源节流的主要目的是进一步增强学校的办学实力，改善办学条件，优化资源配置，同时改善教职工的生活待遇。

在开源方面，首要的是要建立学校的多元筹资体系。除了争取国家教育部和其他政府部门的拨款和专项经费以外，也要在科研经费、开放教育、对外筹资等方面做出努力。比如，在争取更多的科研经费上还要下功夫。科研经费申请下来以后，尽管是由项目负责人及其科研团队使用，但有利于增强学校的科研财力，也在一定程度上有利于学校的资金周转。学校去年年度科研经费到账 3300 多万元，在全国的文科院校里排在前列，但相对于学校的快速发展还是远远不够的。在调研中发现，学校有教师流露出这样一种想法，认为自己只要把教学做好就行了，没必要在科研及科研经费方面花大力气。这样的想法是不对的。在我们学校，一些教公共基础课的教师，如教公共外语的教师，可以以教学为主，但是大多数专业课的教师应当是教学科研并重型的教师，一定要在搞好教学的同时积极争取科研经费，开展科学研究。学术发展到今天这种程度，国家和社会通过设立科研基金引导和促进科学研究，已是公认有效的制度安排和机制。而且，事实上，开展科学研究也是有成本的，需要有投入。我们不能仅仅指望学校的经费投入。所以，教师一定要积极向外争取资源，争取科研经费，无论是纵向的还是横向的。据我所知，现在国内有的高校要求讲师升副教授必须要有省部级以上的科研项目，副教授升教授必须要有国家社科基金和教育部人文社科基金的项目。当然，这种措施是否在我们学校采取，还要研究。但是这种措施促进学校科研经费快速增长的成效是十分明显的，值得我们借鉴。

目前比较现实的改善学校财政状况的措施，除了争取国家的拨款和专项经费的投入以外，就是大力推进开放教育。推进开放教育是今年学校采取的一个重要举措。为了做好这项工作，学校已经对开放教育的体制、机制和人员都进行了适当的调整。学校要制定更加合理的政策，特别是在学校与学院的关系上要进一步做政策性的调整，"放水养鱼"，调动一线办学机构的积极性。

另外，学校还要在通过其他渠道筹资方面开动脑筋，要发挥各地校友会的作用，要建立学校董事会、学校拓展与合作办公室，探索向海内外筹资。

其次，就是要节流，建立资源节约型校园。我们要在全校倡导厉行节约、艰苦奋斗、勤俭理校，坚决反对铺张浪费。在学校目前资源比较短缺与困难的情况下，各个单位一定要坚持节约原则，反对和避免浪费。做好节流工作，要从小事做起，从点滴做起，比如说，注意降低水电费用，能在校内开的会议尽量安排在校内开；学校的一些文件，包括复印和打印，其实很多可以双面使用，这也是一种节省。

（九）学校的治理与管理问题

根据我国《高等教育法》的规定，党委领导下的校长负责制是国家举办大学的核心体制和治理结构。为了落实这一体制，我们要坚持"党委领导、校长负责、教授治学、职员治事，民主管理、依法治校"这六句话。

关于"教授治学"，在学校层面，这学期我们将建立健全学院一级的教授会制度，在部分学院试行，进一步发挥在一线工作的教授对本院学科建设、人才培养和科学研究工作的决策和咨询作用。

所谓"职员治事"，就是高校管理人员、教辅人员、其他专业技术人员以及其他员工在学校党委和校长的领导下，围绕学校的中心工作做好自己的本职工作。

而"民主管理、依法治校"，是法大办学的应有之义，它讲的是学校不仅要遵循国家的法律法规来办学，而且要充分发扬民主，建立科学合理、符合教育规律的校内规章制度来治理学校。我们学校一定要坚持民主办学、科学办学、依法办学，而坚持民主办学、科学办学是依法治校的前提。有几点要特别强调：第一，今后学校制定的规章制度、游戏规则要更加科学、更加符合教育规律、更加体现民意。这需要充分发扬民主，多听取师生员工的意见。为了发扬民主，推进校务公开，学校校长办公会已建立邀请教代会代表和教师代表列席会议，听取他们的意见的机制。今后，校长办公会讨论涉及学生权益的规章制度时，我们还要请学生列席校长办公会。第二，学校的规章制度、游戏规则要保持相对的稳定性。在调研中，部分学生和老师的反映，学校过去有一些规章制度一年一变，尽管是做到了有章可循，但是制度经常在变、政策不够稳定。所以，学生对于推免保送研究生的政策有意见，老师对于评职称的政策有意见。特别是有青年教师反映，本来根据已有的标准，通过多年的努力争取，好不容易达到了晋升职称的条件，但是到了评职称的时候条件又变了，这样造成他们又不符合条件了。所以，要保持学校规章制度和学校政策的相对稳定。当然，要做到这一点，是以建立相对科学合理的规章制度为前提的。如果出台的规章制度不尽科学合理，执行时问题就会更多，导致频繁的修改。第三，今后涉及教师、学生切身利益的一些制度安排，要尽量争取常态化，比如说职称评审，应该每年都要进行。第四，学校应该加强规章制度的宣传力度。学校依法治校的制度建设还是做得比较好的，比如有科研管理典、教学管理典、人事管理典等，但是，很多规章制度的具体内容，老师说起来好像都不知道。一方面可能是老师比较忙，没有时间看，另一方面可能是相关的一些部门对于这些规章制度的精神和内容的宣传不够，所以要进一步加强对学校规章制度的宣传力度，让师生员工尽可能知道和掌握。当然，师生员工也应该主动地去熟悉、了解与自己学习、工作、生活有关的学校规章制度。

（十）和谐法大建设问题

建设和谐法大，我们始终要坚持"和睦相处，和衷共济，和而不同，和谐发展"这"四和"。

首先，要创造条件，改善教职工的生活待遇、生活条件、居住条件等等，让教职工能够安居乐业。学校会千方百计寻求经济适用房、限价房、商品房等房源，与北京市教委、昌平、海淀、崇文等区住房保障办公室联系，积极解决学校青年教师的住房问题。针对学校教师，特别是青年教师待遇偏低问题，学校在经费极度紧张的情况下，作出了保证教师工资每年递增5%的承诺，希望能够逐步改善教师的生活质量。虽然实现"安居乐业"这个目标是非常困难的，但学校一定要朝这个方向去努力，追求"老者安之，同辈信之，少者怀之"的理想状态。

其次，构建和谐法大，要高度重视学风和校风建设。学风和校风建设的核心是师德师风。如何构建一个很好的学风和校风是学校今后努力的方向，特别是在学风方面，在学术规范方面，要加强制度建设，采取一系列的措施，做到以正面引导、正面教育、自律、预防为主。关于学风建设，我想说的是，在学术规范方面，在某种意义上讲，现在及以前的几代学人是有"原错"的。我记得，我自己读研究生时，当时很多人写文章是以没有注释为荣的，有的学者写文章尽管作了为数很少的注释，常常被杂志编辑删得一干二净。我们都有一个从懵懂到懂得、从不知到知道、从不太遵守到逐渐遵守学术规范的过程，这个世界上没有生而知之者。但时至今日，在学术共同体日益高度重视学术道德建设、学风建设，坚决反对学术不端、学术腐败的今天，我们不能就再推诿自己懵懂、无知，甚至所谓"过失违反"了。从今往后，我想，教育部今年3月19日公布《关于严肃处理高等学校学术不端行为的通知》应该是一个界限，我们法大对学术不端行为不仅要"零容忍"，而且要实行"严格责任"，无论故意或过失，都要严肃处理。当然，我们的方针是"教育为主，惩处为辅；预防为主，惩防并举"，严肃处理的目的也是为了惩前毖后、治病救人，在法大树立一个好的风清气正的学风、校风。

关于师德师风，我还想多说几句。我们发现，在教学工作中，有的老师对学生不负责任。我听学生说，有的老师在法大教学课堂上不按教学计划、教学大纲讲，有的讲个人经历就讲了一堂课，有的讲一些其他不该在教学课堂上讲的内容。这种行为是对学术自由的亵渎，是对学术秩序的破坏。美国芝加哥大学的著名学者爱德华·希尔斯的一本名为《学术的秩序》[1] 的文集讲了几段关于学术自由的话，我在这里介绍一下，看看美国著名学者是如何理解学术自由的。

他说：学术自由是学者个人根据自己的学术倾向和学术标准从事教学、研究的自由。

他说：学术自由并不能免除学者个人作为学术机构成员所应负的责任。

他说：学术自由不是学者个人可以做任何事的自由、随心所欲的自由，说任何他们想起来要说的话的自由。学术自由是做学术之事的自由。

他说：一位化学或生理学教授在教学过程中宣扬他的政治信念或他自己的性道德观点，显然他是偏离了对教授化学或生理学的责任。

他还说：如果教授在课堂上花了相当大的一部分时间，以一种夸张的语言，情绪化地指责或赞扬政府的政策或者公共舆论的某些观点，那么，就可以公正地说，他超越了合法的学术自由所赋予的权利。[2]

所以，我们要再次重申：学术研究无禁区，课堂教学有规矩。坚决反对在教学课堂上不负责任地、不按教学大纲要求地、不遵循教学规范地胡诌。

---

〔1〕 参见【美】爱德华·希尔斯：《学术的秩序》，李家永译，商务印书馆2007年版。

〔2〕 【美】爱德华·希尔斯：《学术的秩序》，李家永译，商务印书馆2007年版，第276～311页。

再次，建设和谐法大，本学期一定要加强学校的安全稳定工作，特别是要做好学生的安全稳定、思想政治教育、心理调节和干预、H1N1 甲型流感的防控等方面的工作。发展是硬道理，稳定是大前提。在这一点上含糊不得、马虎不得。

最后，和谐法大必定要有优良的校园文化做支撑。优良的校园文化建设对法大来说是特别重要的。我们需要有海纳百川、兼容并包的文化，我们需要有思想自由、学术民主的文化，我们需要有团结友爱、合作共事的文化，我们需要有尊老爱幼、提携后进的文化，我们需要有与人为善、相互尊重的文化，我们需要有自强不息、追求卓越的文化，我们需要有公平竞争、优胜劣汰的文化，我们需要有风清气正、廉洁自律的文化。

作为法大人，我们一定要热爱法大，对法大忠诚，也就是说，要站在法大的立场上，一心一意为法大着想，对法大至诚。如果一个法大人没有这样的品质，他对法大所做的一切就要打一个大大的问号。热爱法大、忠于法大是大家探讨法大事项的最起码的基础。法大一定会容纳大家对法大工作提出的各种建议、意见和批评，但我们会更重视诚恳的建议、意见和批评。对于那些仅仅站在自己的立场上，为了一己之私，或者夹杂着私心杂念，甚至为了沽名钓誉，置法大整体利益于度外，而提出一些不切实际的意见和批评，我们不能让他们大行其道。

今年是法大建校 57 周年，也是法大改革开放后恢复招生 30 周年，这个学期，我们还要举行法大恢复招生 30 周年活动。57 年来，特别是改革开放以来，法大的进步是明显的，法大的发展是快速的，法大对国家和社会的贡献是巨大的，我们在这里工作和学习，当为法大感到骄傲和自豪。但我们也清醒地认识到，法大还面临许多困难和挑战，要走的路还很长，任重而道远。古人云："天行健，君子以自强不息；地势坤，君子以厚德载物。"自强不息、厚德载物是我们中华民族的伟大精神。我相信，在教育部、北京市委市政府、学校党委和行政的正确领导下，在全体师生员工的

共同努力下，我们只要发扬自强不息、厚德载物、追求卓越、止于至善的
精神，开拓进取，埋头苦干，把法大建设成为世界知名法科强校的目标就
一定能够实现。

# 继往开来 再创辉煌 为建设中国特色、世界一流的法科强校而努力奋斗<sup>*</sup>

尊敬的周铁农副委员长

尊敬的王胜俊院长，

尊敬的曹建明检察长，

尊敬的各位领导、各位嘉宾、各位校董，

亲爱的校友们、老师们、同学们：

大家上午好！

今天是一个特殊的节日，群贤毕至、少长咸集，我们怀着无比激动和喜悦的心情欢聚一堂，隆重庆祝中国政法大学建校 60 周年！首先，我代表学校，向出席大会的各位领导、嘉宾、校董和校友表示热烈的欢迎和衷心的感谢！向全体师生员工和海内外广大校友致以节日的祝贺和诚挚的问候！

从 1952 年建校至今，中国政法大学走过了 60 年的光辉历程。在这非同寻常的 60 年里，法大始终与共和国同呼吸、共命运，积极推进国家法治建设和高等教育事业的发展，书写了充满光荣与梦想、开拓与奋进的时代华章。那些属于法大的历史时刻，深深地定格在我们记忆深处：

1952 年，由北京大学、清华大学、燕京大学和辅仁大学四校的法学、

---

* 于 2012 年中国政法大学 60 周年校庆的致辞。

政治学、社会学等学科组合而成的北京政法学院正式成立，毛泽东同志亲笔题写了校名，新中国的法学教育从此掀开了新的篇章。

1978 年，在"文革"中停办 7 年的北京政法学院浴火重生，迎来了法学教育的春天。次年，恢复招收本科生，开始招收研究生。

1983 年，北京政法学院与中央政法干校合并，组建成立中国政法大学。邓小平同志亲笔为法大题写了校名。伴随着国家加强社会主义民主法治，学校进入了建设发展的快车道。

1987 年，昌平新校区投入使用。中国政法大学如同 87 级同学敬立的"拓荒牛"，埋头苦干、默默耕耘，让中国法治土壤不断肥沃、孕育花果。

2000 年，中国政法大学划归教育部。学校肩负起推进依法治国、建设社会主义法治国家的重要使命，承担起培养高素质政法人才的神圣职责，迎来了法大历史上发展最快最好的时期。

2005 年，中国政法大学进入"211 工程"重点建设高校行列；2007年，法学一级学科被教育部确定为"国家重点学科"；2011 年，法大成为"985 工程优势学科创新平台"建设大学。

中国政法大学的六十年，是薪火相传、文化传承的六十年；是耕耘不辍、拓荒法治的六十年；是以人为本、尊师重教的六十年；是艰苦奋斗、淡泊明志的六十年；是崇尚学术、追求真理的六十年；是开拓创新、坚守梦想的六十年。

**60 年来，法大是大学精神的守望者。**

法大历史的传承让其身上蕴涵着北大的自由开放、清华的理性务实、燕京辅仁的执着善道。60 年来，无论身处顺境还是逆境，法大始终坚守着"大学之道，在明明德，在亲民，在止于至善"。正是这种坚守，法大勇于探索、追求真理的心灵才不断迸发出智慧和人文之光；法大追求高洁内省与不断创新的步伐才永不停息。

60 年来，凭借对大学精神的不懈追求，在一代代法大人的共同努力下，法大秉承"厚德、明法、格物、致公"的校训精神，坚持"学术立校、人才强校、特色兴校、依法治校"的办学理念，以建设"开放式、国际化、多科性、创新型的世界知名法科强校"为办学目标，追求公平正义、崇尚学术自由，不断提高教学质量，大力开展科学研究，积极参与国家立法和普法宣传，主动服务执法司法实践，始终活跃在国家法治建设的最前列，始终奋进在高等法学教育的最高端，探索走出了一条内涵发展、特色发展、创新发展、开放发展、国际发展、和谐发展的强校建设之路。学校先后培养了二十多万各类高级专门人才，涌现出一大批学术名师、政法英才，创造了一系列有价值、有影响的法学研究成果，为推进依法治国进程、服务经济社会发展做出了突出贡献。今天的法大，不仅是国家"211工程"和"985工程优势学科创新平台"重点建设大学，而且已经从最初的单科性大学发展为以法科为特色和优势，兼具文、史、哲、经、管、教育等学科的多科性大学；从早期的教学型大学转型为今天的研究型大学；从过去行业办学汇入当下中国高等教育的主流；从一所普通大学发展为如今具有国际影响力的国内一流大学。在法学领域，法大已经成为我国公认的法学教育中心和政法干部培训中心、法学研究中心、国家立法和法治决策咨询服务中心、法学图书资料信息中心、法学学术和法律文化交流中心，被誉为"中国法学教育的最高学府"。

**60年来，法大是法治精神的践行者。**

法大60年的历史，本身就是新中国法治进程的一个缩影。60年来，法大与法治荣辱与共，法治衰，则法大衰；法治兴，则法大兴。虽然法大在前行中栉风沐雨，命运多舛，但法治的种子始终深藏在法大人的心中，等待春暖花开的那天。无论在何种情境下，法大人都心怀法治之梦，固守对法治的期盼。法大人相信，法治兴亡，法大有责！

60年来，法大始终以推动国家的法治昌明、政治进步、经济发展、文化繁荣、社会和谐为己任，将自身发展融入国家法治建设的历史进程，形成了鲜明的办学特色和优势，成为国家实施依法治国方略的重要依托。从20世纪50年代关于"法律平等"的讨论，到改革开放后关于"人治与法治"的争论，再到后来对"市场经济就是法治经济""法治国家建设""社会主义法治理念"等问题的讨论，法大人都是发起者或主要参与者，引领着国家法学理论的变革和法律思想的更新。自建校以来，法大人参与了共和国几乎所有的立法活动，为中国特色社会主义法律体系的形成和完善做出了突出贡献，被誉为"全国人大最得力的助手"。法大不仅为国家培养了一大批职业法律人才，而且为国家培训了一大批政法干部，被誉为"共和国政法干部的摇篮"。法大先后有多人在中央政治局、全国人大常委会等机构的集体学习中担任法制讲座的主讲，学校广大师生还积极投身于普法宣传和法律援助工作，成为国家普法的重要基地。可以这样说，法大始终是社会主义法治精神的大力弘扬者、社会主义法治理念的忠实践行者、社会主义法治国家的积极建设者、中国特色社会主义事业的坚定捍卫者。

回顾法大60年的历史，我们深深体会到，学校事业的健康发展离不开以人为本、尊重人权、尊师重道、关爱学生；离不开解放思想、实事求是、求真务实、与时俱进；离不开崇尚学术、追求真理、自强不息、追求卓越；离不开遵循规律、依法办事、勇于改革、开拓创新；离不开艰苦奋斗、坚忍不拔、朴素勤勉、开源节流；离不开和睦相处、和衷共济、和而不同、和谐发展。

60年来，学校的建设发展得到党和国家的高度重视与亲切关怀，毛泽东、邓小平同志先后为学校亲笔题写了校名，周恩来总理签发了北京政法学院院长任命书；江泽民、彭真、乔石、李鹏、吴邦国等同志曾为学校题词。李岚清同志曾两度视察法大。2008年，温家宝总理到法大与同学们共度五四青年节，畅谈法治。同年10月，李克强副总理莅临法大出席中欧法学院成立庆典。党和国家领导人的亲切关怀，给予法大全体师生员工和海内外广大校友莫大的鼓舞和激励，为法大的发展指明了前进的方向。

得天下英才而教之，是教师价值之所在；为社会培养品学兼优、德才兼备的人才，是学校光荣之所在。60 年来，法大，实际上就是二十多万心怀法治梦想的法大人。我们不会忘记这些璀璨的群星：以"全力为新中国培养及输送高质量的政法人才"为立校之本的钱端升院长；一生追寻"法治天下"理想的江平校长；年逾古稀，身居陋室，仍笔耕不辍，撰写"外国行政法三部曲"的王名扬教授；另辟蹊径，以文学之笔抒写人文关怀，留下《面朝大海，春暖花开》的海子；放弃读研究生和公务员身份，到青海贫苦地区担任小学老师的 05 级校友张岩；十年如一日，在食堂默默为师生提供奶茶的"奶茶大叔"刘宪峰师傅……这份名单上还有很多很多的人，他们从法大走向社会，成为法大最宝贵的种子。他们或是居庙堂之高、不辱使命的社会贤达，或是处江湖之远、仍持守理想的平凡之士。他们有的是政界、商界、学界中的翘楚，有的是内陆小城的普通法官，有的是高原苦寒之地的公安民警，有的是为底层百姓伸张正义的公益律师。法大知道，法大人的价值并不在于他所处的地位，而在于他丰富的内心和他所承载的精神。法大不会忘记校友中的社会贤达，不会忘记比比皆是的政界、商界、学界精英，法大更不会忘记那些在平凡的岗位上默默奉献、不为名利羁绊的法大人。法大也不会忘记那些暂时身处逆境，甚至犯了错误的法大人，因为每一个法大人对于法大都同等重要，法大相信，你能够冲出困境，病倒了、跌倒了，再站起来。法大向所有法大人敞开她宽广的胸怀，法大是所有法大人永远的精神家园！

在今天这个难得的相聚时刻，我要代表学校，向 60 年来所有关心、指导、支持和帮助学校建设发展的各级领导和各界朋友致以诚挚的谢意！向为学校建设发展付出了青春、智慧、汗水、心血的一代又一代法大人致以崇高的敬意！表示衷心的感谢！

老师们、同学们、校友们、朋友们：

60 年校庆是学校承前启后、继往开来的里程碑，更是凝心聚智、再创辉煌的新起点。我们正处在一个社会急剧变革的时代，高等教育国际化方兴未艾，国家正在致力于建设高等教育强国和人力资源强国，我国高等教育已进入转变发展方式、全面提高质量的新时期、新阶段。时代为法大带来了全新的机遇，也提出了严峻的挑战。

**今后，法大将走以提升质量为核心的内涵式发展之路，瞄准建设中国特色、世界一流的法科强校。**

法大要以 60 周年校庆为新的历史起点，努力在新的一甲子中建设成为中国特色、世界一流的社会主义法科强校。建设"中国特色、世界一流的法科强校"是一个很高的目标。这就要求我们法大要树立科学的大学发展观，转变大学发展方式，要从外延式发展向内涵式发展转变，从在国内发展向同时在国内国际发展转变，从资源紧缺状态下的发展向资源优化配置下的发展转变，从管理粗放式发展向管理精细化发展转变。要构建和不断完善现代大学制度。要把提高质量作为学校改革发展最核心最紧迫的任务，贯穿到学校人才培养、科学研究、社会服务和文化传承创新的各项工作中去，尤其要把人才培养作为学校的根本任务，把促进学生健康成长作为学校一切工作的出发点和落脚点，着力增强学生服务国家服务人民的社会责任感、勇于探索的创新精神、善于解决问题的实践能力，努力造就信念执着、品德优良、知识丰富、本领过硬、智慧聪颖的拔尖创新人才，推进学校办学水平全面提升。

**今后，法大将走以提升人才、学科、科研的创新能力为核心的创新发展之路，加快建设创新型大学。**

当今世界，经济社会发展格局正在发生深刻变革，创新已经成为经济社会发展的主要驱动力。在高等教育领域，知识创新已经成为大学竞争力的核心要素，各国一流大学为求在竞争中掌握主动，纷纷把创新驱动发展、创新引领发展作为战略选择。法大要积极应对经济社会发展的重大需求，开展国家急需的战略性研究、探索学术领域的前瞻性研究、涉及国计民生重大问题的公益性研究，充分发挥法学等学科智囊团和思想库的作用。要积极提升原始创新、集成创新、协同创新和引进消化吸收再创新的能力，打造创新平台和创新团队，建立协同创新战略联盟。同时，创新人才培养模式，积极营造鼓励独立思考、自由探索、勇于创新的良好环境，使学生创新智慧竞相迸发，着力培养拔尖创新人才，努力为建设创新型国家做出积极贡献。

**今后，法大将走以提升国际竞争力和国际影响力为核心的国际化发展之路，持续建设国际性大学。**

我们所处的时代是一个和平与发展的时代，也是一个正在走向全球化的时代。在这样一个时代，我们学校提出"国际化"发展战略，可以说是顺应了历史潮流，顺应了国际上高等教育的发展趋势。一个志存高远的大学一定会看到高等教育国际化对它的战略意义和长远价值，不然它就不是一个具有远见卓识的大学。进一步扩大和深化我校国际交流合作，是优化我校教育资源、提升我校教育教学质量、提高我校学术水平、培养国际化人才、扩大我校国际影响力和竞争力的有效途径。改革开放发展到今天，大学国际交流合作的形式已经发生很大的变化，当前，法大尤其要加强师生国际视野、世界眼光、国际交往能力和国际竞争能力的培养，推动优秀学术成果和优秀学术人才走向世界，为法学学术交流和法律文化交流做出新贡献。

老师们、同学们、校友们、朋友们：

今天，中国政法大学的历史又翻开了新的一页，我们又站在了新的历史起点上。在这举杯同庆的时刻，我想对法大学子说：大学是实现你们理想的重要时期，法大精神需要你们去传扬，法治理念需要你们去延续。同学们，时不我待，只争朝夕！我想对法大的老师说：非淡泊无以明志，非宁静无以致远。教师不仅要有传道授业解惑的职业精神，还需有追求真理、持守真理的知识分子情怀！我想对法大的校友说：法大人的价值不在于权位高低、富足与否，而在于你们追求公平正义、止于至善的内心！聚是一团火，散是满天星，法大永远是你们温暖的家！最后，我想对我们的法大说：六十载春风秋雨，育成你今日的风华正茂；六十载沧桑岁月，摧不弯你挺拔的法治脊梁。法大，我们永远的精神家园，我要大声向你说一声：生日快乐！

　　谢谢大家！

# 承前启后，将法大建设成为开放式、国际化、多科性、创新型的世界知名法科强校*

尊敬的各位领导、各位嘉宾，

亲爱的校友们、老师们、同学们：

大家上午好！

今天，秋高气爽，艳阳高照。当举国上下还沉浸在欢庆新中国 60 华诞的喜悦气氛中，我们在这里欢聚一堂，共同纪念中国政法大学恢复招生 30 周年。在这个激动而自豪的时刻，我代表学校全体师生员工向莅临大会的各位领导、各位嘉宾表示热烈的欢迎和衷心的感谢！向心系母校，心怀法治，心向祖国的历届法大校友致以诚挚的问候！

我们不会忘记，30 年前的 10 月 19 日，在彭真等中央领导的关怀下，历经磨难的北京政法学院迎来了复办后的第一批学子。他们当中有许多人今天就坐在这里。当时，不完整的校园、不明亮的教室、不宽敞的食堂，在艺校的乐声伴奏下起床，坐在马扎上上课，图书资料极度匮乏，教学研究白手起家……这些都没有阻碍他们的成长。因为这里有辛勤的园丁用智慧点亮了他们的心房，有极为认真的课堂教学为他们搭起了进步的阶梯，有丰盛的知识大餐始终为他们补充着营养。在法大浴火重生之后，正是这些甘为人梯、锲而不舍、闪耀着人格魅力的老师们，踏出了艰苦奋斗、自

---

* 于中国政法大学恢复招生 30 周年纪念大会的致辞（2009 年 10 月 17 日）。

强不息的办学之路；正是这批历尽艰辛、痴心不改，对法学孜孜以求的莘莘学子，传承了法大"经国纬政，法治天下"的崇高理想。

我们不会忘记，就在79级学生毕业前夕，法大再次迎来了新的发展机遇。1983年5月，在邓小平同志的关心下，北京政法学院与中央政法干校合并组建成中国政法大学，时任司法部部长的刘复之同志兼任首任校长，陈卓同志任党委书记。邓小平同志掷地有声地指示：要"把它办成我国政法教育的中心"，并亲笔题写了校名。在当时法大一校三院的建制中，本科生院奠定了法大以法科为主体的多学科发展的坚实基础，设系分专业的教学体制改革开辟了政法专业教育的全新之路；研究生院开启了法大高层次办学的大门，事实上，新中国的第一个法制史专业、第一个民商法专业、第一个经济法专业、第一个诉讼法专业、第一个比较法专业，新中国自己培养的第一批法学博士都在这里产生；进修生院则延续了快速培养政法高级干部的传统，为国家法制建设培养了一大批实践人才。

我们不会忘记，迈入21世纪，学校划归教育部领导，成为教育部直属的全国重点大学。这是法大发展史上又一次重要的机遇。面对着激烈的竞争和严峻的挑战，新一代法大人继承前辈艰苦奋斗、求真务实的精神，更新办学理念，调整办学思路，进一步深化教育教学改革和内部管理体制改革，围绕建设世界知名法科强校的目标，励精图治，开拓创新，成功进入国家"211工程"重点建设大学行列，逐步完成了学校从单科性大学向多科性大学的转变，从教学研究型大学向研究型大学的转变，从封闭型行业办学向开放型办学的转变，学校事业实现了新的跨越式发展。

30年，在历史长河中只不过是短暂一瞬，弹指一挥间，但对法大来说却是一段凝结着对法治理想和教育事业不懈追求的峥嵘岁月，是国家法学教育和法治事业不断前行的生动写照和缩影。30年来，在一代代法大人的共同努力下，学校已经发展成以法学为特色，兼有哲学、经济学、文学、史学、理学、管理学等学科的多科性大学，教育部直属的全国重点大学、国家"211 工程"重点建设大学。可以肯定地说，今天的法大，无疑是我国人文社会科学领域，特别是法学领域，人才培养、科学研究、社会服务和文化引领的一方重镇，无疑是国内一流的法科强校、中国法学教育的最高学府。过去的 30 年，是法大日新月异、快速发展的 30 年，是值得我们为之自豪、为之奋发的 30 年，也是值得在法大历史上浓墨重彩书写的 30 年。

30 年来，我们坚持育人为本，为国家培养、输送 20 余万不同层次的政法专门人才，他们当中的绝大部分已成为国家公安、检察、审判、司法行政及其他政府机构和企事业单位的骨干力量，法学教育与研究的中坚。20 余万校友如熠熠群星，闪耀在中国民主政治和法治建设的广袤星空。我们可以自豪地说：全国高层次法官、检察官和律师的三分之一，具有高等教育学历的司法工作者的十分之一均源于中国政法大学。30 年来，学校人才培养规模不断扩大，仅就今年而言，学校招收的本科生已从 1979 年的 403 人上升到 2000 余人，同时，今年还招收了硕士研究生 2157 人、博士研究生 215 人，研究生入学人数在法大历史上首次超过了本科生。学校的人才培养质量始终很高，比如，先后有两人的博士学位论文被评为全国百篇优秀博士论文；又比如，学生就业率始终稳定在 95% 以上，毕业生呈现"升学率高、进公务员队伍比例高、司法考试通过率高"的"三高"现象，且受到用人单位的广泛好评。

30 年来，我们深入推动教育教学改革，不断提高教育教学质量。学校已经从只有 1 个本科专业、8 个研究生专业的单科性院校发展成拥有 17 个本科生专业、47 个硕士学位授权点、19 个博士学位授权点，由 19 个院（部）级教学机构组成的多科性大学。学校开课门数由当时的 50 余门发展到近 1000 门。学校已拥有本科专业自主设置权，是首批自主招生试点单位。特别值得一提的是，从 2008 年起，我校在承担中央政法院校招录体制改革试点任务的基础上，独家承办了教育部法学教育模式改革实验班，为法大探索和引领中国特色法学教育模式奠定了基础。

30 年来，我们不断提升科研水平，强化学术核心竞争力。学校广大教师立足于为教学服务，为国家立法、司法、行政决策提供咨询服务，积极开展科学研究，为国家民主政治与法治建设贡献了大量的学术思想和决策建议。学校教师参加国家主要立法的论证起草和修订工作达 1000 余人次，每年为中央和地方各级党政机关举办讲座几十次，多位教授在国家重要法律的立法过程中担任重要职务。李铁映同志曾称法大为"全国人大最得力的工作助手"。近年来，学校承担的国家社科基金重大项目和教育部重大课题攻关项目均居于全国高校前列。学校创立的面向全国法学界的"钱端升法学研究成果奖"已被公认为"省部级"奖励。2008 年，学校科研总经费达到 3300 万元。

30 年来，我们坚持以学科建设为龙头，在保持和张扬法学学科的传统优势的同时，发展新兴交叉学科，培育特色学科。2003 年首批获得法学一级学科博士学位授予权；2007 年法学一级学科被确定为国家级重点学科，首创了法律与经济、人权法、证据法、比较法等 4 个学科点，成为国内惟一一所拥有 15 个法学博士点、法学二级学科布点最全的大学。2008 年法学整体实力位居教育部法学学科评估第二位，与北大、人大一起被视为中国法学教育的第一方阵，并称"三甲"。同时，其他人文社会科学学科建设也取得重大突破，目前已设有政治学理论、中外政治制度、世界经济、马克思主义中国化研究等 4 个博士点。除法学一级学科为国家级重点学科外，我校还有 6 个北京市重点学科，2 个教育部人文社会科学重点研究基地，1 个教育部重点实验室，1 个北京市哲学社会科学研究基地。

30 年来，我们坚持人才强校战略，加强师资队伍建设，夯实强校之本。学校教师总数由 180 余人发展到 890 余人，其中，教授 228 人、副教授 356 人，师资队伍中具有硕士、博士学位者占 85%，具有海外学术背景者占 40%。其中，法学师资占 54%，法学教师规模堪称世界之最，有长江学者教授 2 人，有 7 人获"全国十大杰出中青年法学家"称号，有 6 人是全国百篇优秀博士论文获得者。我们不仅拥有像江平先生、陈光中先生、张晋藩先生、李德顺先生、应松年先生这样的学界泰斗，也拥有数以百计的青年才俊。

30 年来，我们面向世界，走向世界，加强国际交流与合作，积极传播中华法律文化，学校的国际影响不断扩大。随着外国政府高层人士和学界精英来访比重不断增加，以中国政府与欧盟共同开展的司法、教育合作的项目"中欧法学院" 2008 年落户我校为标志，学校国际化办学取得历史性突破。目前，我校共与 22 个国家和地区的 80 多所世界一流院校建立了合作关系，每年公派学习、进修、参加学术会议的师生人数约 800 人次以上；在校外国留学生近 300 人，其中学习法律专业的外国留学生规模为全国第一；学生参加国际模拟法庭、仲裁庭比赛屡获佳绩。

30 年来，我们大力改善办学条件。学校克服重重困难，积极筹措资金改善办学条件，基础设施和公共服务体系已有了较大的改善和发展。近年已建和待建工程近 38 万平方米，教学科研建筑面积实现 76% 的增幅，现有教室全部建成多媒体教室；学校图书馆藏书净增 140 万册，总数达到 160 万册；学校信息化建设取得明显成效，实现了教学区有线网络覆盖和全校无线网络覆盖，校园一卡通投入使用。

30 年来，我校各项事业的发展得到了党和国家的高度重视。邓小平同志为学校亲笔题写了校名，江泽民、李鹏、乔石等同志曾为学校题词。1995 年和 2002 年，李岚清副总理两度视察法大；2008 年 5 月，温家宝总理到法大与同学们共度五四青年节，并对法大发展给予极大关注与支持；同年 10 月，李克强副总理莅临法大出席中欧法学院成立庆典。党和国家领导人的关怀，给我们以温暖，给我们以力量，为我们的发展注入了强大动力。

法大 30 年的辉煌成就，远非上述所能概括。我们深深懂得，这些辉煌成就的背后，有改革开放以来国家现代化建设的大背景，有党和国家的关心与支持，有社会各界的爱护和帮助，有历代法大人的艰苦奋斗、辛勤劳动和无私奉献。在此，我代表全校师生向自 1952 年北京政法学院成立以来，披荆斩棘、呕心沥血，用汗水与智慧开创法大事业的历代法大人致以崇高的敬意！向关心、支持和帮助学校发展的各级领导、各界朋友和广大校友表示衷心的感谢！

30 年的办学实践，30 年的发展历程，我们积累了弥足珍贵的经验：

一是我们要坚持贯彻落实党的教育方针，坚持社会主义办学方向毫不动摇，将学校事业发展与国家政治进步、法治昌明、经济发展和社会繁荣的宏伟大业密切结合起来。

二是我们要坚持以发展为第一要务，遵循教育发展规律，审时度势，科学决策，以改革创新为动力，推动学校事业不断取得新的突破，始终站在国家高等教育的前沿。

三是我们要坚持学校以育人为本，以学生为主体，以人才培养为根本任务，不断推动教育教学改革，创新人才培养模式，提高人才培养质量。

四是我们要坚持以提升质量为导向，搞好教学、科研和社会服务等中心工作，学校组织、制度、机制的运转，都要为中心工作服务，以建立良好的中心工作秩序为目的。

五是我们要坚持"学术立校、人才强校、特色兴校、依法治校"的办学理念，明确立校之基、强校之本、兴校之策和治校之略，不断探索建立和完善现代大学制度。

六是我们要坚持开放办学，加强与各级政府、企事业单位、社会团体的密切联系，加强同国内外高校和科研机构的友好合作，加强同法大校友的联络沟通，营造良好的社会环境，争取社会各方面力量的支持，赢得必要的优惠政策和优质资源。

七是我们要坚持以人为本、构建和谐校园，营造"和睦相处，和衷共济，和而不同，和谐发展"的"四和"校园氛围，完善民主办学机制，团结一切可以团结的力量搞好学校建设。

八是我们要坚持加强学校党的建设，加强和改善党的领导，充分发挥校党委的领导核心、分党委的政治核心、党支部的战斗堡垒作用和党员的先锋模范作用，为学校的改革与发展提供坚强保障。

总结成绩与经验，是对未来发展的有益借鉴与启示。2009 年，国家将召开新世纪第一次全国教育大会，制定新的国家中长期教育改革与发展规划纲要。目前，学校正处于发展的关键时期，面临着新的机遇和挑战，我们必须抓住新一轮高等教育改革创新的有利机遇，积极推动我校内部教育教学和管理体制机制的改革创新，实现法大新的跨越式发展。

我们的目标定位是：将法大建设成为一所开放式、国际化、多科性、创新型的世界知名法科强校，在法学领域，把法大建设成为中国法学教育中心、中国法学研究中心、中国法学图书资料信息中心、中国国家立法与法治决策咨询服务中心以及中国的国际法律文化交流中心。

我们的工作思路是：在"三步走"的总体发展战略指引下，大力加强学科建设，大力深化教学改革，大力推行国际化战略，大力优化人力资源，大力强化依法治校，大力推进社会服务，大力改善办学条件，大力构建和谐校园。

大力加强学科建设，就是要以大学科建设的理念，将学科建设与人才培养、科学研究和社会服务联系起来进行全局统筹、顶层设计，促进法大学科全面、协调和可持续发展。对法学学科，要进行全面、深入的统筹、整合、协调，建立结构合理、可持续发展的学术梯队。对法学以外的学科，则要切实加大扶持力度，引导他们走内涵式、特色化的发展之路；要按照"入主流、创优势、显特色"的原则，构筑跨学科平台。

大力深化教学改革，就是要进一步推进法学教育教学的改革与创新，在学制、人才培养目标、培养模式、培养方案、课程体系、实践教学、教材建设、教学手段与方法等方面有所革新；探索和完善本科生导师制、双专业双学位制、主辅修制、创新学分制、重修制、淘汰制等；改革研究生选拔考试与培养过程，强化导师的指导，强化研究生参与科研，严把学位论文质量，探索校内＋校外、国内＋国外的双导师制度，加快推进中外联合培养研究生，中外同授、分授和互授学位。

大力推行国际化战略，就是要深化教育教学改革，优化人才培养方案，着力培养具有国际视野、世界眼光、国际交往能力和国际竞争能力的人才，同时，推进法大优秀学术成果和优秀人才走向世界，不断提升法大的人才培养和科学研究在国际上的影响力。

大力优化人力资源，就是要坚持走人才强校之路，一是加大培养力度，发挥好学校现有教师的作用，特别是要大力加强对年轻教师的培养，给他们创造成长发展的机会；二是要适当地引进一些高层次、高水平的专家学者进入法大。

大力强化依法治校，就是要坚持"党委领导、校长负责、教授治学、职员治事，民主管理、依法治校"，坚持民主办学、科学办学、依法办学；不仅要遵循国家的法律法规来办学，而且要充分发扬民主，建立科学合理、符合教育规律的校内规章制度来治理学校。

大力推进社会服务，就是要推动优秀科研成果向国家法治实践与社会进步的转化，推动优质教育教学资源对社会的开放与共享，引导师生深入社会、了解社会、融入社会、服务社会，同时同社会各界建立良好的关系，通过与社会的良性互动来实现我们法大的目标。

大力改善办学条件，就是要坚定不移地立足于现有校区的改造、优化和拓展。要彻底地改造学院路校区，优化昌平校区，开发周边资源，同时置换昌平校区的家属区，拓展发展空间，建设现代化、学术化、园林化、人性化、智能化的"五化校园"，把现有的法大建设成为一个精致而有文化内涵的学府。

大力构建和谐校园，就是要创造条件，改善教职工的生活待遇、生活条件、居住条件等，让教职工能够安居乐业；要高度重视学风和校风建设，建设优良的校园文化。

各位领导、各位来宾，校友们、老师们、同学们：

30 年来，法大的建设发展的成就是令人瞩目的，是值得全体法大人骄傲和自豪的，但我们也应清醒地认识到，在我们面前，还有许多困难和挑战，任重而道远。今天，拥有法大的我们，将永远铭记前辈们"推动国家法制进步，政治昌明"的训诲，将永远感恩他们鞠躬尽瘁、奉献终生的努力，将永远传承"厚德、明法、格物、致公"的校训精神，将永远忠诚于法治天下的坚定信念。

数风流人物，还看今朝。老师们，同学们，党和国家在期待着我们，支持着我们；20 余万法大校友在关注着我们，支持着我们。让我们携起手来，团结一心，解放思想，与时俱进，开拓创新、埋头苦干。我相信，在教育部、北京市委市政府、学校党委和行政的正确领导下，在全体师生员工的共同努力下，我们的目标一定要实现，我们的目标一定会实现！

谢谢大家！

# 创新国际法学术，再铸国际法辉煌*

尊敬的各位领导、各位嘉宾、各位校友，

老师们、同学们：

大家上午好！

今天，阳光灿烂，春意盎然。我们在军都山下欢聚一堂，庆祝中国政法大学国际法学院成立二十周年。首先，我谨代表中国政法大学，对各位领导、各位嘉宾和各位校友的莅临表示热烈的欢迎，对长期以来关心、支持和帮助中国政法大学国际法学科发展的各位法学界的同行、法律界的同仁表示衷心的感谢！对中国政法大学国际法学院成立 20 周年表示最热烈的祝贺！

今天，既是院庆，更是一个特殊的激励我们法大国际法学人承前启后、继往开来、同心同德、共同奋斗的活动。我想借此机会谈几点想法与大家交流。

**一是关于国际法学科的学术传承问题。**

法大发轫于 1952 年创建的北京政法学院。从建院伊始，当时北京政法学院的国际法学科就汇集了来自北京大学、清华大学、燕京大学、辅仁大学的国际法人才。1978 年，北京政法学院复办，国际法学科不仅是当时北京政法学院法学学科的重要组成部分，而且从那时起它就走进了快速发展

---

* 于中国政法大学国际法学院成立 20 周年院庆大会的致辞（2009 年 3 月 14 日）。

的春天。在随后的发展历程中，1980 年，开始招收国际法专业硕士研究生。1985 年，获得国际法专业博士学位授予权。1989 年，法大设立国际经济法系。1998 年，法大国际法学科被评为司法部重点学科。2002 年，法大国际经济法系更名为国际法学院，同年国际法学科被评为北京市重点学科。2007 年，法大国际法学科作为重要组成部分进入法大法学一级学科国家重点学科。经过 50 多年的发展，特别是改革开放以来 30 年的发展，今天的法大国际法学科已拥有专职教师 49 人，成为我国最大的一个国际法学科团队，而且这个团队学科方向齐全、学缘结构合理、学术水平高，多年来为国家培养了一大批高级国际法律人才，产出了一大批科研成果。

当我们回首走过的历程，我们不能忘记对法大国际法学科薪火相传做出重大贡献的一代又一代国际法学人。比如老一辈国际法学人汪暄、朱奇武等先生，他们解放前就在海外名校修学国际法，回国后长期从事国际法教学和科研工作，他们是法大国际法学科的奠基者。随后，著名国际法学者姚兆辉、钱骅、周仁、吴焕宁等教授承前启后，为法大国际法学科的进一步发展做出了杰出贡献。1989 年国际经济法系建立以后，又先后有多位著名国际法学者为法大国际法学科的发展贡献心力，如赵相林、王传丽、周忠海等教授，他们至今仍在为中国国际法学的振兴和法大国际法学院的发展辛勤耕耘。上述这些著名国际法学者都是法大国际法学科数十年来发展历程的见证人，法大国际法学院有今天这个局面，离不开他们无私的付出与勤勉的工作。我们要感谢他们，铭记他们。同时，也希望法大国际法学院的各位中青年教师，传承前辈学者的敬业精神、奋斗精神、合作精神、团队精神，潜心学术，兢兢业业地工作，推动法大国际法学科不断向前发展。

**二是关于国际法学科的学术特色问题。**

我刚到法大工作 22 天。到法大后我了解到，法大在办学方面有一共识，就是"学术立校、人才强校、特色兴校、依法治校"这四句话。其中

"特色兴校"就是说，我们法大要走特色发展之路，就是要保持和张扬法大法科的特色和优势，积极发展其他人文社会科学学科并办出特色，一体多元，协调发展。无疑，在法大迈向多科性大学的历程中，与其他人文社会科学学科的发展相比，法科的特色和优势十分明显。但在法科内部，各学科专业如何办出特色，形成优势，认识并不统一，发展也不平衡。我们看到，法大国际法学院现有国际公法研究所、国际私法研究所和国际经济法研究所三个实体教学科研单位，另设有国际法研究中心、国际经济法研究中心、WTO 法律研究中心、国际刑法研究中心、空间法与航空法研究中心、国际环境法研究中心、欧盟法研究中心、贸易救济研究中心、国际商法研究中心和海商法研究中心等 10 个非在编研究中心。应该说涉及的领域多，面也很广，但我们还要进一步突出特色，分别在国际公法、国际私法和国际经济法三大领域内找准方向，苦修内功，形成自己有特色的优势领域。

**三是关于国际法学科的学术创新问题。**

我国的高等教育在经过一个规模高速扩张之后已进入全面提高质量的阶段，十七大报告也明确提出要"提高高等教育质量"。因此，我们大学的人才培养和科学研究要把工作重点转到提升质量上来。据我所知，在我国国际法学术领域，至少存在如下几个问题：一是具有跨学科影响的专家学者不多；二是理论联系实际不足；三是智库、思想库的作用发挥不够；四是创新能力不强；五是学术精品力作不多；六是国际影响力和竞争力十分有限。在这种情况下，强化国际法学术创新十分重要。

国际法学术水平与创新是相辅相成的，学术高水平必然包含创新的因素，而创新必然提升学术水平。可以这样说，创新是繁荣发展国际法学术的灵魂，只有创新，才能不断提高国际法学术的水平和质量。依我个人的体会，创新就是"有所发现、有所发明、有所创造、有所前进"，或者是在研究中发现了新材料、新现象、新事实，或者是在研究中找到了新途径，使用了新方法、新手段，或者是在研究中提出了新观点、新论断、新思想、新理论。十七大报告还特别提出，在哲学社会科学领域要"推进学科体系、学术观点、科研方法创新"。要立足创新，首要的是不惟上、不惟书、不惟古、不惟洋，坚持解放思想，做到实事求是，保持与时俱进。

我还想特别提到的是，法大国际法学院的学生在校期间表现出了很高的素养和良好的精神风貌，他们在一系列的国际模拟法庭及模拟仲裁庭比赛中成绩优异，在各类文体活动中也展现了别样的风采。据不完全统计，法大国际法学院二十年来已经培养本科生五千余人，硕士及博士研究生两千余人。这些校友现在活跃在社会各个领域，以其在工作中的突出表现和不凡业绩为法大赢得了声誉，今日法大以他们为荣。这些校友是我们学校最为珍视的财富。今后，无论校友们身处何处，法大永远是你们的精神家园，法大心里想着你们。也请大家心系母校，始终关爱、支持和帮助中国政法大学的未来发展。

老师们、同学们、朋友们！

岁月如歌，历经二十年的风雨磨砺，法大国际法学院又站在了新的历史起点上。我衷心期望，法大国际法学院全体师生员工团结一心，和衷共济，进一步加强学科建设，提高教育质量，强化科学研究，提升综合实力，巩固和发展自己的优势和特色，在中国政法大学创建世界知名法科强校的进程中做出新的更大的贡献，再铸学院辉煌！

谢谢大家！

# 推进法大比较法学学科跨越式发展<sup>*</sup>

尊敬的罗豪才先生、江平先生、张晋藩先生、潘汉典先生、王泽鉴先生，

各位来宾，老师们、同学们：

大家上午好！

今天，室外寒风呼啸，室内却春意盎然。我们同来自各地的比较法学学人一道，在这里举行中国政法大学比较法学研究院成立大会，这是一个欢聚和喜庆的大会。首先，请允许我代表学校对比较法学研究院的成立表示热烈的祝贺，对各位来宾的光临表示由衷的感谢！

大家知道，中国政法大学比较法学的发展迄今已有二十多年的历史。1986 年，比较法研究所的前身——外国法研究所组建；1987 年，比较法研究所正式成立，《比较法研究》杂志创刊；2002 年，中德法学院和中美法学院这两个专门从事比较法学教学和科研的专门学院相继成立；2004 年，学校设立了我国唯一的比较法学二级学科；今年，我们又在充分论证的基础上，把原来的比较法研究所、中德法学院和中美法学院整合为比较法学研究院，搭建了一个比较法学人才培养、科学研究和学术交流的国际化发展平台。比较法学院的组建，不仅标志着中国政法大学的比较法学学科不断走向成熟，还预示着比较法学的发展将展现给我们更精彩的画卷。在过去的二十多年里，先后有不少专家学者为我校乃至我国比较法学的发展做

---

　*　于 2009 年中国政法大学比较法学研究院成立大会的致辞。

出了极为重要的贡献。在此，我想借此机会向为我国比较法学的发展已经和正在做出贡献的同仁表示真挚的敬意！

比较法学是法学的分支学科，也可以说是法学的一种研究方法。比较法学是 19 世纪末以来在国际上逐步发展起来的综合法学学科。随着世界各国之间交往的日益深入，特别是世界经济全球化和法律趋同化的趋势日益明显，比较法学在各国之间的法律文化和法律实务中的地位和作用已不可取代。在某种程度上，比较法学的发展水平已经成为一个国家的法学对外交流程度的重要标志。鉴于比较法学学科的重要性，我借此机会对比较法学研究院的未来发展提几点建议，与大家共勉。

第一，要进一步加强比较法学学科建设。比较法学二级学科的设立和比较法学研究院的组建，标志着中国政法大学搭建了国内最好的比较法学学科平台。但最好的学科平台并不等于最好的学科、最好的人才培养质量和最好的科学研究水平。这就要求我们志存高远，确立明确的发展目标，不要仅仅想到自己在学校学科平台中的位置，而应该考虑自己在国家层面能达到一个什么位置，如何把比较法学研究院建设成为特色鲜明、国内一流、国际知名的比较法人才培养中心、科学研究中心、图书资料信息中心、咨询服务中心和国内外学术交流中心，成为中国政法大学的金字招牌。

第二，要进一步强化师资队伍建设。这次比较法学研究院的组建，把原来的比较法研究所、中德法学院和中美法学院整合在一起，集合了 38 位教职员工，其中具有法学博士学位的教师就有 27 位，还有 13 位教师是在国外大学获得了法学博士学位，可以说在一定程度上实现了人力资源、智力资源的优化配置。但我们不能停留于此，要注意培养学术造诣高，具有"己欲立而立人，己欲达而达人"胸怀的学术带头人，要注意打造一支年龄、学缘结构合理、可持续发展的学术梯队，要注意构建以学术带头人为核心、以青年学者为支撑的若干学术团队，还要注意营造活跃、民主、合作、和谐的学术氛围。我们相信，比较法学研究院这些留学于不同国家、具有不同的专业背景、拥有不同学术经历的比较法学人聚集在一起，一定会拿出具有中国特色、中国风格和中国气派的比较法学研究成果。

第三，进一步开拓比较法学研究的新领域，办出特色。在我国，随着改革开放不断深入，国际交流不断扩展，法治建设不断推进，比较法学学科尚有很大的发展空间。因此，我们要不断探索，锤炼学科发展方向，找准主攻方向。要在现有的基础上开拓比较法研究的新领域，不仅要加强大陆法系、普通法系和其他法系的比较法研究，还要注重跨法系、跨国家、跨地区、跨学科的比较法研究，更要把这种比较法研究内化为中国法律制度的制定和完善。比较法学科领域很广，要研究的问题很多，我们既不能全面出击，也不能盲目出击，必需找准方向，办出特色，否则，就没有出路，就会很平庸。

第四，要进一步探索如何培养比较法学人才。在中国政法大学，比较法学是一个独立的二级学科，比较法学研究院必然要担当培养比较法学人才的任务。何谓"比较法学人才"？是学术型人才，还是应用型人才？是中端人才，还是高端人才？这种人才与其他法学专业人才有什么不同？这是值得我们研究的。我们要有明确的人才培养目标，然后根据确定的人才培养目标，设计培养模式，拟定培养方案。在我看来，"比较法学人才"至少应该是学贯中西、中西融通，具有国际视野、国际交往能力和国际竞争力的法律职业人。

第五，要进一步推进国际化发展战略。中国政法大学的办学战略目标就是要"把法大建设成为一所开放式、国际化、多科性、创新型的世界知名法科强校"。对照上述目标，比较法学研究院应该说最有条件成为实现学校这一发展战略目标的主力军。因为比较法学科的性质本身就决定了其发展的开放性和国际化，而且比较法学研究院拥有全国最大的比较法学学术团队，这个团队的大多数人具有海外留学经历和不同的专业知识背景，这决定了比较法学研究院具备学科创新的智力和人力资源。我们要做的就是要通过国际学术交流与合作和国际人才培养模式创新，不断提升我校在国际上的影响力和竞争力。比如说，我们应当进一步扩大中外合作办学规模，拓展更多的中外合作办学项目或课程，设立中外合作办学机构；进一步扩大留学生规模和港澳台学生规模，扩大国际学生交换规模，扩大国际夏令营或国际暑期班的数量；进一步探索在海外同外方合作建立中国法学学术研究中心；进一步寻求各种模式的相对稳定的国际学术合作伙伴。

我还应该提到的是，今天恰好是我国比较法学的开拓者、中国政法大学比较法研究所首任所长潘汉典先生90华诞，我想借此机会真诚地祝愿潘汉典先生生日快乐，健康长寿！也借此表达我们全体法大人尊重学者、尊重学术、尊重前辈的意愿和情感，感谢所有对中国政法大学曾经做过贡献的人。

老师们、同学们、朋友们，比较法学研究院的成立，是中国政法大学法学教育改革发展的一件大事。这个学院将以较高的起点、多学科的发展以及进一步的国际化推进中国政法大学法学教育教学改革。我们今天在这里举行成立大会既是对中国政法大学比较法学发展的回顾，更是对我校乃至我国比较法学发展的美好前景的展望。我们希望，比较法学研究院成立后要有所作为；我们相信，比较法学研究院将大有作为；我们期待，比较法学研究院的同仁通过自己的努力去实现美好的发展愿景！

谢谢大家！

# 以教书为业，也以教书为生[*]

各位来宾、各位朋友，

老师们、同学们：

大家上午好！

在这个充满激情与活力的五月，在中国政法大学建校 65 周年纪念日前夕，学校迎来了又一件大喜事——钱端升纪念馆正式落成开馆。今天，我们汇聚于此，共同见证这一重要时刻。首先，我谨代表中国政法大学向钱端升纪念馆的建成开馆表示热烈的祝贺！向长期以来关心、支持和参与钱端升纪念馆建设的各级领导和社会各界朋友致以崇高的敬意！向出席本次开馆仪式的各位来宾、各位朋友、各位老师、各位同学表示热烈的欢迎和衷心的感谢！

钱端升先生是中国政法大学的前身——北京政法学院的首任院长，他 1900 年出生于上海，1990 年在北京逝世。钱端升先生 1919 年毕业于清华学校，后赴美国留学，1924 年获得哈佛大学哲学博士学位。回国后历任清华大学、中央大学、北京大学、西南联合大学等校教授。1947 年任哈佛大学客座教授。1948 年，当选为国立中央研究院院士。中华人民共和国成立后，钱端升先生继续从事政治学、法学教育和研究工作。1949 年任北京大学校务委员会常务委员兼法学院院长。1952 年院系调整时，负责筹建北京

---

* 于钱端升纪念馆开馆仪式的致辞。

政法学院并担任首任院长。1954 年当选为中国科学院社会科学学部委员，并任中华人民共和国第一部宪法——"五四宪法"起草委员会法律顾问，参与起草工作，同时担任中国人民外交学会副会长和对外友协副会长，推进中华人民共和国与各国非政府组织之间的交流合作。1974 年，出任外交部国际问题研究所顾问和外交部法律顾问。

钱端升先生专修政治学、法学，在各国政治制度、国家法、宪法史、比较宪法、西洋史以及国际关系诸方面造诣深厚，主要著作有《法国的政治组织》《德国的政府》《民国政制史》《战后世界之改造》《中国政府与政治》等，并与人合著《比较宪法》等。钱端升先生一生"以教书为业，也以教书为生"，倾力培育英才，著书立说，为国家和民族的振兴、政治与法治的昌明，贡献了毕生心血，是我国当代杰出的政治学家、法学家、教育家和社会活动家。

为将钱端升先生的伟大精神发扬光大、薪火相传，2007 年，我校就动议设立钱端升纪念馆。经过多年的史料挖掘与实物征集工作，我校 2013 年第 8 次校长办公会正式批准建馆。2015 年，纪念馆开始筹备工作，自筹备工作开展以来，学校档案馆工作人员和钱端升家属一起整理了 4 万余页（份）中英文信件、手稿等珍贵资料，通过实地调研、访谈老教师、咨询展览专家等多种方式完善展览材料，纪念馆现有馆藏资料 2300 多卷（件）。目前，纪念馆展陈面积 260 平米，分设 7 个展区，较为完整地呈现了钱端升先生波澜壮阔的人生画卷。

大师已矣，精神长存。钱端升纪念馆的建成开馆将向我们客观地展示先生遗风、毕生理想和学术财富，它的建成必将成为学校的文化景观、育人基地、丰碑旗帜，成为学生的敬仰之地、明志所往、缅怀之处。

再次感谢莅临本次开馆仪式的各位来宾和各位朋友，祝钱端升纪念馆举办取得圆满成功！谢谢大家！

# 校训是大学精神的精华

——法大校训解读

中国政法大学的校训四词八字，也可以说是四目，即"厚德、明法、格物、致公"。尽管法大的校训与当下中国许多大学的校训一样，也是四词八字，但其格局与众不同，内容颇有特色。

法大原有一个校训，即"团结、勤奋、严谨、创新"，是建校40周年时确定的。但随着时间的推移，越来越多的法大师生和校友感到，这个校训过于宽泛，没有反映法大的办学传统和特色，也没有提炼出法大的核心文化和精神，不能发挥校训应有的作用。不少师生和校友还在不同场合提出过修改校训的建议。

2001年，学校决定重新拟定校训，并向全校师生和广大校友征集。整个征集活动历时半年，先后发放500份书面征集校训启示，征集到校训建议一百多条，召开了7次师生和校友征询意见座谈会，在校报、广播台、橱窗、校园网进行了广泛的宣传，直接参与者达3000余人次。学校先后有三次会议专题讨论校训征集工作，并最后决定采用"厚德、明法、格物、致公"为新校训。新校训在2002年5月法大建校50周年校庆期间正式发布。从某种意义上讲，新校训的征集过程实际上是法大人对法大精神的再思考的过程，也是进一步凝练、总结的过程，它的诞生不仅是法大人集体智慧的结晶，更是法大人对法大精神的拓展与升华。

大学校训是一所大学的精神和价值取向的集中体现。法大"厚德、明法、格物、致公"的校训可以说是法大精神的精华，集人文精神、法治精神、科学精神和公共精神为一体。其"厚德"源自《易经》的"天行健，君子以自强不息""地势坤，君子以厚德载物"，意在培养师生优良的公民道德、职业道德、政治道德，增厚美德，容载万物。这是人文精神的凸显。其"明法"取自《管子·明法》，意求师生尊法、学法、懂法、守法、护法、用法，以法治天下、建设法治中国为己任。这是法治精神的体现。其"格物"出自《礼记·大学》的"致知在格物""格物而后知至"，意促师生实事求是，求真务实，养成科学的思维和理性。这是科学精神的写照。其"致公"取法于《礼记·礼运》的"大道之行也，天下为公"。此处"致"从"至"，"致公"也为"至公"，出自《管子·形势解》的"风雨至公而无私，所行无常乡"，意为师生要坚持和弘扬公平正义的价值观，要有仁爱亲民、献身公益、服务公众的社会责任感。这是公共精神的张扬。

法大的校训反映了法大的办学理念。办学理念从根本上说就是办什么样的大学及怎样办大学和培养什么样的人及怎样培养人的观念。法大自1952年建校以来，筚路蓝缕，栉风沐雨，已经走过60多年的辉煌历程。在60多年的办学历程中，法大坚持"学术立校、人才强校、质量兴校、特色办校、依法治校"的办学理念，坚持走以质量提升为核心的内涵式发展道路，始终以"经国纬政，法治天下"和"经世济民，福泽万邦"为自己的两大办学使命，致力于以卓越的人才培养、科学研究和社会服务来推进国家的法治昌明、政治民主、经济发展、文化繁荣、社会和谐及生态文明，造福于全人类，致力于培养品德优良、人格健全、学识渊博、能力卓越、智慧不凡、身心健康的"复合型、应用型、创新型、国际型"精英人才，致力于打造"开放式、国际化、多科性、创新型的世界知名法科强校"。从上述法大逐渐探索形成的办学理念不难看出，"厚德、明法、格物、致公"的校训精神不仅贯穿其中、融入其中，一脉相承，而且是其核心价值和精华。

　　法大的校训展现了法大的办学特色。法大建校之初并在随后很长一段时间里一直是一所法科单科性大学，改革开放后才逐步走上多科性大学发展之路，到如今已经发展成为一所以法科为特色和优势，包含政治学、经济学、管理学、社会学、哲学、文学、历史学、教育学、理学等学科的多科性大学。尽管如此，法大的法学教育和法律人才培养仍占法大的半壁江山，其特色和优势十分明显，被誉为"中国法学教育的最高学府"。所以，法大的校训有特别的"明法"一目，它不仅是对法科师生提出的要求，而且是对所有法大人提出的要求。法大人"明法"，意味着所有法大人要有法治信仰、法治理念、法治意识和法治思维，其中，法律人还要有法律职业技能和职业伦理。在法大，法学教育和法治的氛围很浓，新生入学的誓词是："我自愿献身政法事业，热爱祖国，忠于人民……挥法律之利剑，持正义之天平，除人间之邪恶，守政法之圣洁，积人文之底蕴，昌法治之文明。"校园内不仅塑有法鼎、法镜，还有镌刻着江平先生题写的"法治天下"的石碑；不仅有宪法大道、婚姻法小径，还有镶嵌着《世界人权宣言》全文的法治广场；不仅有当代中国法治人物钱端升、谢觉哉、彭真、雷洁琼等人的塑像，更不用说还有法学法律专家学者不断上演的一场又一场的有关法治的精彩讲座。具有法治精神，可以说是法大人的特质。正是在"明法"校训精神的激励下，一代又一代法大人走出校门、走向社会，在各行各业恪守法治信仰、践行法治，为法治中国建设做出了突出的贡献。

　　既然校训体现了一所大学的核心价值理念和文化精神内核，那么，对这所大学来说，校训无疑是全体师生应当共同遵守的基本行为准则与道德规范，需要全体师生身体力行。一旦师生把校训精神内化于心、外践于行，校训就成为这所大学的学风、教风和校风的集中表现。法大十分注重发挥校训对师生引导、评价和激励作用，在学校醒目的地方、在学校重要的场合、在学校的证件证书（如新生录取通知书）上都设置校训，使每一个师生能经常性地看到它，受其潜移默化的心理脉冲，受其感染和激励，逐渐内化为自己的价值尺度，并以此来自觉地衡量、调整和校正自己的行为。

法大校训的四目是一个整体，"厚德"强调的是为人，把立德树人放在首位，"明法"强调的是为事的规矩、法度，"格物"强调的是为学，而"致公"强调的是为人、为事、为学之鹄的。所以，我们在校训的传播和教育中强调对校训的整体把握和全面践行，不能有所偏废。比如说，法大人天然"明法"，具有法治精神的特质，这固然很好，但万万不可忽略"厚德"的培养、"格物"的训练和"致公"的追求。不然，难免有人会陷入法治形式主义、法治机械主义、法治文牍主义的泥淖。所以，法大在人才培养过程中，注重"全人全程培养"，坚持"德才兼修、教学相长、教学互动、通专并举、虚实结合、内外联动"，强化通识教育和实践教学，促使学生不仅具有法治素养和法治精神，而且还要具备人文情怀、科学理性、健全人格和社会责任感，成为完全的人、完整的人、全面发展的人。

总而言之，法大校训是法大精神的精华。法大校训的确立和践行，在法大的人才培养、科学研究、社会服务及文化传承创新中发挥了很好的作用。法大校训与国家确立的"富强、民主、文明、和谐，自由、平等、公正、法治，爱国、敬业、诚信、友善"的社会主义核心价值观是高度一致的，它不仅是社会主义核心价值观在法大办学中的具体化，也是社会主义核心价值观在法大师生中的内在强化。

# 青年教师是法大的未来<sup>*</sup>

尊敬的江平先生、李德顺先生，

各位教师，特别是在座的各位青年教师：

大家上午好！

我非常高兴，也非常愿意，也必须来参加这样一个会议。首先我想对获奖的青年教师和入选学校青年教师学术创新团队的各位教师表示祝贺，因为这是经过你们努力拼搏和竞争得来的成果。特别地，我也要借这个机会，代表学校感谢全体青年教师在我们学校兢兢业业、勤勤恳恳、扎扎实实地工作和对学校所做出的奉献。

我们学校非常重视青年教师在中国政法大学的成长和成才，学校也设计了种种项目和计划，比如海外提升计划，支持中青年教师出国研修，提升自己。最近两年，我们至少有三个举措是专门为青年教师设计的。一个是创设青年教师跨学科学术沙龙，这个沙龙已经很好地开展活动，在青年教师中，特别是在推进跨学科学术交流、学术合作方面，发挥了非常好的作用。另外，我们设立了中国政法大学青年教师优秀科研成果奖。大家知道，我们学校是没有全校性科学研究成果奖的，但是我们后来觉得还是有必要至少在青年教师当中设立这样一个奖项，对青年教师的优秀学术成果进行鼓励和奖励。同时，由于教育部在经费支持方面加大了力度，并在投

───────────

\* 于中国政法大学首届青年教师优秀科研成果奖颁奖仪式暨中国政法大学青年教师学术创新团队签约仪式的致辞。

入方式上有了一些改变，所以我们也设立了中国政法大学青年教师学术创新团队的激励机制。这些都是为我们青年教师在中国政法大学的成长、成才设计的制度安排，体现了学校对广大青年教师的关心、支持和鼓励。希望通过这些制度安排，能够为青年教师在法大的发展提供一个好的环境。

当然，大家可能也会看到，学校在有些方面可能并不尽如人意，有一些问题还没有很好地解决。比如，最近正在进行的一年一度的教师职称的晋升工作反映出一些问题。我见了不少青年教师，也听了种种不同的意见。大家对学校、对学院，或多或少有一些意见和想法。但是大家要认识到，我们学校至少从学校的领导层，应该说是关心、重视、支持青年教师的。我们希望通过种种的改变和制度，给青年教师创造好的条件。比如最近两年，学校做了制度安排，希望能够破格提拔优秀青年教师成为教授，即破格提拔 40 岁以下的、晋升副教授不满 5 年的青年教师。今年我们还做了新的改变，只要是 40 岁以下，如果符合学校规定的条件，都可以申请破格晋升为教授。但是很遗憾，2 年都没有人申请。后来我反思了一下，原因何在呢？我想一个可能是我们设定的条件过高；另一个是不是我们学校缺乏在学术上特别优秀或突出的人。因为我觉得青年教师在 40 岁之前满足这样的条件，应该还是可能的。刚才，江平先生的讲话非常好，对我们中国政法大学的长远发展是非常有意义的。中国政法大学的未来在青年教师身上，我们寄希望于大家。所以，我们都必须要有危机意识、忧患意识，有法大人的责任感和使命感。

刚才江平先生提到全国十大杰出青年法学家的评选，我们中国政法大学有一位教师脱颖而出，但是整个过程是非常曲折的。我也参加了评审，我感觉在所有候选人中，有一些候选人是实至名归的，不用去竞争，摆在那里就会成为"十大杰出青年法学家"。比如中国人民大学的王轶教授、武汉大学的肖永平教授，无论怎么投票，他们肯定被选上。我们中国政法大学推荐的两位候选人，尽管也是非常非常优秀，但是在全国的竞争环境下，能被提名或评上确实是经过大家共同努力的结果。所以，大家确实要为了法大，为了中国政法大学的未来而奋斗，特别是我们的青年教师，要有忧患意识，要有危机意识，要有对学校的责任感和使命感。

我们今天举行这样的活动，首先是希望在学校倡导一种卓越的精神，也就是说，大家要在学术上自强不息，追求卓越。同时，我们也希望倡导一种理性的精神，也就是说，大家做学问，一定要建立在扎实研究的基础上，而不是随随便便地对一些问题发表自己的想法和意见。我们在学校里讲学术自由、思想自由，这是对的。但学术自由实际上跟言论自由是不一样的。言论自由是宪法赋予公民的权利，可以想说什么就说什么，而学术自由一定是建立在扎实的理论研究基础上的，这才是学术自由。如果把言论自由和学术自由混为一谈，应该是一个误解。我觉得大家应该有理性的态度、批判的思维，但是必须建立在扎实的研究基础上，用自己的学问和学术来说话。同时我也希望大家在做研究时，能够针对学术领域、社会经济发展中的重大现实问题，以问题为中心来进行研究，真正能够在学术上和在解决重大现实问题上，提出建设性的意见。还有一点，我们今天举行这样的活动也是在学校倡导一种团队精神。人文社会科学研究既可以"单打独斗"，也可以团队合作。但我们应该看到，有些学术工作靠"单打独斗"是完不成的，必须依靠 teamwork。我们希望通过青年教师学术创新团队建设，在我们学校的教师中形成宽容、包容、共存、团结、合作的风气。

我们通常说，"有为才有位"。我想强调说，"有为必有位"。我们现在通过和一些青年教师交谈感觉到，大家在成长过程中，有时碰到一些困难、一些问题，或是自己一些利益暂时没有实现，会有一些情绪，我理解大家的心情。我也是从青年教师走过来的，年轻时也有过这样的情绪。但我觉得大家的眼光应该放长一点，"风物长宜放眼量"嘛。如果你真正有很好的学问，真正有扎实的工作，我们的学界，所有的同仁，心里都有一杆秤，大家是会认可你的，我们法大也是会认可你的。但是有时候，比如说评职称，可能有一点不公平，可能由于其他种种原因，受到一些影响，大家不要怕，也不要太着急，问题总会解决的。也就是一两年，都会解决。但我想说的是，大家必须是真正有学问，有学、有识，还要有才，就是"有为才有位""有为必有位"。当然，我们要反对不公平，克服不公平，要 fair play。另一方面，对 fair play 的结果也要坦然、心平气和地接受。

我相信通过今天的活动（当然学校还会想一些其他办法）会为青年教师的发展创造一些条件。我们也愿意听青年教师的意见，愿意同青年教师进行沟通，愿意同青年教师成为朋友，真诚希望大家在法大工作能够实现自己人生的理想，同时也把法大的人才培养、科学研究和社会服务带到更高的层次和境界。

最后，我讲三句话：为了法大，让我们共同努力！青年教师是法大的未来！法大寄希望于你们！

谢谢大家！

# 谁是法大最可爱的人 *

各位老师，各位同学：

任何一所不断进取、不断发展、不断完善的优秀大学，都不会漠视一种无形的力量，即榜样的力量，法大亦复如此。有人说，我们这个时代，是盲从"偶像"、颠覆"榜样"的时代，在我看来，这样的判断至少在法大是不合时宜的。法大作为一所有着光荣历史、优良传统和特殊使命的大学，始终注重培养榜样、发掘榜样、塑造榜样、宣扬榜样、学习榜样。

此时此刻，我要向已成功走过第五个年头的"榜样法大"致以祝福，希望"榜样法大"能够搭建起一个继承法大传统、书写法大历史、彰显法大文化、弘扬法大精神的平台。同时，我要向刚刚上台领奖的同学们致以真诚的祝贺，你们的风姿、你们的气质、你们的作为，深深打动了我，你们是法大学风的典范，我为法大有这样优秀的学生群体而感到欣慰和自豪。

我曾参加过各种各样的会议或庆典，也主持过各种各样的会议或庆典，但今晚我们举行的"榜样法大"更显隆重、更令人激动、更令人愉快。我们之所以有今晚这样的喜悦和幸福，是因为许许多多的人为之做出了贡献。因此，我们要感谢四类人，第一类是我们的教师，他们用辛勤的汗水，培养出一批成绩优异的学生；第二类是我们的行政管理人员，他们

---

* 于中国政法大学 2008 – 2009 年度"榜样法大"颁奖典礼的致辞。

用扎实的工作保证了学校的正常运转；第三类是我们的工勤人员，他们的服务，已化作育人的环境；第四类是我们的同学，你们通过自己的艰辛努力，赢得了一份属于自己的荣誉，实现了梦想。

来到法大以后，我一直在聆听，一直在感受，一直在思考，法大人的特质是什么？法大的精神是什么？是什么力量使法大赢得了社会的认同和世人的尊重？我们应该感谢谁？谁才是法大最可爱的人？……今晚，我有这样几点感想要与在座的各位分享。

**第一点感想：**

上周六，我参加了潘汉典教授的 90 华诞庆祝活动。说起潘老，很多同学可能不是很熟悉。他是我国著名而又异常低调的法学家、法学翻译家，我校比较法学科的开拓者，曾担任我校比较法研究所首任所长。民国时期，中国法学教育界曾有两所著名的法学院，即北京的朝阳大学法学院和上海的东吴大学法学院，号称"北朝阳、南东吴"，潘老就毕业于东吴大学法学院。潘老精通英、德、法、日、俄、意六门外语，世界名著《君主论》的中译本就是他翻译的。我读研究生期间，曾经做过一些外国法律和法学论文的翻译工作，投稿到潘老当时任职的中国社会科学院法学研究所主编的《法学译丛》杂志。没想到的是，作为杂志的主要编校者，潘老亲笔回信给我，对我的翻译文稿提出修改意见和建议，一一指正文稿中的误译。其治学态度之严谨，工作态度之认真，提携后进之情谊，令我感佩至今。我来法大工作后去拜访潘老，才知道潘老居于局促的旧公寓，居住条件并不好，在某种意义上可以说是"陋室"。但在潘老并不宽敞的居处却留有一间书房，书房门前挂着一个牌子，写着"小书斋"三个字，屋里满满当当地堆放着各类书籍。这不禁使我想到孔子的名言："君子居之，何陋之有？"拜访中，潘老一直与我探讨比较法学研究的一些前沿问题，才得知潘老多年来仍然笔耕不辍，钻研学问，其淡泊名利之境界，刚正不阿之气节，老骥伏枥之精神，着实令人敬钦。我听说，现年 90 高龄的潘老，每周坚持来学校参加比较法研究所的例会，而且坚持乘公交车往返，大家多次劝他打的往返，但均被他婉拒，真是让人怜惜。

像潘汉典教授这样的教师就是我们法大最可爱的人。

在法大教师中，有许许多多像潘汉典教授一样的老师。老一辈的比如终身教授江平先生、陈光中先生、张晋藩先生、李德顺先生、应松年先生，他们是学术大家，他们身上体现出来的"严谨治学、德术双馨、甘于奉献、关爱后辈"的精神，正是我们法大其他教师所追求和践行的。再比如"颇富传奇经历，独具人格魅力"的马皑老师、"三尺讲台激情飞扬，宪政之道大师风范"的王人博老师、"博学儒雅，淡然处世"的方尔加老师、学富五车还热心公益事业而被美国《时代》周刊誉为全球50位环保英雄的王灿发老师。还有很多很多，恕我不能在此一一列举，他们都是我们法大最可爱的人。

**第二点感想：**

中午闲暇时，我一般都会在校园里转一转，包括去周五的旧书市。有一次，我在一同学的旧书摊上曾发现一本由我主编的正"惨遭贱卖"的教材，我毫不犹豫地花5元钱收购了它。记得有两次，走到厚德楼教务处教学服务大厅，都看到一个矮个子的老师在不停地忙活，再后来看到法大BBS上有不少同学表扬这位老师，我才知道他叫张华。我在想，究竟是什么能让一个普普通通的行政管理人员赢得这么多同学的赞扬呢？教务处给过我一份统计数据，从2008年10月到2009年10月，仅一年间，张华老师共接待打印成绩单的同学12 446人次，单日接待同学量最多的一次达400余人，共打印成绩单40 285份，为543名同学做过成绩排名。张华老师没有参与过学校建章立制的创新工作，也没有组织过轰轰烈烈的学校大型活动，但是他在自己平凡的工作岗位上始终平凡地坚持，赢得了同学们的认可。面对简单的工作，张华老师最难能可贵的是坚持，是热情，是爱岗敬业，是无私奉献，是有一分热发一分光，是有一分光照亮一处地，哪怕是一个小角落。张华老师的故事让我想起数年前我访问韩国的一所大学遇到的一件事，这所大学的校长在我访问时送给我一本书，名为《照一隅》，他给我解释说，他是在读中国的《史记》得到的启示，"照一隅"的意思就是照亮一个角落，"照一隅"就是他的人才培养观，他希望他所在的那所大学培养出来的学生有"照一隅"精神，你可以是阳光，你可以是月光，你可以是星光，但你也可以是烛光。是烛光也要发光，哪怕是照亮一个小小的角落。张华老师的精神就是"照一隅"的精神。我听说，无论是在暑期，还是在寒假，张华老师主动将自己的电话号码公布在教务处橱窗中，虽然他自己的家在学院路校区，但是一直坚持在假期每周来昌平为同学打印成绩单，解决了很多毕业生同学、出国留学同学的燃眉之急。

像张华老师这样的行政管理人员就是我们法大最可爱的人。

**第三点感想：**

上个月，我看学校报纸时，发现了一则关于"明记"奶茶大叔的报道，我觉得这个报道很有意义。这位奶茶大叔成名于法大 BBS，在后勤优质服务月评选活动中脱颖而出，进入我们法大师生的视线。奶茶大叔叫刘宪锋，是我们后勤工作人员中的普通一员，在昌平校区一食堂二楼为我们法大人调制奶茶。他每天都要卖出上千份珍珠奶茶，不断地重复着冲奶茶的工序，难能可贵的是，他始终不愠不火，脸上一直挂着朴实的微笑，热忱地为同学们服务。他还主动利用寒暑假时间学习新技术，进一步提高调制奶茶的质量，引进了更多的品种。从 2002 年至今，他已经为用餐的师生默默调制了 7 年奶茶。这个憨厚善良的 36 岁的山东汉子，妻女都还在山东老家的奶茶大叔，用他自己的热情和礼貌，用他自己对法大师生的关爱，用他自己七年如一日的勤恳付出，赢得了法大师生的认可，赢得了法大师生的尊敬，他是我们法大人中的一员。

像奶茶大叔刘宪峰这样的工勤人员就是我们法大最可爱的人。

**第四点感想：**

今天，在上台领奖的同学当中，有一位我们既熟悉又有些陌生的女孩。她热爱学习，高分通过英语四六级和托福考试；她选修了工商管理第二学位，并重新开始学习微积分；她担任第二批国家级创新性试验项目负责人，积极尝试学术创新；她热心公益，捐献过造血干细胞检测血样，参加了不下十次的大型志愿服务，并多次被评为优秀志愿者；她两度获得国家奖学金，连续三年获得学校一等奖学金，今年又荣获宝钢优秀学生奖学金特等奖和校长奖学金。她就是我们大家熟悉的被评为今年感动法大人物的政治与公共管理学院06级政治学与行政学1班的俞兰兰同学。俞兰兰同学之所以获得如此多的荣誉和奖励，是因为她付出了比常人更多的努力和艰辛。其实，在她成功的背后还有我们不知的一些故事。俞兰兰同学的家境并不好，她父母常年患病，不能从事重体力劳动。她进入大学近四年来，从来没有向家里要过学费和生活费。2008年春节家里遭了雪灾，2009年春节家里又横生变故，加之奶奶中风住院，需要交纳高额的医药费，整个家可以说负债累累。懂事的俞兰兰同学在给父亲打电话时说："爸，你放心吧，我今年一定拿到最高额的奖学金，欠下的医药费等我过年回家再还。"俞兰兰同学通过自己的努力赢得了奖学金，帮助家里解决了部分医药费问题，帮助父母重建了家园。艰难困苦并没有压垮俞兰兰同学，她在生活中更加自信乐观，坚强地承担起了家庭的重担。作为校长，我为法大能有她这样优秀的学生而感到骄傲！

像俞兰兰同学这样的学生就是我们法大最可爱的人。

上面我讲了四位我们法大最可爱的人，他们分别是学校不同群体的代表，他们的可贵之处是坚持，对学习、对工作、对事业、对生活的坚持，他们有一共同之处就是：无论在什么位置上，他们都一定要把自己应该做的事情尽力做到最好。他们为我们创造了一个育人的榜样环境。他们理应成为我们的楷模和表率，理应成为法大最可爱的人。

各位老师，各位同学，我们盘点法大最可爱的人，是为了树立我们的榜样，是为了弘扬他们的品德和精神。那这些最可爱的人，这些榜样究竟给了我们什么启示呢？说得高深一点，就是一个人为人处事一定要有正确的世界观、人生观和价值观；说得平实一点，就是一个人为人处事一定要符合角色定位，要有良知、良心和道德底线。我希望我们法大人能做到这一点。就教师而言，你要学高为师、身正为范，不仅教书，还要育人，为师要有师德，能够以自身健康的言行和人格魅力去影响学生、感染学生、教化学生。就管理和工勤人员而言，一切工作一定要以做好服务为宗旨，深刻理解管理也是服务，要为学生服务，为教师服务，为教学科研服务，始终保障学校中心工作的正常运转。就学生而言，要树立优良的学风，发扬具有法大精神特质的学习精神，刻苦学习，把我校改革开放之初同学们带着马扎上课的艰苦奋斗精神传承下去。

孔子说过："见贤思齐焉，见不贤而内自省也。"希望全体法大人，尤其是在座的各位法大学子，能够借鉴榜样的力量，诚信修身、博学笃行、开拓进取、全面发展，呈现出法大人应具有的"经国纬政，法治天下""经世济民，福泽万邦"的气度。

谢谢大家！

# 那些值得法大感动的品质<sup>*</sup>

各位嘉宾，老师们、同学们：

大家晚上好！

今晚，我们在这里隆重举行中国政法大学"圆核资本助学金"2011 年"自强之星"暨"感动法大人物"颁奖典礼，来表彰那些让法大感动的同学们。在此，我代表学校，向全校老师表示感谢，感谢你们在三尺讲台上的言传身教，是你们指引着学生优秀品质的方向；向陈泽盛先生和圆核资本表示感谢，感谢你们对活动举办的慷慨资助，是你们张扬着学生优秀品质的魅力；向即将获奖的 104 名同学和两个集体表示感谢，感谢你们在艰难困苦中的坚毅努力，是你们诠释着法大学生的优秀品质，感谢你们，也祝贺你们！

"感动法大人物"评选活动自 2006 年开始，至今已是第六届，发掘出了一系列的感人事迹，涌现出了一大批的感动人物。我一直在思考：是什么感动了我们？是什么感动了法大？也许是一件事，也许是一个人，也许是一个动作，也许是一个瞬间，也许是一种精神。但是，我一直想找出感动法大的内核、感动法大的元素。法学思维告诉我们，大部分的事情、社会关系都可以被抽象为人类的行为。如果人类的行为要能感动别人，起码要符合两点要求：第一，它是合适的，是能为人们所接受的；第二，它是

---

* 于中国政法大学 2011 年"自强之星"暨"感动法大人物"颁奖典礼的致辞。

有益的，是能为人们所赞扬的。这也是亚当·斯密在《道德情操论》中讨论人类行为品质的逻辑起点。人类的行为具有两种品质：合适性与有益性。其中，有益性就是我们常说的优点，也就是应该得到奖赏的品质。我觉得，感动法大的就是这些行为的品质。

当人们把一种行为、习惯说成优点或者优秀品质时，在内心深处就认为应当对这种行为、习惯予以回报，进行奖赏。这也是今晚我们推掉其他事情、齐聚在这里的原因。

在我们法大人身上，能看到凌晨5点冒雪"占座"的勤奋，追求社会公平正义的坚毅，参与法律援助不求回报的慷慨，包容不同学说的大度，踊跃参与公益活动的感恩，对学校办学条件简陋的宽容，关爱校园流浪猫的仁慈，直面提出学校管理问题的勇敢，等等，令人感动的品质。这些品质感动着我们，感动着法大，并成为法大人的精神。

虽然我们有这么多感动法大的优秀品质，但是，借今晚这个机会，我还是想和大家讨论几个重要的品质。

在法大的校园文化中，一个重要的特点就是权利意识比较强，这是我们法学教育的成功见证。与权利相对的就是责任，所以，我要和大家讨论的第一个品质就是责任感。

在讨论责任感之前，我们先讨论一个人类的本性。人不仅生来就希望被人热爱，而且希望自己可爱，或者说希望自己很自然地招人喜欢，而且生来就怕被人憎恨。由于人们喜欢被赞扬，所以常常将赞扬和值得赞扬的品质混为一体。对于那些品行优秀的人，我们自然感到热爱和敬佩。为了自己也能够得到同样令人愉快的感情，我们也希望拥有同样的品性。这也是荣誉感、羞耻心、好胜心的来源。

在赞扬和被赞扬中，在憎恨和被憎恨中，经过长期的环境观察和潜移默化，人们可以不经思索地判断哪些事情是恰当的或者应该做的、哪些事情是不恰当的和不应该做的。凭借良心和对善恶正误的天生感受，人们确立了通常的道德准则，这些普遍准则是人类社会存在的基础。

所谓责任感，正是对这些普遍道德准则的遵守。为什么要有责任感呢？这不仅是我们法律、政治、社会管理等职业的要求，更是我们作为现代公民、作为一个人的必然要求。

第一，责任感是评价个人道德水准的标杆。是否遵守这种普遍准则，是正直守节的人和卑劣无耻的人的根本区别。正直的人无论何时何地都会坚定地奉行这些准则，则在一生之中都不会动摇。卑劣者的行为随着心情、愿望和动机的变化而变幻无常、不可捉摸。评价一个人的道德水准，就是看他在多大程度上遵守这些普遍道德准则。

第二，责任感会给予人们相应的回报。不论自己的道德水准是高还是低，人们有时会感觉一个人好，有时会感觉一个人不好，当问起他们这种感觉的评价标准时，他们却一时语塞，说不上来。其实，人们在内心深处评价一个人的标准，大部分都是这些普遍的道德准则。人们觉得一个人好时，在内心深处就会觉得要对他们进行奖励，进行回报。所以，尊重普遍准则的人会得到奖励，违反的人将得到惩罚。

第三，责任感给予人们内心的幸福。不论人们在实际生活中是否遵守这些道德准则，但在内心深处都觉得应该遵守这些准则。这是上天赋予人们的道德评价本能，是为了让人们利用它来指导自己生活中的各种行为。责任感是人们一切行动的最高裁判，监督和调节着人们的思维、情感和欲望的发展程度。在人们的灵魂深处，责任感就用这些条文来评判人们的行为，违背它的人会满心的惭愧、悔恨，遵守它的人则会觉得安逸、满足。

我在很多场合都说过，法大的校园文化还有一个特性，就是批判性，但这个批判性有多少是建立在理性的基础之上，在批判之前是否完全了解事情的原委，在批判之中是否能够做到有理、有力、有节，在批判之后是否能够捍卫对方辩解的权利，这个情况不是很乐观。所以，我要和大家讨论的第二个品质就是谦逊。

　　说起谦逊，就不得不提另一个人类的优秀品质，就是自我克制。虽然大部分人都了解批判时需要责任感、理性、严谨、大度等品质，但是人的感情冲动会促使或诱惑人们违背这些品质，在批判时不能做到客观、理性、包容，这就需要合理、完善的自我克制。

　　古代的道德学家把这种感情冲动分为两类：第一类是需要用非常强大的克制力来进行抑制的，有时甚至是一时冲动的激情；第二类是可以在短时间内加以抑制，以及那些与它们交融和有联系的其他情绪。虽然恐惧让我们有所畏惧，愤怒能让我们更好地保护自己，但是过度的恐惧和愤怒往往会促使我们犯错误。对这类情绪的自我克制，我想大家做得还是比较好的，不是我们讨论的重点。第二类情绪主要是对安逸、享受、恭维等使人满足的事物的喜爱。尤其是对被恭维的喜爱，常常引诱我们在不知不觉之中犯下错误。

　　对被恭维的喜爱就是我们常说的自大。这个缺点，按程度可以分为骄傲和虚荣。而谦逊的品质主要就是对骄傲和虚荣的自我克制。

　　在这里，我说几点骄傲和虚荣的具体表现。虽然骄傲的人通常是爱慕虚荣的，爱慕虚荣的人又多数是骄傲的，但两者还是有各自的独立品质。

　　骄傲的人总相信自己具有某种优点和长处，并希望别人来赞美他这种自认为的优点。通常高傲自满的人，觉得自己的品质已经尽善尽美，不需要提高；拼命逃避地位比他们高的人，在与自己身份地位相当或比自己身份地位更高的人打交道时，会感到不舒服，总觉得别人名不副实而终日怨恨，尤其对身处高位的人充满敌意和妒忌，经常毫无根据地贬低别人。

　　虚荣的人虽然希望得到种种尊敬和美誉，但内心里是觉得自己不配得到这些的。虚荣的人通常对那些受人尊敬的品质充满渴望，经常打肿脸充胖子，为了提高自己的身份常常说谎，又害怕自己的凭空吹嘘被人揭穿而永远惴惴不安，拼命接近地位比他们高的人，上流社会的各色人物、舆论大众关注的人、学识渊博广受尊敬的人，都是他们拼命拉拢讨好的对象。

　　骄傲和虚荣常常使人们不能客观地评价自己和他人，是客观理性批判的天敌，是比较让人讨厌的情绪。人们通常觉得骄傲者和虚荣者的道德水准在一般人之下，其实不然。虽然未必像他们自我感觉或者他们希望人们看待的那样，但骄傲和爱慕虚荣的人一般或者绝大多数都是高于通常道德水准的人。这两种情绪都有其伴生的美德，骄傲总伴随着诚挚、直爽、荣誉、正派、坚定的友情和坚韧的事业心；虚荣往往伴随着仁慈、礼貌、感恩、慷慨。

　　我们了解了这些自大情感产生的原理、特点，就要想办法加以克制，通过良好的自我评价，做一个谦逊的人，让自己感觉愉快，让公正的旁观者感觉恰当，真正赢得别人的尊敬。

　　眼下，大家最关注的话题莫过于幸福。影响幸福的因素有很多，包括社会层面的，也包括个人层面的，还包括心理感受层面的。在这里，我想告诉大家一个影响人们自身幸福的品质，这也就是我要和大家讨论的第三个品质，那就是审慎。

　　一般来说，健康、财富、地位和名誉是舒适幸福生活的主要保障。审慎品质的首要和主要体现就是安全，不会轻率地处置自己的健康、财富、地位或名誉，宁可老实守成也不想冒险。对幸福的保障，正是审慎这种品质的恰当职责，而且是对任何人都最有用的。

　　审慎的品质是由两点构成的：首先是高明的智慧。这是对我们最有用的品质。只有靠它，我们才能高瞻远瞩、预见利害。其次是控制自身情绪的品质。靠它我们能忍受暂时的痛苦，或放弃暂时的快乐。审慎的人一般具有以下几个特点：

　　审慎的人是热爱学习的。他习惯于认真学习自己需要的一切知识，掌握最实用的知识和技能。但他从来没有自命博学的傲慢，没有浅薄无知的自负，没有现学现卖的炫耀。

　　审慎的人永远是真诚的。他害怕谎言被揭发和因此带来的耻辱。虽然他总是真诚的，但并不是永远直言无忌，从不莽撞、贸然地发表对其他的人或事的看法。

审慎的人表达友情是含蓄的。他的友情表示往往是恰当的慈爱，并不显得过分炽热。他择友的标准不是轻率的夸耀之辞，而是朋友们谦逊、审慎和高尚的行为。他虽然社交能力很强，但不会沉溺于世俗应酬，从而影响他节约的习惯。

审慎的人是谦逊的。他从不傲然凌驾于他人之上，而且在所有日常场合中都宁愿表现得比地位相同的人更为谦逊。他用近于虔诚的严谨作风去尊重已经被认可的社交礼仪。

审慎的人具有坚忍不拔的勤勉和节俭品质，以及为了长远利益而牺牲眼前短暂享乐的精神。随着积蓄的逐渐提升，他可以逐渐放宽简朴的程度，但他不会不经过认真考虑和充分准备来实施冒险计划，来改变目前的生活。

审慎的人不会大包大揽、兜揽那些不属于自己责任范围的事情。他不投身于跟自己无干的事物，不干涉他人的事物，不自作聪明地乱出点子，或者在别人没有请教时就急于推销自己的想法。他只在自己的职责范围内活动。

也许大家听完审慎的人的特点，会嗤之以鼻，觉得这个品质并不多么高尚，相反还有点自私。但是如果审慎的品质被用在更加崇高和伟大的事情上时，就会立即增加这些事情的光辉，人们会津津乐道在这些正义事业中表现出来的智慧和艰苦卓绝。审慎是一种催化剂，它与英勇、善良、维护正义这些更为伟大、显著的美德紧密结合时，构成了最高尚的品质。你们最爱看的电影中有一部叫《加勒比海盗》，据说还出了好几部续集。电影里海盗的目的就是自私自利地寻找让自己一夜暴富的宝藏，但是为什么大家还会乐此不疲地观看这部电影呢？因为大家为海盗在与大海搏斗中展现的智慧和艰苦卓绝的品质所打动，这就是海盗的审慎。

希望大家能够做一个审慎的人，不断追求幸福的生活。

今晚时间有限，就只和大家讨论这三种品质。希望同学们不断剖析自己、正视自己、砥砺自己，提高自身素质，提高自身修养，提高自身境界，让优秀的品质镌刻在我们的人生准则上，让优秀的品质渗透进我们的点滴言行中，让优秀的品质在一代代法大人身上流传，成为我们法大的精神内核。

最后，再次对获得表彰的同学表示衷心的祝贺！预祝今晚的颁奖典礼取得圆满成功！

谢谢大家！

# 在平凡中感动　在感动中践行*

尊敬的陈泽盛先生，

各位嘉宾、各位老师，

亲爱的同学们：

　　大家晚上好！

　　今晚，我们在这里隆重举行中国政法大学"圆核资本助学基金"2012年"自强之星"暨"感动法大人物"颁奖典礼。这是法大一年一度的品牌活动。

　　首先，请允许我代表学校向参加典礼的各位嘉宾、各位老师表示热烈的欢迎和衷心的感谢！向长期以来给予法大学子最无私资助和关怀的陈泽盛先生和圆核资本，表示最崇高的敬意！在此，还要特别向即将获奖的101名同学和一个集体表示热烈的祝贺！

　　就在两天前，法大以最隆重、最法大的方式欢度了自己的甲子华诞。60周年校庆让法大成为欢乐的海洋。群贤毕至的庆祝大会、异彩纷呈的校庆晚会和精彩绝伦的学术盛宴，对每个法大人来说都是最美的享受，都会感动我们。还要提到的是，受到追捧的"免费午餐"，作为校长，看到同学们排队的火爆场景，我特别想说："亲，礼轻情意重，这个礼包还好吗？"

---

＊　于中国政法大学 2012 年"自强之星"暨"感动法大人物"颁奖典礼的致辞。

当然，在校庆的欢乐氛围中，我们也收获了来自四面八方的感动：校友回家的感动，志愿者热心服务的感动，还有对那些为法大建设发展付出毕生心血的老教师们的感动。

今天的典礼，我们将再次收获另外一份感动，一份源自法大学子、源自平凡的感动。而这份感动无疑会成为校庆系列活动的耀眼风景之一。

我记得，在去年的典礼上和同学们交流过："感动法大的内核是什么？感动法大的优秀品质以及法大学子应该具备的品质有哪些？"今年，是我来法大第四个年头，我在法大读"大四"。今天，我很荣幸作为一名法大的"大四学生"再次参加这项活动，想和同学们就"感动法大"这一主题进行更深入的交流，同时以校长的身份向同学们提出一些建议，与同学们共勉。

**首先，尊重"感动"。**

相对于物质财富而言，感动是任何一个社会都不可缺少的精神财富。因为"积善成德，而神明自得，圣心备焉"，她所传递的向善力量能够凝心聚力，引导众人勇于迎接现实社会的各种挑战，直面各种难题。

在法大，向来不缺乏"感动"，学子的刻苦学习是一种感动，奶茶大叔的热心服务是一种感动，校友佟丽华的公益服务是一种感动，当然，法大风雨兼程一甲子，与共和国的民主法治建设同呼吸、共命运，更是一种感动。

正是这一个个感动汇聚成了法大的力量，成就了法大今天的成绩，成为法大宝贵的精神财富。对此，每个法大学子都要善待感动，还要有一颗尊重"感动"的心和一双发现"感动"的眼。生活中不是缺少真善美，不是缺少感动，而是缺少发现。我希望同学们，能够在平凡中去发现、去创造，享受感动，而非冷漠、回避、拒绝，甚至自以为是地去质疑、嘲讽、批判感动。

**其次，践行"感动"。**

历届的感动法大人物评选都能在法大挖掘出一系列感人事迹，而每次典礼也都能为同学们带来感动，带来情感的震撼和精神的洗礼。但感动之后，我们绝不能仅有几句赞叹或是几分钟热度，而应把感动化为信念的坚守，落实为道德的实践。

感动之后，我希望每个法大学子都做到"见贤思齐"，从感动中学习到优良品质，发现自己的缺点和不足，找到自己努力的方向。也只有这样，我们才能进步和发展。

对此，我想告诉同学的是：感动并非只是个人感情的表达，感动背后承载着社会的责任。我们将看到，今天的感动法大人物带给我们的感动，不在于他们个人是多么努力让自己的生活变得多么舒适，而在于他们对社会的回报和对公众的爱心。

我希望法大学子在平凡的学习生活中努力升华"感动"，去做一个具有远大理想抱负的人，去做一个有益于人民的人，去做一个有益于国家和社会的人。一个人只有将个人的发展同国家和人民的需要结合起来，到国家最需要的地方去建功立业，才有可能成为感动别人的人。我期望看到你们从感动法大走向感动社会、感动中国、感动世界！

最后，再次对获得表彰的同学表示衷心的祝贺！预祝今晚的颁奖典礼取得圆满成功！

谢谢大家！

# 自强产生力量　爱心创造奇迹<sup>*</sup>

尊敬的各位嘉宾、各位老师，

亲爱的同学们：

大家晚上好！

今晚，我们集聚一堂，在这里隆重举行中国政法大学"圆核资本助学基金"2015年"自强之星"暨"感动法大人物"颁奖典礼。

首先，我谨代表学校向参加典礼的各位嘉宾、各位老师致以最热烈的欢迎和衷心的感谢！

向长期以来给予法大学子无私资助、真诚关怀的陈泽盛先生和"圆核资本助学基金"致以最崇高的敬意！

向即将获奖的同学和集体表示最热烈的祝贺！

同时，我还要送上一份特别的祝福，"自强之星"暨"感动法大人物"颁奖典礼自2006年创办以来，今年已是第十个年头了。在此，我衷心地祝福"感动法大"十周岁生日快乐！Happy Birthday！

每年，我都参加"感动法大"的颁奖典礼。每年，我都深受感动，所有感动法大人物和集体的事迹对我心灵的震撼难以忘怀。

回望十年，"感动法大"满满的都是正能量，她倾情地讲述了我们身边那些自立自强、敬老孝亲、乐于助人、奉献社会的感人事迹；她真实地

---

* 于中国政法大学2015年"自强之星"暨"感动法大人物"颁奖典礼的致辞。

见证了社会各界爱心人士的"赠人玫瑰，手留余香"、乐善好施、仁者爱人的高尚品质；她更以深情和大爱让美德和善行净化我们的心灵，植入法大的校园，让爱的种子在这里生根发芽，茁壮成长。

不忘初心，方得始终。"感动法大"之所以具有如此的魅力和感召力，我想，是与她对"自强产生力量，爱心创造奇迹"的主题十年不渝地坚持分不开的。

正如《周易》所云："天行健，君子以自强不息；地势坤，君子以厚德载物。""感动法大"的"自强产生力量，爱心创造奇迹"主题，正是"自强不息，厚德载物"这种宝贵精神品格和崇高价值追求的体现，也是法大精神和气质的内在要求。

"自强产生力量"是对自强不息的奋斗精神的诠释。已经评出的十届法大"自强之星"暨"感动法大人物"的自立自强、不向困难低头的事迹就是很好的证明。而对法大和法大人而言，法大与共和国的现代化建设，与共和国的民主法治建设同呼吸、共命运，虽历经风雨，法大人始终不放弃对法治的追求，对公平正义的追求，对美好幸福生活的追求。自强不息，艰苦奋斗已经成为法大和法大人的特质和基因。

"爱心创造奇迹"则彰显了厚德载物的人文精神。我们看到，正是在陈泽盛先生等社会各界爱心人士的大力支持和无私关爱下，法大学子才能够更加从容地面对挫折和困难，不懈地去追求自己的人生梦想。对爱心人士，法大学子则心存敬意，心怀感恩。也正是这种仁爱之心激励着他们践行校训，增厚美德，容载万物；友善亲民，献身公益，服务大众，让爱心传承，让奇迹发生。

十年的"感动法大"对"自强产生力量，爱心创造奇迹"主题的坚持，用一个个鲜活的事例展现了法大和法大人的自强不息、厚德载物，传递了社会爱心人士的无私奉献、大爱大德。

对此，我想说，爱心人士和法大人都是"蛮拼的"，我要为你们点赞！

当然，世界那么大，我们还要努力。作为校长，我要借此机会向同学们提出三点建议：

一是勇于弘毅与坚持。《道德经》有云："知人者智，自知者明。胜人者有力，自胜者强。"无论你身居何处何境，你们都要"穷且益坚，不堕青云之志"，不怨天，不尤人，都要志存高远、刚健有为、百折不挠、自强不息。其实，生活中的强者，不是没有眼泪，而是含着眼泪依然奔跑。对此，杨绛先生也曾谈及："有些人之所以不断成长，就绝对是有一种坚持下去的力量。"

二是乐于感恩与奉献。感恩与奉献是一种完美的人生态度和处世智慧。人生的意义是给予而不是一味的索取。滴水之恩，当涌泉相报。人要懂得感恩、宽容与回报。《孟子》有云："爱人者，人恒爱之；敬人者，人恒敬之。"同学们要完善自我，彼此尊重，善待他人，贡献社会，这样方能得到心灵的安宁和生活的幸福。

三是敢于负责与担当。有责任，就要有担当。每个时代和每个人都有自己的责任与担当。在全面建成小康社会、全面深化改革、全面推进依法治国、全面从严治党的今天，我们法大人应有更大的责任与担当，其中最重要的就是传承法大精神，追求公平正义，践行法治理想，为实现国家富强、民族振兴、人民幸福的伟大的中国梦贡献力量，实现自己的人生价值。

各位同学，伟大的时代呼唤着伟大的精神，崇高的事业期待着不懈的奋斗。

最后，转赠梁启超先生一句话给大家，那就是"男儿志兮天下事，但有进兮不有止，言志已酬便无志"，他讲的是好男儿志在四方，要时时进步无止境，切莫言志已酬、浅尝辄止。转赠给大家，与大家共勉！

再次对获得表彰的同学表示衷心的祝贺！

预祝今晚的颁奖典礼取得圆满成功！

谢谢大家！

# 不忘初心　砥砺前行[*]

尊敬的各位来宾、各位老师，

亲爱的同学们：

　　大家晚上好！

　　今天，我们相聚于此，迎来一年一度"榜样法大"的颁奖盛典，共同见证法大学子的茁壮成长、熠熠光芒。来到颁奖现场，用同学们的话说，我真有点"一个赛艇"。首先，我代表学校向在学业、科研、竞赛以及志愿服务等领域表现突出、取得优异成绩的同学们表示热烈的祝贺，向默默奉献、精心培育你们的各位老师致以诚挚的问候，向所有为学校"双一流"建设奋斗付出的法大人表示衷心的感谢！

　　日月不淹，春秋代序。"榜样法大"已走过十二载的时光。作为法大最隆重的节日之一，"榜样法大"紧扣时代发展的需求和人才培养的需要，创新思想文化的引领和学风建设的方法，结合榜样教育的理念与品牌活动的特色，引导同学们树立成才信念，明确学习目标，实现德智体美群全面发展，为成为一个卓越的法大人而努力奋斗。这些年来，我也欣喜地看到一批又一批杰出的法大榜样们，或继续深造，或步入社会，他们都以自己健康的精神风貌、良好的综合素质、优异的个人表现，在世界各地、社会各界充分展现了法大学子的风采，为法治昌明、政治民主、经济发展、文

　　* 于中国政法大学 2015－2016 年度"榜样法大"颁奖典礼的致辞。

化繁荣、社会建设做出了积极的贡献。

今日的法大人，继承"厚德、明法、格物、致公"的校训精神，秉持"经国纬政，法治天下""经世济民，福泽万邦"的理想初心，贯彻自强不息、追求卓越、实事求是、求真务实的作风理念，在我们的周围涌现出了一大批"学霸""男神""女神"。比如，我校商学院博士研究生姜涛跟随导师李晓教授完成的《关于深化金融不良资产处置市场化改革的研究报告》得到了中共中央政治局委员、国务院副总理马凯同志的重要批示，为国家经济的建设发展贡献了法大人的力量。我也从学生处提供的相关资料上了解到，今年同学们的成绩格外突出，在各类学术期刊上发表的论文篇目众多，模拟法庭、数学建模、创新创业等各项竞赛成果丰硕，国内外的公益志愿活动丰富多彩，文艺体育各级比赛屡创佳绩。这些成绩的取得难能可贵，既是对学校长期以来践行"学术立校、人才强校、质量兴校、特色办校、依法治校"办学理念的认可，也是对同学们最好的肯定。

作为校长，我为你们点赞！

今年"榜样法大"的主题是**"不忘初心，砥砺前行"**，选题很好。习近平总书记在纪念中国共产党成立 95 周年的大会上告诫全党同志一定要不忘初心、继续前进，永远保持谦虚、谨慎、不骄、不躁的作风，永远保持艰苦奋斗的作风，勇于变革、勇于创新，永不僵化、永不停滞！

今天，我们在这里举行隆重的颁奖典礼，一方面要总结经验，表彰先进，树立榜样；另一方面，我更希望今天获奖的同学和所有法大学子能够回望初心，站在新的起点，增强继续前进的勇气和力量。借此机会，我想和同学们交流几点想法，与大家共勉：

**一是不忘初心，坚定理想信念。**作为校长，每一年的开学典礼我都会出席，每一届学生在开学典礼上的庄严神情、朗朗誓言也让我深深感动、记忆犹新，入学誓词里的铿锵字句，宣示着你们最初进入法大时所怀的宏大理想、所守的正义信念、所慕的高洁人格、所求的卓越品质，那是法大人的交接传承和精神延续。可是随着时间的推移，有些同学当年"如欲平治天下，舍我其谁"的壮志豪情逐渐淡去，取而代之的可能是网吧里夜以继日"天降正义"的激烈对战，宿舍里昏天黑地不知昼夜的"葛优躺"或者消极懈怠。习总书记说过，"理想指引人生方向，信念决定事业成败"。我们应当时常叩问自己的内心，回溯人生的理想，不在诱惑与安逸中麻木心气；应当坚定人生理想的前进方向，坚守昂扬向上的生命态度，主动担当法治中国建设的社会责任，肩负实现中华民族伟大复兴的历史使命，展蓬勃朝气，壮少年志气，养浩然正气。

**二是砥砺恒心，增长智慧才干。** 在全面建成小康社会、全面深化改革、全面推进依法治国、全面从严治党的号角声中，我们唯有不忘初心、砥砺前行。除了需要养成法律素质和法治精神，还要养成人文情怀、科学理性、健全人格和社会责任感，成为完全的人、完整的人、健康的人、全面发展的人。对于任何的专业学习而言，探寻真理的征程横无际涯。有研究显示，一个人至少需要投入一万小时的努力才有可能成为某个领域的专家。这一万小时意味着一分一秒的积累、日长如年的煎熬和不为人知的坎坷，正如苏轼所言："古之立大事者，不惟有超世之才，亦必有坚忍不拔之志。"现在学校快要进入考试周了，不知道同学们是否已经有充足的信心应对检验，倘若同学们能把这一学期期末突击复习的懊悔和未来立下的好好学习、天天向上的 flag 转化为一点一滴的坚持，把今天的"蓝瘦香菇"和"三分钟"热情转化为明天开始在图书馆有规律地打卡学习，相信大家一定会在成为高手的道路上阔步前行。

**三是坚守耐心，勇于开拓创新。** 无论是建设"开放式、国际化、多科性、创新型的世界一流法科强校"的办学目标，还是培养"复合型、应用型、创新型、国际型"的人才培养目标，创新都是法大办学教书育人的特色理念，是法大继往开来的精神特质，也是法大人全面发展的必由之路。我们应当在不断发现问题、筛选问题、思考问题、分析问题、解决问题的过程中怀疑自我、否定自我、突破自我、开拓创新，在传统文化与现代潮流的冲突碰撞和交汇融合中兼容并包、兼收并蓄、推陈出新。

即将过去的一年，法大坚持深化综合改革，创新驱动发展，走以质量提升为核心的内涵式发展道路，积极推进"双一流"建设和国际交流合作，成效有目共睹。然而，"大厦之成，非一木之材也；大海之润，非一流之归也"，展望未来，法大走向人本化、法治化、信息化、国际化、现代化的发展宏愿，以及法大人实现"经国纬政，法治天下""经世济民，福泽万邦"的理想信念，依然离不开我们今天的法大榜样们，离不开全体法大人继承前贤"筚路蓝缕，以启山林"的卓绝品质，也离不开全体法大人继续弘扬"勿忘初心，久久为功"的时代精神。

让我们共同努力，不忘初心，砥砺前行！

谢谢大家！

# 潮平两岸阔，风正一帆悬<sup>*</sup>

尊敬的各位嘉宾、各位老师，

亲爱的同学们：

大家晚上好！

首先，我代表中国政法大学衷心感谢和热烈欢迎各位嘉宾、老师和学生的到来！对本次"学术新人"论文大赛成功举办表示热烈的祝贺！同时，衷心感谢北京仲裁委员会对"学术新人"论文大赛的一贯支持，衷心感谢法大校团委和研究生会对论文大赛的精心筹划和组织！历时近大半年的论文大赛离不开老师们的认真工作、同学们有条不紊的协助，你们在工作中一定遇到过不少的困难，但你们都一一克服了，衷心感谢你们付出的艰辛和努力！

这里还要特别祝贺在本次"学术新人"论文大赛中获奖的同学们！无数次的"刷夜"，无数次的走访调研，一次次的论文修改，你们在这个过程中蜕变成长。你们所获的奖项，体现的不仅仅是你们出类拔萃的学术能力，还有你们坚毅认真的品格。"潮平两岸阔，风正一帆悬。"你们这次获奖是你们参加这次大赛的终点，但更是起点，因为穷究学问、追求真理没有句号，永远在路上。希望你们能够拿出自己的勇气，展现你们的智慧，百折不挠，越挫越勇，在学术的道路上不断前进，取得更大的学术成就。

---

＊ 于 2015 年中国政法大学"学术新人"颁奖典礼的致辞。

一年一度的"学术新人"论文大赛是一场学术盛宴，自创建以来，它激励无数同学挑战自我，钻研学术，攀登学术高峰，实现创新，在校园营造了浓厚的学术氛围。蔡元培先生曾说："所谓大学者，非仅为多数学生按时授课，造成一毕业生之资格而已也，实以为共同研究学术之机关。"在他看来，大学以研究学问为第一要义，大学并不只是灌输固定知识的场所，更不是养成资格、贩卖毕业文凭的地方。追求真理才是大学学术精神的核心。我希望"学术新人"论文大赛能够承载着法大求真务实的学术精神，让它在法大代代相传。

在此，我就如何推进学术创新提出几点希望和建议，与大家共勉：

**一是学术创新需要树立远大的理想。**

墨子曾说："志不强者智不达。"学术之路是一条充满艰辛困苦的道路，要坐得住"冷板凳"，要享受"孤独"，要舍弃很多东西。一个人只有拥有远大的理想抱负，才能像火焰一样，点亮孤独的黑暗，温暖受挫的心灵，燃烧思维之光。实现中华民族的伟大复兴，建设现代化的民主法治国家，既是国家的目标，更是法律人的终极理想，希望同学们能将个人理想与国家命运结合起来，不以金钱、地位论英雄，投身到轰轰烈烈的伟大事业中去。

**二是学术创新需要保持正直的品格。**

康德曾说过："诚实比一切智谋更好，而且它是智谋的基本条件。"学术创新，需要独立的思考，需要冷静的分析，需要审辩式思维；要"不唯上，不唯书，只为实"；要不为利益诱惑，不为名誉所动，说实话，讲真话，实事求是。这就是《论语》讲的"君子务本，本立而道生"。"本"就是正直的品格，"道"就是学术的规律。在当今精致的利己主义者泛滥的今天，我们更需要保持正直的品格。

**三是学术创新需要坚守人文关怀。**

《红楼梦》有一副对联写道："世事洞明皆学问，人情练达即文章。"

学术创新需要的不仅是埋头书堆，更重要的是关注当下人的生活、人的处境、人的忧虑。学术创新要以人为本，立足解决人的问题。从书本中来，带着从书本中学习的知识、科学的思维方式，到人的内心中去。

**四是学术创新需要立足中国现实。**

著名画家张大千曾说过："师古人，师造化，求独创。"学术研究的推动力是现实问题，但同时又要有历史的积淀。我们对过去的传统要有清醒的认识，取其精华，去其糟粕。五四运动的先驱罗家伦先生在《写给青年》一书的序言中谈道："我们不能背着时代后退，我们也不能随着时代前滚，我们要把握住时代的巨轮，有意识地推动他，进向我们光辉的理想。"所以，我们要立足于现实，又不拘泥于现实，向历史学习，又不被历史所束缚。

**五是学术创新需要夯实学术根基。**

"冰冻三尺，非一日之寒。"学术创新需要扎实的理论功底。这需要同学们打好基础，学好基本知识、基本原理和基本技能。这是一条艰辛的道路，同学们要发扬坚忍不拔的精神，克服前方道路的种种困难，才能在学术上取得更大的成就。

总之，学术创新是学术的生命。只有紧跟世界潮流，紧扣时代脉搏，踏踏实实耕耘，才能不断推进学术创新。希望大家共同努力，使将来法大培养出更多创新型人才。

谢谢大家！

# 做一名好老师<sup>*</sup>

尊敬的各位老师，亲爱的同学们：

大家下午好！

今天是我国第30个教师节。在这个特别的日子里，我想起当年毛泽东主席曾给他的老师徐特立先生写过一封热情洋溢的信，他在信中开头就说："你是我二十年前的先生，你现在仍然是我的先生，你将来必定还是我的先生。"毛主席对他老师的敬重可谓溢于言表。昨天，习近平总书记在会见庆祝第30个教师节暨全国教育系统先进集体和先进个人表彰大会受表彰代表之后去了北京师范大学，看望教师学生，向全国广大教师和教育工作者致以崇高的节日敬礼和祝贺。由此可见，在我国，尊师重教代代相传，教师无疑是一个受人尊崇、非常神圣的职业。今天，我们在这里隆重庆祝教师节，首先我大声地说一句：祝大家教师节快乐！同时，我代表学校向奋战在教学科研一线的老师们致以崇高的敬意！向坚守在管理服务岗位的教职员工致以诚挚的问候！向曾为法大发展做出贡献的离退休教职员工致以美好的祝愿！对今天所有获奖的教职员工表示衷心的祝贺！

百年大计，教育为本；教育大计，教师为本。我们中华民族素有尊师重教的优良传统，党和国家也历来高度重视教育事业的发展和教师队伍的建设。每年，国家都会为教师节定一个主题，今年教师节的主题是："带头

---

* 于中国政法大学2014年庆祝第30个教师节大会的致辞。

践行社会主义核心价值观"。我想，对于我们法大的每一位教师来讲，践行社会主义核心价值观的根本，就是严谨治学、教书育人、立德树人，做一名好老师，做一名优秀的法大教师！那么，如何做一名好老师，做一名优秀的法大教师呢？我在这里给大家提三点建议，与大家共勉。

**一是严谨治学，学为人师。**

教师水平的高低，决定着一个学校办学水平的高低，决定着一个学校人才培养质量的高低。作为教师，我们不仅肩负着传承知识的使命，也承担着创新知识的责任，可以说任重而道远。时代在发展，事物在变化，我们教师必须与时俱进，需要持续学习，随时"充电"，不断增值。《礼记·学记》曾云："虽有嘉肴，弗食不知其旨也；虽有至道，弗学不知其善也。是故学然后知不足，教然后知困。知不足，然后能自反也；知困，然后能自强也。故曰：教学相长也。"先贤庄子所谓"吾生也有涯，而知也无涯"，讲的也是这个道理。在我们学校，有一大批潜心治学、学富五车的学人，像江平、陈光中、张晋藩、李德顺、应松年等五位终身教授，像潘汉典、巫昌祯等老先生，还有今天获奖的各位老师，都是我们学习的榜样。我希望我们学校每一位教师都能够树立终身学习的观念，沉下心来，远离浮躁，踏踏实实，严谨治学，追求卓越，真正成为一个受人敬重的有学问的人。有学问才能成为人师，这是为师的根基。

**二是敬畏学术，求真务实。**

大学之根本在于教师，教师之根本在于学术，而学术之根本在于求真。做学问本质上就是一个求是求真的过程。近年来，我国学术界浮躁之风、形式主义、学术不端和学术腐败现象令人担忧，学者、学生涉嫌抄袭、剽窃、舞弊等事例时有发生，完全背离了做学问的初衷。我以为，作为一名以学术安身立命、以学术为业的教师，必须时刻保持对学术的敬畏之心，潜心治学。德国学者费希特在《论学者的使命》中指出，学者的真正使命在于："高度注视人类一般的实际发展进程，并经常促进这种发展进程。"因为学者的进步决定着人类其他领域的进步，"他应当永远走在其他领域的前头"，所以，"他应当尽力而为，发展他的学科；他不应当休息，在他未能使自己的学科有所进展以前，他不应当认为他已经完成了他的职责"。学者"要忘记他刚刚做了什么，要经常想到他还应当做什么"。学者要向社会指明真理，"他尤其应当随时随地向他们指明当前条件下的需求以及达到面临的目标的特定手段"。而且，学者的上述使命并不是学者的最高使命，"学者在社会中全部工作的最终目标是提高整个人类的道德风尚"。因此，学者"应当成为他的时代道德最好的人，他应代表他的时代可能达到的道德发展的最高水平"。18世纪的费希特关于学者使命的论述所达到的认识高度和思想境界，令人敬佩，值得我们当代学人深思、反思。难道我们现在就只能看到眼前，而看不到未来？难道我们现在就只能想到自己，而想不到自己也是社会的人，想不到他人，想不到理应承担独特的社会公共责任？因此，我希望我们学校的教师做学问，一定要敬畏学术，不懈地求真、向善、至美。我想，这种态度是一种基于文化关怀的自觉行为，是一种基于科学研究的自觉尊重，是一种基于职业要求的自觉付出。我们要有"板凳宁坐十年冷，文章不写半句空"的信心、决心和耐心，不唯上、不跟风，只求真、只求实。唯有如此，才可能做出经得起历史和时间检验的真学术、真学问。

**三是教书育人，立德树人。**

身为教师，不仅要教书，还要育人。事实上，教书和育人是不可分开的，教师的一言一行，都会影响学生。这就对教师提出了很高的要求，你得"学为人师，行为世范"，你得正人先正己、育人先做人。也就是说，教师要立德树人，你得注重自己的德业修为，树立良好的师德风范，以高尚的人格感染人，以渊博的学识引导人，以博大的胸怀关爱人，做学生人生道路上的好榜样。教育家苏霍姆林斯基曾说："没有爱就没有教育。"大凡成功的教师，无不以"爱学生，爱教育，爱生活"为起点。教师作为学生增长学识才干、成长成才的人生导师，只有发自内心地、真诚地关爱学生，才能够更好地帮助他们成长成才。习近平总书记昨天在和北师大师生座谈时说，一个人遇到好老师是人生的幸运，一个民族不断涌现出一批又一批好老师是民族的希望。做好老师，要有理想信念、道德情操、扎实学识、仁爱之心，把自己的温暖和情感倾注到每一个学生身上，用欣赏增强学生的信心，用信任树立学生的自尊。习总书记特别强调，好老师要有仁爱之心。所以，我希望大家要有乐教爱生、诲人不倦的情怀，始终视学生为子弟，不仅仅要用仁爱之心去关爱和启迪好学生、优秀学生，而且还要用仁爱之心去关爱和启迪普通学生，甚至是那些身上有些毛病、犯过错误的学生，教会他们怎样为学、怎样处事、怎样做人，做他们的良师益友。

老师们，教师自身的成长不仅关乎你们个人的自我发展，更关乎学校的发展全局。多年来，学校坚持实施"人才强校"的发展战略，不断加强师资队伍建设，积极创建有利于教师发展的优良环境。比如，学校高度重视师德师风建设，建立了教师职业道德规范，并不断健全师德考评制度，将师德表现作为教师绩效考核、聘用和奖惩的首要内容，实行师德一票否决制；学校不断加强教师海内外培训，建立教师学术休假制度，着力提高教师学术水平和教学能力；学校出台了一系列支持中青年教师发展的计划，加大高层次拔尖创新人才的培养力度；学校注重改善民生、提高待遇，教职工收入水平连续三年得到较大幅度的增长；学校不断提高管理服务水平，积极完善教职工诉求回应机制。

当然，不可否认，学校在教师队伍建设方面还有许多工作做得不到位。今后，我们将继续深入实施"人才强校"战略，加强教师队伍建设顶层设计与制度创新，完善体制机制。学校将完善教师分类管理和分类评价办法，探索科学的教师教学能力和科研能力的评价办法，明确不同类型教师的岗位职责和任职条件，合理制定聘用、考核、晋升、奖惩办法；学校将完善教研室、研究所等基层教学组织建设，健全老中青教师传帮带机制；学校将严格教师管理，加强师德师风建设，新进教师全面实行公开招聘，完善教师晋升、流转、退出机制；学校将改革薪酬分配办法，实施绩效工资，分配政策向教学一线教师倾斜；学校将加大培养和引进领军人物、优秀团队的力度，积极做好"千人计划""长江学者奖励计划""新世纪优秀人才支持计划""创新团队发展计划"等高层次拔尖创新人才培养选拔工作，加强高层次人才队伍建设，为中青年教师成长搭建更多的发展平台；学校还将积极争取地方政府支持，缓解青年教师住房困难。总之，学校要想方设法，尽力使每一位法大教职工在法大工作都能感受到"幸福感"和"成就感"。

老师们，同学们，国家兴盛之根本在于教育，教育兴盛之根本在于教师。一位好的老师，就是一所好的学校。正是因为法大全体教师的拼搏奋进，才铸就了法大今天的成就。你们爱岗敬业、乐教爱生的奉献精神，严谨治学、追求真知的学术精神，已经成为法大宝贵的精神财富，成为推动法大持续发展的不竭动力。今天，站在国家全面深化改革开放、全面推进依法治国的新的历史起点上，我希望全体法大教师能够勿忘使命，再接再厉，以追求卓越的人才培养、科学研究、社会服务和文化传承创新为己任，为实现中华民族的伟大复兴做出更多、更大的贡献。

再次祝大家节日快乐！谢谢大家！

# 课比天大！*

　　春华秋实，神州溢彩。金秋九月是北京最美好的时节，也是中国政法大学一年最重要的时刻，我们刚刚迎来 4500 多名朝气蓬勃、豪情满怀的新同学，今天又在这里隆重集会，庆祝属于我们自己的教师节，收获鲜花、掌声、欢乐和祝福。在此，我代表学校向全体法大教师致以最崇高的敬意！并真诚地对大家说："节日快乐！老师们，你们辛苦了！"同时，我也要向所有为法大建设和发展做出贡献的教职员工表示衷心的感谢并致以最美好的祝愿！向今天所有获奖的教职员工表示最热烈的祝贺！

　　每年这个场合，作为校长，我都会对大家讲几句话，既是我的心声，也是对大家的期待。此时此刻，我想起法大先贤、老校长钱端升先生的一句话："以教书为业，也以教书为生。"这是先生在《我的自述》一文中对自己 1949 年以前二十多年生活的概括，展现了当时一个教师、学者、知识分子的高风亮节和家国情怀。时过境迁虽已近七十载，但在我看来，作为民国时期为数不多的专心教书、治学、育人的法学、政治学大家，先生的这句话对当下的知识分子群体尤其是法大教师而言，历久弥新、熠熠生辉，仍然值得我们学习和传承。所以，今天我将这句话转赠给各位老师，与大家共勉，并基于这句话同大家交流三点想法：

---

　　* 于中国政法大学 2015 年教师节庆祝大会的致辞，原标题为"以教书为业，也以教书为生"。

**我想说的第一点就是"课比天大"。**

几年前，我读过一篇关于豫剧大师常香玉的文章，文中提到常香玉常挂在嘴边的一句话就是"戏比天大"，在她看来，演员上了台，戏比天大，哪怕天塌下来，也要把戏唱好，不能有一丝一毫马虎。"戏比天大"是她一生的职业操守和为人准则。1953年，在朝鲜战场上，敌机狂轰滥炸，行车十分危险，志愿军领导劝她不要去演出，她却表示："戏比天大，那么多志愿军都等着呢，他们不怕，我也不怕！"1999年，她要参加国庆50周年的一个演唱会，当时，与她相濡以沫的老伴因病住院，大家劝她别去了。可她说："国庆演出是大事，观众早知道我要去，我不能让他们失望。"最终，她怀着对老伴的无限牵挂，满怀激情地走上了舞台。这几年，"戏比天大"这句话一直萦绕在我的脑海，想着这种职业精神对我们教师的启示。现代大学的核心功能是人才培养，教师的首要职责是教书育人，而教书育人最主要、最直接的方式是课堂教学。"戏比天大"对我们教师而言不就是"课比天大"吗?! 因此，今天我要这里、在教师节、在我们教师中间振臂一呼："课比天大！"希望我们法大教师树立起"课比天大"的观念，那就是深刻认识到给学生上课、教书育人是我们教师的天职；不能随意调停课；而且，要兢兢业业，言传身教，上好每堂课，讲好每门课。教学教学，就是教与学的有机结合，它是"教与学的学术"，不仅包括"教师如何教"，还包括"学生如何学"。作为教师，我们不仅要思考如何教好一门课程，还要思考如何引导学生学会学习。我们要创新教学方法，通过丰富、精彩的课堂教学激发学生的求知欲望，培养学生的批判性思维、创新潜质、科学精神、人文情怀与社会责任，将知识的力量转化为人格的力量，让学生在课堂上收获理想、收获知识、收获能力、收获智慧，让我们真正成为同学们的良师益友。

**我想说的第二点就是"学比海深"。**

对于现代大学而言，教学和科研犹如车之两轮、鸟之两翼。作为一名教师，在做好教学的同时，还要积极开展学术研究。我国著名科学家钱伟长曾说："高等学校教学必须与科研相结合，你不上课，就不是老师；你不搞科研，就不是好老师。""大学必须拆除教学与科研之间的高墙，教学没有科研做底蕴，就是一种没有观点的教育，没有灵魂的教育。"德国哲学家雅斯贝尔斯也曾说过："大学教师首先应该是研究者，……大学教师要指导、激励学生刻苦钻研，最好的研究者才是最优良的教师。"学海无涯，学比海深。学术研究是一项严谨而艰苦的工作，来不得半点虚假和浮躁。我们一定要处理好教学与研究的关系，不能把两者对立起来。在我看来，教学为本，研究为基，两者是相辅相成、相得益彰的。就学校而言，我们要进一步完善教师评价制度和机制，让教师真正能够潜心教学和研究。同时，学校也希望老师们将教书育人和学术研究作为终身志业和毕生追求，把百分之百的工作时间用在教书育人和学术研究上。要始终保持对学术的敬畏之心，"板凳宁坐十年冷，文章不写半句空"。要积极关注和研究重大理论和现实问题，力争出思想、出概念、出理论、出新知、出成果，服务于国家经济社会发展，贡献给人类文明进步，并适时将研究成果引入课堂教学，浇灌人才培养的园圃。

**我想说的第三点就是"立德树人"。**

教师是很神圣的职业和身份。唐代文学家、思想家韩愈曾说："师者，所以传道受业解惑也。"捷克教育家夸美纽斯也曾说："教师是太阳底下最光辉的事业。"人生在世，一个人总会有多种身份。如果你选择了教师职业，教师就是你特别的社会身份。身为教师，人们对你的要求非同一般，那就是要"学为人师，行为世范"，这不仅是对你学识能力的严要求，更是对你为人师表，在人品德行方面的高要求。作为教师，你首先要立德树人，也就是说，你要修身律己，树立德业，言传身教，培养人才，因为你的一言一行，包括你的思想品质、文化修养、知识水平、精神风貌、治学态度、生活作风及处事方法等，时时处处影响着学生。正如俄国教育家乌申斯基所指出的那样："教师个人范例，对于青年人的心灵，是任何东西都不能代替的最有用的阳光。"既然教师的言行和品质对学生起着如此重要的作用，那么，我们教师就应该无时无刻敬畏教师职业、敬畏教师身份，严于修身、严于律己，做人要实、干事要实，尊重学生、关爱学生，真正做到春风化雨、润物无声。古人说："经师易得，人师难求。"我们法大教师不仅要做传授知识的"经师"，更要做立德树人的"人师"。

各位老师，子云："见贤思齐焉，见不贤而内自省也。"法大先贤钱端升先生已经为我们树立了榜样，他讲的"以教书为业，也以教书为生"不仅是在总结他自己，告诫他自己，更是对我们后来法大人的启迪和鞭策。

"以教书为业，也以教书为生"，这就是今天我最想对大家说的话。

**图书在版编目（ＣＩＰ）数据**

何以法大：精装版/黄进著. —北京：中国政法大学出版社，2019.6
ISBN 978-7-5620-8968-1

Ⅰ.①何…　Ⅱ.①黄…　Ⅲ.①社会主义法治－中国－文集　Ⅳ.①D920.0-53

中国版本图书馆CIP数据核字 (2019) 第070389号

----------------------------------------------------------------------------------------

| | | |
|---|---|---|
| 书　　名 | 何以法大（精装版）　HE YI FA DA（JING ZHUANG BAN） |
| 出 版 者 | 中国政法大学出版社 |
| 地　　址 | 北京市海淀区西土城路 25 号 |
| 邮　　箱 | fadapress@163.com |
| 网　　址 | http://www.cuplpress.com（网络实名：中国政法大学出版社） |
| 电　　话 | 010-58908435(第一编辑部) 58908334(邮购部) |
| 承　　印 | 北京中科印刷有限公司 |
| 开　　本 | 720mm×960mm　1/16 |
| 印　　张 | 20.75 |
| 字　　数 | 296 千字 |
| 版　　次 | 2019 年 6 月第 1 版 |
| 印　　次 | 2019 年 6 月第 1 次印刷 |
| 印　　数 | 1~3000 册 |
| 定　　价 | 69.00 元 |